职业教育课程改革创新教材
会计（会计电算化）专业规划教材

商品流通企业会计

主　编　王玉华　贾晓娟
副主编　张桂荣　郭红秋　孙海悦
参　编　王云焱　王晓飞　康　卉
主　审　王克强

机械工业出版社

本书以财政部最新颁布的《企业会计准则》及其应用指南，以及其他最新的相关会计法规为依据，以商品流通企业不同经营模式下的会计事项为对象，阐述了商品流通企业会计的核算内容、核算方法。全书共设计了六个项目，内容包括：认知商品流通企业会计、商品批发企业会计、综合性零售企业会计、专业性零售企业会计、鲜活商品零售企业会计和连锁商店会计。

本书可作为中等职业学校会计（会计电算化）专业教学用书，也可作为商品流通企业会计培训教材以及相关管理类专业的自学用书。

图书在版编目(CIP)数据

商品流通企业会计/王玉华，贾晓娟主编．—北京：机械工业出版社，2015.10

职业教育课程改革创新教材　会计（会计电算化）专业规划教材

ISBN 978-7-111-52253-9

Ⅰ.①商…　Ⅱ.①王…②贾…　Ⅲ.①商业会计—中等专业学校—教材　Ⅳ.①F715.51

中国版本图书馆 CIP 数据核字(2015)第 283325 号

机械工业出版社(北京市百万庄大街 22 号　邮政编码 100037)

策划编辑：宋　华　　责任编辑：宋　华　马碧娟

责任校对：李　丹　　责任印制：李　洋

三河市国英印务有限公司印刷

2016 年 3 月第 1 版第 1 次印刷

184mm×260mm · 15.5 印张 · 384 千字

0001—2000 册

标准书号：ISBN 978-7-111-52253-9

定价：34.00 元

凡购本书，如有缺页、倒页、脱页，由本社发行部调换

电话服务

服务咨询热线：010－88379833

读者购书热线：010－88379649

网络服务

机工官网：www.cmpbook.com

机工官博：weibo.com/cmp1952

教育服务网：www.cmpedu.com

金书网：www.golden-book.com

前　　言

随着我国市场经济的不断发展、完善，会计作为一种通用管理语言，越来越受到重视。同时，商业企业的经营模式不断创新，商业企业的地位也越来越重要。因此，商业企业对会计人才的需求就有了更高的要求。可以说，经济越发展，会计越重要。

本书以财政部最新颁布的《企业会计准则》及其应用指南，以及其他最新的相关会计法规为依据，以商品流通企业不同经营模式下的会计事项为对象，阐述了商品流通企业会计的核算内容、核算方法。

本书的主要特点有：

1. 按现行的商业企业经营模式设计项目，以培养学生的职业能力为主线，按“教、学和实操”为一体的要求组织内容，不需要另外配备练习册。

2. 简化理论、注重实际操作。本着基本理论够用、以实际操作为主的理念，经济业务都通过原始凭证、记账凭证展现，取代语言叙述，强化学生实践能力培养。

3. 设置任务目标、知识储备、任务实训等栏目，主要以知识储备和任务实训为核心，充分调动、激发学生学习的积极性和主动性。

本书教学建议学时共72学时，参考学时分配如下：

项　目	内　　容	教学时数		
		理论教学	任务实训	合　计
项目一	认知商品流通企业会计	2	2	4
项目二	商品批发企业会计	12	12	24
项目三	综合性零售企业会计	9	9	18
项目四	专业性零售企业会计	4	4	8
项目五	鲜活商品零售企业会计	4	6	10
项目六	连锁商店会计	4	4	8
合　计		35	37	72

教师在组织教学的过程中，可以适当调整相关内容，建议学生分组实训，建立学生自评、小组互评、教师讲评的学习能力考核体系。

本书由王克强担任主审，王玉华和贾晓娟担任主编，张桂荣、郭红秋和孙海悦担任副主编，参加编写的有王云焱、王晓飞和康卉。

在编写本书过程中参考及引用了相关书籍内容，并浏览了相关网站信息，在此对相关作者表示感谢。

由于编者水平有限，书中错漏之处在所难免，敬请读者批评指正。

编　者

目　录

项目一
认知商品流通企业会计

具体任务

任务一　领会商品流通企业和商品流通企业的类型
任务二　领会商品流通企业会计的核算内容和核算方法

任务一　领会商品流通企业和商品流通企业的类型

任务目标

1. 领会商品流通企业及其经营特点
2. 领会商品流通企业的类型

知识储备

一、商品流通企业及其经营特点

（一）商品流通企业的概念

商品流通企业是指以从事商品流通为主营业务，实行自主经营、自负盈亏、独立核算的经济组织。它是商品流通中交换关系的主体。商品流通企业包括各种经济性质和组织形式的商业、粮食、物资供销、供销合作社、对外贸易、医药、石油、烟草、图书发行等企业。

商品流通企业是连接生产与消费的桥梁，它的主要职能是组织商品流通，实现商品从生产领域向流通领域、消费领域的转移，保证社会再生产过程的不断进行。

（二）商品流通企业经营活动的特点

与其他企业的经营活动相比，商品流通企业具有以下三个特点：

（1）经营活动的主要内容是商品的购进和销售。

（2）商品资金在企业全部资金中占有较大的比重，是企业资金管理的重点。

（3）企业资金运动的方式是“货币——商品——货币”。

二、商品流通企业的类型

商品流通企业主要通过商品购进、销售和储存活动，实现社会商品从生产环节到消费环节的价值转移和价值补偿，能最大限度地满足消费者的不同需要。因此，商品流通企业是连接生产和消费的纽带。按其在商品流通中所处的地位和作用不同，商品流通企业可以分为批发企业和零售企业。商品流通企业的类型如图 1-1 所示。

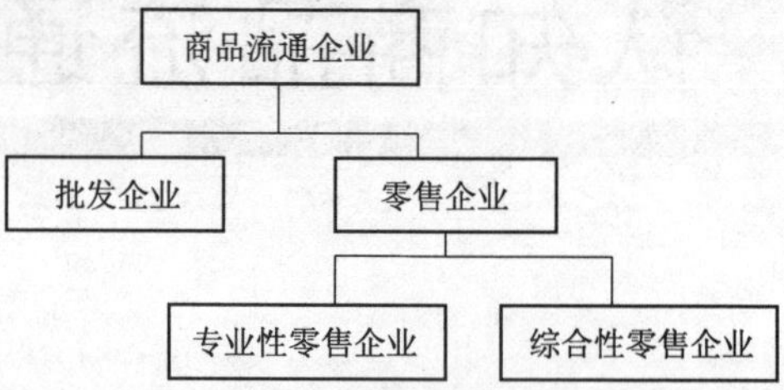

图 1-1　商品流通企业的类型

（一）批发企业

批发企业是指从生产企业或其他类型企业中购进商品，供应给零售企业或其他批发企业用以转售，或供应给其他企业用以进一步加工的商品流通企业。它处于商品流通的起点或中间环节，是组织大宗商品销售的经济组织，是连接城乡之间、地区之间商品流通的桥梁。

（二）零售企业

零售企业是以直接供应消费者用作生活消费或供应给社会集团作为非生产性消费为基本任务的商业企业。零售企业直接向消费者提供商品服务，设有商品营业场所、柜台等，直接面向最终消费者。

零售企业按其经营商品品种的多少，可分为专业性零售企业和综合性零售企业。专业性零售企业是指专门经营某一类或少数几类商品的零售企业，如钟表店、眼镜店、交通器材店、汽车配件店、家用电器店、照相器材店等。综合性零售企业是指经营商品类别繁多的零售企业，如百货商店、日用杂货店、超市等。

任务实训

【实训目的】

通过对商品流通企业的参观调研，使学生对商品流通企业形成感性认识，为进一步学习商品流通企业有关的会计核算内容打下基础，能够明确学习方向，提高学生学习的热情。

【实训组织】

将班级同学分成若干个小组。组长负责本小组同学的出勤和遵章守纪情况、记录参观了解到的内容，并共同完成本次调研活动。

【实训要求】

1. 由组长组织学生到 2 ~ 3 家商品流通企业参观调研。

2. 以小组为单位记录参观内容，填写商品流通企业调研报告，见表 1-1，并整理调研成果。

3. 全班同学对调研成果进行交流、讨论并点评。

表 1-1　商品流通企业调研报告

年　月　日

姓名		所在组别		组长	
调研时间		被调研单位名称			
序号	基本调研项目	具体调研内容			
1	调研企业名称				
2	所在地址				
3	员工人数				
4	经营领域				
5	主要客户				
6	设置的主要部门				
7	商品流通企业类型				
8	会计核算的主要业务内容				
9	调研体会				

【实训评价】

根据实际情况填写实训体验评价表，见表 1-2。

表 1-2　实训体验评价表

年　月　日

姓名			班级			
实训内容						
评价指标		评价标准	比重(%)	自我评价/分	小组评价/分	训练成绩/分
专业知识技能	商品流通企业的含义	领会	15			
	商品流通企业的特点	领会	15			
	商品流通企业经营的业务范围	领会	10			
	调研报告	调研报告内容填写齐全	20			
通用能力	出勤	按规定时间完成调研	10			
	遵章守纪	自觉遵守纪律，有责任心	10			
	训练态度	调研积极主动，不畏难	10			
	团队分工合作	与同学团结合作，有集体观念	10			
合　计			100			

注：实训成绩 = 自我评价分数 ×50% + 小组评价分数 ×50%。

任务二　领会商品流通企业会计的核算内容与核算方法

任务目标

1. 领会商品流通企业会计的核算内容和商品购销的交接货方式

2. 领会商品流通企业会计核算的进价核算法和售价核算法

知识储备

一、商品流通企业会计的核算内容和商品购销的交接货方式

（一）商品流通企业会计的概念

商品流通企业会计是以货币为主要计量单位，运用一系列专门的方法，对商品流通企业的经济活动进行全面、系统、连续、综合的核算和监督，并以提高经济效益为目标的经济管理活动。商品流通企业会计是会计的一个重要分支，是应用于商品流通企业的一门专业会计。

（二）商品流通企业会计的核算内容

商品流通企业会计相对于工业企业会计而言，核算内容的差异主要是商品流通业务。商品流通业务主要包括商品采购、商品储存和商品销售业务。商品流通业务的三个环节相互衔接，相辅相成，构成了商品流通企业会计核算的主要内容。

1. 商品采购

商品采购是商品流通企业为了销售或加工后销售，通过货币结算而购进商品的交易行为。采购商品的目的是为了销售，即“为卖而买”，如果采购商品是为了企业自用而不是出售，那么就不属于商品采购业务。商品采购业务主要包括商品的请购、订货采购、商品验收、货款结算等经济活动。

> **想一想** 企业购买运输商品用的汽车，是商品采购吗？

2. 商品储存

商品储存是商品流通企业采购商品后，销售之前在企业的停留状态。它以商品资金的形态存在于企业之中。商品储存是商品购进和销售的中间环节，也是商品流通的重要环节。商品储存业务主要包括商品入库、商品保管、商品发出、商品清查等经济活动。

3. 商品销售

商品销售是指商品流通企业通过货币结算而售出商品的交易行为，是商品流通的终点。商品销售过程也是商品资金转变为货币资金的过程。商品销售业务主要包括接受客户订单、发出商品、开具发票、收款等经济活动。

（三）商品购销的交接货方式

商品购销的交接货方式由购销双方协商，根据商品的特点和运输条件确定。通常采用的商品购销交接货方式有以下三种：

1. 送货制

送货制是指供货单位将商品送到购货单位的仓库或指定地点的交接方式。送货过程中发生的费用和商品损耗，一般由供货单位负担。

2. 提货制

提货制是指购货单位到供货单位的仓库或指定地点提取商品的交接方式。提货过程中所发生的费用和商品损耗，一般由购货单位负担。

3. 发货制

发货制是指供货单位按照合同规定的发货日期、商品品种、规格、数量等条件，将商品

委托运输部门运到购货单位所在地的车站、码头、物流仓库的一种商品交接方式。在发货过程中一般规定，商品交接以前所发生的费用和商品损耗由供货单位负担，商品交接后所发生的费用和商品损耗由购货单位负担。

商品购销的交接货方式如图 1-2 所示。

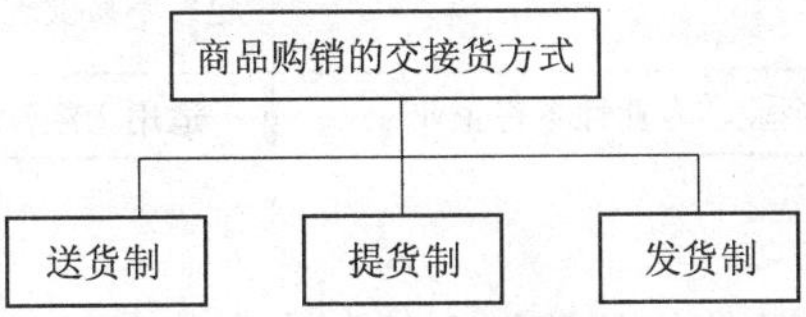

图 1-2　商品购销的交接货方式

二、商品流通企业会计的核算方法

商品流通企业会计的核算方法是指企业商品的购进、储存和销售的核算方法，其中储存是商品流转相对静止的状态，购进和销售是商品流转的运动状态。每发生一次商品购进或销售，必然引起商品储存量的变动，所以商品流通企业会计核算的方法实质上就是库存商品的核算方法。

库存商品的核算方法是指企业对已购进并验收入库的待销商品，进行反映和控制所采用的一般方法，也是库存商品管理的基本制度。它由库存商品明细账的组织、记账价格和商品盘存制度相配合而成，包括进价核算法和售价核算法两大类。同时进价核算法和售价核算法又各自分为金额核算法和数量金额核算法。商品流通企业会计的核算方法如图 1-3 所示。

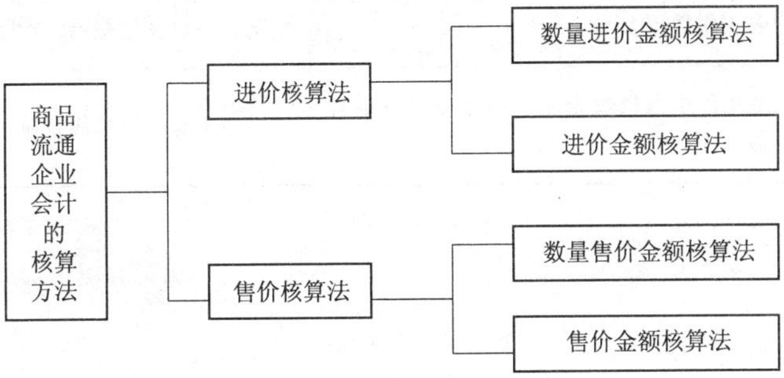

图 1-3　商品流通企业会计的核算方法

1. 进价核算法

进价核算法是指用库存商品的进价核算和控制库存商品的购进、储存和销售情况的一种方法。具体内容见表 1-3。

表 1-3　数量进价金额核算法和进价金额核算法的比较

项　目	数量进价金额核算法	进价金额核算法
基本内容	1. 库存商品总账、明细账均按进价核算 2. 库存商品明细账按商品的名称、规格设置，并核算库存商品的数量和金额	1. 库存商品总账、明细账均按进价核算 2. 库存商品明细账按大类设置，不核算库存商品的数量
优　点	能从数量和金额这两方面对库存商品的购、销、存进行控制	手续简便、工作量小

（续）

项 目	数量进价金额核算法	进价金额核算法
缺 点	每笔业务都要填制凭证，逐笔登记库存商品明细账，核算工作量大，手续繁杂	对库存商品不核算数量，期末通过盘存计销，将商品销售成本和日常损耗、差错事故混在一起，不易发现企业管理中存在的问题
适用范围	适用于批发企业、专业性零售企业	适用于经营鲜活商品的企业

2. 售价核算法

售价核算法是指用库存商品的售价核算和控制库存商品的购进、储存和销售情况的一种方法。具体内容见表1-4。

表1-4 数量售价金额核算法和售价金额核算法的比较

项 目	数量售价金额核算法	售价金额核算法
基本内容	1. 库存商品总账、明细账均按售价核算 2. 库存商品明细账按商品的名称、规格设置，并核算库存商品的数量和金额	1. 库存商品总账、明细账均按售价核算 2. 库存商品明细账按营业柜组或实物负责人设置，不核算库存商品的数量
优 点	能从数量和金额这两方面对库存商品的购、销、存进行控制	控制了商品售价，一般不必为每笔销售业务填制凭证，手续简便、工作量小
缺 点	购进商品时，要核算商品的进价、售价和进销差价，每笔销售业务都要填制凭证，记账工作量较大	对库存商品只核算金额，不核算数量，库存商品明细账不能通过数量指标来控制商品的进销存情况，一旦发生差错，难以查找原因
适用范围	适用于小型批发企业、部分专业性零售企业	适用于综合性零售企业和部分专业性零售企业

任务实训

【实训目的】

通过对商品流通企业的参观调研，使学生对商品流通企业形成感性认识，了解会计知识在实际工作中的运用。通过理论学习和实践活动的结合，能客观分析商品流通企业会计核算的实际情况，并提高学生学习的热情。

【实训组织】

将班级同学分成若干个小组。组长负责本小组同学的出勤和遵章守纪情况、记录参观了解到的内容，并共同完成本次调研活动。

【实训要求】

以小组为单位，记录所了解到的商品流通企业情况，填写商品流通企业调研报告，见表1-5。

【实训评价】

根据实际情况填写实训体验评价表，见表1-6。

表 1-5　商品流通企业调研报告

年　月　日

姓名		所在组别		组长	
调研时间		被调研单位名称			
序号	基本调研项目	具体调研内容			
1	调研企业名称				
2	经营业务范围				
3	商品购进的主要供应商				
4	商品销售的主要客户				
5	货款结算的主要方式				
6	库存商品的核算方法				
7	设置的主要账户				
8	会计核算的主要业务内容				
9	调研体会				

表 1-6　实训体验评价表

年　月　日

姓名			班级			
实训内容						
评价指标		评价标准	比重(%)	自我评价/分	小组评价/分	训练成绩/分
专业知识技能	企业的经营范围	领会	10			
	商品购进的主要供应商及商品销售的主要客户	领会	10			
	会计核算方法及设置的主要账户	领会	10			
	调研报告	调研报告内容填写齐全，调研体会深刻	30			
通用能力	出勤	全部出勤	10			
	遵章守纪	自觉遵守纪律，按时按要求调研	10			
	训练态度	调研积极主动，不畏难	10			
	团队分工合作	与同学团结合作，有集体观念	10			
合　计			100			

注：实训成绩 = 自我评价分数 ×50% + 小组评价分数 ×50%。

项目二

商品批发企业会计

具体任务

任务一　领会商品批发企业的特点和库存商品的核算方法
任务二　学会商品批发企业的日常会计处理
任务三　学会商品批发企业的期末会计处理

任务一　领会商品批发企业的特点和库存商品的核算方法

任务目标

1. 领会商品批发企业的经营特点
2. 领会数量进价金额核算法的基本内容

知识储备

一、商品批发企业的经营特点

商品批发企业在商品经营中有如下特点：

1. 批量购销

商品批发企业的商品购销业务通常都有最低的购销数量规定。商品批发企业的业务与商品零售企业的业务相比，具有交易次数少、每次成交金额较大的特点。

> **想一想**　你身边有哪些商品批发企业？

2. 交易的商品仍停留在流通领域

商品批发企业交易的对象是各类用户，尤其是商业用户和产业用户，它们购买商品的目的不是为了自己的最终消费，而是为了进一步转卖或加工。

3. 交易双方购销关系相对稳定

商品批发企业交易的对象比较固定，变化较小，它们主要是专门的商品经营者与使用者，不像商业零售企业交易的对象（消费者）那样购买行为的随机性很大。因此，在商品批发企业交易中很容易使双方的关系稳定下来。

二、商品批发企业库存商品的核算方法

商品批发企业库存商品的核算方法，采用数量进价金额核算法。

数量进价金额核算法是指库存商品的总分类账和明细分类账要按照进价金额反映，同时明细分类账还必须反映商品实物数量的核算方法。其核算的基本要点如下：

（1）财会部门设置“库存商品”总分类账和明细分类账。其中总分类账按商品的进价金额记账，明细分类账按数量和进价金额两种量度记账。

（2）财会部门定期核对“库存商品”总分类账和明细分类账(运用进价金额量度)，并定期盘点库存商品实物，确保账账相符、账实相符。

（3）根据商品经营的特点和管理的需要，采用恰当的方法，随时或定期计算并结转已销商品的进价成本。

任务实训

【实训目的】

通过对商品批发企业的参观调研，使学生对商品批发企业形成感性认识，了解会计知识在实际工作中的运用。通过理论学习和实践活动的结合，客观分析商品批发企业会计核算的实际情况，并提高学生学习的热情。

【实训组织】

将班级同学分成若干个小组。组长负责本小组同学的出勤和遵章守纪情况、记录参观了解到的内容，并共同完成本次调研活动。

【实训要求】

以小组为单位，记录所了解到的商品批发企业情况，填写商品批发企业调研报告见表 2-1。

表 2-1 商品批发企业调研报告

年 月 日

姓名		所在组别		组长	
调研时间		被调研单位名称			
序号	基本调研项目	具体调研内容			
1	调研企业名称				
2	所在地址				
3	员工人数				
4	经营业务范围				
5	主要客户				
6	设置的主要部门				
7	财会部门内部分工				
8	会计核算的主要业务内容				
9	调研体会				

【实训评价】

根据实际情况填写实训体验评价表，见表2-2。

表2-2　实训体验评价表

年　月　日

姓名			班级			
实训内容						
评价指标		评价标准	比重(%)	自我评价/分	小组评价/分	训练成绩/分
专业知识技能	商品批发企业含义	领会	10			
	商品批发企业的特点	领会	10			
	商品批发企业经营的业务范围	领会	10			
	调研报告	调研报告内容填写齐全，调研体会深刻	30			
通用能力	出勤	全部出勤	10			
	遵章守纪	自觉遵守纪律，按时按要求调研	10			
	训练态度	调研积极主动，不畏难	10			
	团队分工合作	与同学团结合作，有集体观念	10			
合　计			100			

注：实训成绩 = 自我评价分数 ×50% + 小组评价分数 ×50%。

任务二　学会商品批发企业的日常会计处理

任务目标

1. 学会商品购进业务的会计处理方法
2. 学会一般商品销售业务的会计处理方法
3. 领会特殊销售业务的会计处理方法

知识储备

一、商品购进的日常核算

（一）商品购进的业务流程

商品购进是商品流通企业向生产企业或批发企业进货。同城购进一般采用送货制或提货制的交接方式接收商品；异地购进一般采用发货制的交接方式接收商品。货款多数采用支票、委托收款、汇兑等方式结算。

批发企业商品购进流程如图2-1所示。

签订合同 → 办理结算 → 商品入库 → 会计核算

图 2-1 批发企业商品购进流程

批发企业进货时，依据双方签订的经济合同，由业务部门根据供货单位填开的增值税专用发票，核对所列商品的名称、规格、数量、单价、金额是否与合同规定相符。经核对无误并付款后，填制一式多联的收货单，存根联由业务部门留存，收货联由仓库凭以验收商品和登记商品保管账，记账联经仓库收货后加盖“收货”印章，转财会部门凭以记账。

（二）账户设置

1. “在途物资”账户

“在途物资”账户是资产类账户，用来核算企业已经购入，但尚未验收入库商品的进价成本。其账户结构如图 2-2 所示。

在途物资

借方	贷方
期初余额：上月在途商品的进价成本 购入商品支付的进价成本	验收入库商品的进价成本
期末余额：在途商品的进价成本	

图 2-2 “在途物资”账户结构

该账户按供货单位、商品类别等设置明细账户，进行明细核算。

2. “库存商品”账户

“库存商品”账户是资产类账户，用来核算企业库存的自有商品的实际成本。其账户结构如图 2-3 所示。

库存商品

借方	贷方
期初余额：上月结存商品的实际成本 验收入库商品和盘盈商品的实际成本	已销商品的实际成本及盘亏商品的实际成本
期末余额：结存商品的实际成本	

图 2-3 “库存商品”账户结构

该账户可按商品的类别、名称、规格、存放地点等设置明细账户，进行明细核算。

此外，在商品购进日常业务核算中，还需要设置“应付票据”“预付账款”“应付账款”“应交税费”“银行存款”等账户。

（三）同城商品购进的核算

同城商品购进是指购销双方在同一城镇内的商品购进业务。一般情况下，货款的结算与商品的验收可以在同一天办理，做到钱货两清。

【例 2-1】天兴贸易批发公司按合同规定，从本地长江空调股份有限公司购进空调 35 台，单价 4 000 元，共计货款 140 000 元，进项税额 23 800 元，签发转账支票付款，商品验收入库。该项经济业务取得原始凭证如图 2-4、图 2-5 和表 2-3 所示。

辽宁增值税专用发票

开票日期：2013 年 8 月 4 日

购货单位	名　　　称：天兴贸易批发公司 纳税人识别号：210701907654800 地 址 、电 话：环山市饶阳区锦江路 55 号 5425212 开户行及账号：中国工商银行锦江支行　123552	密码区	略

货物或应税劳务名称	规格型号	单位	数量	单价	金额	税率	税额
空　调		台	35	4 000	140 000	17%	23 800
合　计					140 000	17%	23 800
价税合计（大写）壹拾陆万叁仟捌佰元整							（小写）¥163 800

销货单位	名　　　称：长江空调股份有限公司 纳税人识别号：210702741225004 地 址 、电 话：环山市流水区洛阳路 56 号　652**** 开户行及账号：中国建设银行丹阳分行洛阳路办事处 6543626	备注	长江空调股份有限公司 发票专用章 210702741225004

销货单位盖章：　　　　收款人：　　　　开票人：赵华

第三联：发票联　购货方记账凭证

图 2-4　辽宁增值税专用发票

中国工商银行 转账支票存根 **XIV00594368**
附加信息
出票日期 2013 年 8 月 4 日
收款人：长江空调股份有限公司
金　额：¥163 800. 00
用　途：货款
单位主管　　　　会计

图 2-5　中国工商银行转账支票存根

表 2-3　收　货　单

2013 年 8 月 4 日

商品编号	品名	规格	计量单位	应收数量	实收数量	单价/元	金额/元
	空调		台	35	35	4 000	140 000

收货人：李婉　　供货单位：　　发票号码：　　验收日期：　　制单：王东

根据上述审核无误的原始凭证，编制记账凭证如图 2-6 所示。

记账凭证

2013 年 8 月 4 日　　　　　　记字第　号

摘　要	总账科目	明细科目	借方金额										贷方金额										记账
			千	百	十	万	千	百	十	元	角	分	千	百	十	万	千	百	十	元	角	分	
采购商品	库存商品	空调			1	4	0	0	0	0	0	0											
	应交税费	应交增值税（进项税额）				2	3	8	0	0	0	0											
	银行存款														1	6	3	8	0	0	0	0	
合　计				¥	1	6	3	8	0	0	0	0		¥	1	6	3	8	0	0	0	0	

附单据 3 张

会计主管　　记账　　稽核　　出纳　　制单　黄健

图 2-6　记账凭证

【例 2-2】天兴贸易批发公司于 2013 年 8 月 10 日从本地顶峰电视机有限公司购进电视机 100 台，单价 800 元，共计价款 80 000 元，进项税额 13 600 元，签发一张期限 5 个月不带息商业汇票一张，商品验收入库。该项经济业务取得原始凭证如图 2-7、图 2-8 和表 2-4 所示。

辽宁增值税专用发票

开票日期：2013 年 8 月 10 日

购货单位	名　　称：天兴贸易批发公司 纳税人识别号：210701907654800 地 址 、电 话：环山市饶阳区锦江路 55 号 5425212 开户行及账号：中国工商银行锦江支行　123552			密码区	略		
货物或应税劳务名称	规格型号	单位	数量	单价	金额	税率	税额
电视机		台	100	800	80 000	17%	13 600
合　计					80 000	17%	13 600
价税合计（大写）玖万叁仟陆佰元整						（小写）¥93 600	
销货单位	名　　称：顶峰电视机有限公司 纳税人识别号：210702562336912 地 址 、电 话：环山市大河区六福街 12 号　8965333 开户行及账号：中国工商银行大河分行六福路办事处 51141123			备注			

顶峰电视机有限公司 发票专用章 210702562336912

第三联：发票联　购货方记账凭证

销货单位盖章：　　收款人：　　开票人：何平

图 2-7　辽宁增值税专用发票

表 2-4　收　货　单

开票日期：2013 年 8 月 10 日

商品编号	品名	规格	计量单位	应收数量	实收数量	单价/元	金额/元
	电视机		台	100	100	800	80 000

收货人：赵海洋　　供货单位：　　发票号码：　　验收日期：　　制单：王东

商业承兑汇票

出票日期（大写）贰零壹叁年捌月壹拾日

<table>
<tr><td rowspan="3">付款人</td><td>全　称</td><td colspan="3">天兴贸易批发公司</td><td rowspan="3">收款人</td><td>全　称</td><td colspan="3">顶峰电视机有限公司</td></tr>
<tr><td>账　号</td><td colspan="3">123552</td><td>账　号</td><td colspan="3">51141123</td></tr>
<tr><td>开户银行</td><td>中国工商银行</td><td>行号</td><td>56008</td><td>开户银行</td><td>中国工商银行</td><td>行号</td><td>46803</td></tr>
<tr><td colspan="6">汇票金额
人民币（大写）玖万叁仟陆佰元整</td><td colspan="4">百 十 万 千 百 十 元 角 分
　 ¥ 9 3 6 0 0 0 0</td></tr>
<tr><td colspan="5">汇票到期日　2014 年 1 月 10 日</td><td colspan="5">交易合同号码</td></tr>
<tr><td colspan="5">本汇票已经本单位承兑，到期日无条件支付票款。此致
　　　收款人
付款人盖章
年　月　日
负责　经办
（印章：天兴贸易批发公司 财务专用章）</td><td colspan="5">汇票签发人盖章
负责　经办
（印章：中国工商银行锦江支行 票据专用）</td></tr>
</table>

图 2-8　商业承兑汇票

根据上述审核无误的原始凭证，编制记账凭证如图 2-9 所示。

记账凭证

2013 年 8 月 10 日　　　　记字第　号

摘要	总账科目	明细科目	借方金额										贷方金额										记账
			千	百	十	万	千	百	十	元	角	分	千	百	十	万	千	百	十	元	角	分	
采购商品	库存商品	电视机				8	0	0	0	0	0	0											
	应交税费	应交增值税（进项税额）				1	3	6	0	0	0	0											
	应付票据															9	3	6	0	0	0	0	
合计					¥	9	3	6	0	0	0	0			¥	9	3	6	0	0	0	0	

附单据 3 张

会计主管　　记账　　稽核　　出纳　　制单　黄健

图 2-9　记账凭证

如果企业是小规模纳税人，则购进商品支付的增值税应计入商品成本。

【例 2-3】 以例 2-2 的业务为例，如果该企业为小规模纳税人，则编制记账凭证如图 2-10 所示。

记账凭证

2013 年 8 月 10 日　　　　记字第　号

摘要	总账科目	明细科目	借方金额										贷方金额										记账
			千	百	十	万	千	百	十	元	角	分	千	百	十	万	千	百	十	元	角	分	
采购商品	库存商品	电视机				9	3	6	0	0	0	0											
	应付票据															9	3	6	0	0	0	0	
合计					¥	9	3	6	0	0	0	0			¥	9	3	6	0	0	0	0	

附单据 3 张

会计主管　　记账　　稽核　　出纳　　制单　黄健

图 2-10　记账凭证

（四）异地商品购进的核算

异地商品购进是指购销双方不在同一城市内的商品购进业务。一般情况下，采用发货制，商品由供货方委托运输部门发运，托收凭证通过银行传递。因此，商品与托收结算凭证到达企业的时间可能存在三种情况：一是结算凭证先到，商品后到；二是结算凭证和商品同时到达；三是商品先到，结算凭证后到。这三种情况的核算方法有所不同。

1. 结算凭证先到，商品后到

当结算凭证到达企业时，企业购入的商品尚在运输途中，财会部门应根据银行转来的结算凭证和发票，经业务部门与合同核对无误后承付货款。

【例2-4】天兴贸易批发公司于2013年8月4日向上海向荣经贸公司购进洗衣机60台，每台700元，共计价款42 000元，进项税额7 140元，对方代垫运费600元，增值税税额66元，收到银行转来的结算凭证，经审核无误，同意付款，但商品尚未到达。该业务取得原始凭证如图2-11～图2-13所示。

上海增值税专用发票

开票日期：2013年8月4日

购货单位	名　　称：天兴贸易批发公司 纳税人识别号：210701907654800 地 址 、电 话：环山市饶阳区锦江路55号 5425212 开户行及账号：中国工商银行锦江支行　123552	密码区	略

货物或应税劳务名称	规格型号	单位	数量	单价	金额	税率	税额
洗衣机		台	60	700	42 000	17%	7 140
合　计					42 000	17%	7 140
价税合计（大写）肆万玖仟壹佰肆拾元整						（小写）¥49 140	

销货单位	名　　称：上海向荣经贸公司 纳税人识别号：502300204056606 地 址 、电 话：上海市浦东区长江街68号　21030566 开户行及账号：中国建设银行浦东分行　35662666	备注	上海向荣经贸公司 发票专用章 502300204056606

第三联：发票联　购货方记账凭证

销货单位盖章：　　　　收款人：　　　　开票人：蒋静

图2-11　上海增值税专用发票

货物运输业增值税专用发票

开票日期：2013 年 8 月 4 日

承运人及 纳税人识别号	上海铁路局上海站 502314020356231	密码区	略
实际受票方及 纳税人识别号	天兴贸易批发公司 210701907654800		
收货人及 纳税人识别号	天兴贸易批发公司 210701907654800	发货人及 纳税人识别号	上海向荣经贸公司 502300204056606
起运地、经由、到达地	上海 到 环山市		
费用项目及金额	运费 500 元 装卸费 60 元 保险费 40 元	运输货物信息	洗衣机 60 台

合计金额	600 元	税率	11%	税额	66 元	机器编码	
价税合计（大写）陆佰陆拾陆元整						（小写）¥666	
车种车号		车船吨位		备注	上海铁路局上海站 财务专用		
主管税务机关及代码							

收款人：　　　　复核人：　　　　开票人：　　　　承运人：（章）

图 2-12　货物运输业增值税专用发票

委托收款凭证（付款通知）

委托日期：2013 年 8 月 4 日

付款人	全　称	天兴贸易批发公司	收款人	全　称	上海向荣经贸公司
	账号或地址	123552		账号或地址	35662666
	开 户 银 行	中国工商银行锦江支行		开 户 银 行	中国建设银行浦东分行

委收金额	人民币（大写）	肆万玖仟捌佰零陆元整	千	百	十	万	千	百	十	元	角	分
					¥	4	9	8	0	6	0	0

款项内容	货款 运费	委托收款凭据名称	货物发票 运费发票	附寄单证张数	2
备注：		中国工商银行 锦江支行 2013年8月4日 转讫			

图 2-13　委托收款凭证（付款通知）

根据上述审核无误的原始凭证，编制记账凭证如图 2-14 所示。

记账凭证

2013 年 8 月 4 日　　　　　　记字第　号

摘　要	总账科目	明细科目	借方金额										贷方金额										记账
			千	百	十	万	千	百	十	元	角	分	千	百	十	万	千	百	十	元	角	分	
采购商品	在途物资	上海向荣经贸公司				4	2	6	0	0	0	0											
	应交税费	应交增值税（进项税额）					7	2	0	6	0	0											
	银行存款															4	9	8	0	6	0	0	
合　计					¥	4	9	8	0	6	0	0			¥	4	9	8	0	6	0	0	

附单据3张

会计主管　　　　记账　　　　稽核　　　　出纳　　　　制单　黄健

图 2-14　记账凭证

4 天后，上述商品验收入库，填制原始凭证见表 2-5。

表 2-5　收　货　单

2013 年 8 月 8 日

商品编号	品名	规格	计量单位	应收数量	实收数量	单价/元	金额/元
	洗衣机		台	60	60	710	42 600

收货人：李婉　　　供货单位：　　　发票号码：　　　验收日期：　　　制单：王东

根据收货单编制记账凭证如图 2-15 所示。

记账凭证

2013 年 8 月 8 日　　　　　　记字第　号

摘　要	总账科目	明细科目	借方金额										贷方金额										记账
			千	百	十	万	千	百	十	元	角	分	千	百	十	万	千	百	十	元	角	分	
采购商品	库存商品	洗衣机				4	2	6	0	0	0	0											
	在途物资	上海向荣经贸公司														4	2	6	0	0	0	0	
合　计					¥	4	2	6	0	0	0	0			¥	4	2	6	0	0	0	0	

附单据1张

会计主管　　　　记账　　　　稽核　　　　出纳　　　　制单　黄健

图 2-15　记账凭证

2. 结算凭证和商品同时到达

结算凭证和商品同时到达是指承付货款和商品验收入库手续可以在同一天内办理完毕，不存在在途商品和不能承付货款的情况。

【例 2-5】天兴贸易批发公司于 2013 年 8 月 15 日向沈阳红梅电器公司购进微波炉 300 台，单价 400 元，共计价款 120 000 元，进项税额 20 400 元，对方代垫运费 1 500 元，增值税税额 165 元，付款时商品验收入库，收到原始凭证如图 2-16 ~ 图 2-18 和表 2-6 所示。

辽宁增值税专用发票

开票日期：2013 年 8 月 15 日

购货单位	名　　称：天兴贸易批发公司 纳税人识别号：210701907654800 地 址 、电 话：环山市饶阳区锦江路 55 号 5425212 开户行及账号：中国工商银行锦江支行　123552			密码区	略			
货物或应税劳务名称		规格型号	单位	数量	单价	金额	税率	税额
微波炉			台	300	400	120 000	17%	20 400
合　计						120 000	17%	20 400
价税合计（大写）壹拾肆万零肆佰元整								（小写）¥140 400
销货单位	名　　称：沈阳红梅电器公司 纳税人识别号：210104885462310 地 址 、电 话：沈阳市大东区环东街 32 号　21030566 开户行及账号：中国建设银行环东支行　35662666			备注	沈阳红梅电器公司 发票专用章 210104885462310			

第三联：发票联　购货方记账凭证

销货单位盖章：　　收款人：　　开票人：岳宁

图 2-16　辽宁增值税专用发票

货物运输业增值税专用发票

开票日期：2013 年 8 月 15 日

承运人及 纳税人识别号	沈阳铁路局沈阳站 210104562130102		密码区	略			
实际受票方及 纳税人识别号	天兴贸易批发公司 210701907654800						
收货人及 纳税人识别号	天兴贸易批发公司 210701907654800		发货人及 纳税人识别号	沈阳红梅电器公司 210104885462310			
起运地、经由、到达地		沈阳到环山市					
费用项目及金额	运费 1 300 元 装卸费 120 元 保险费 80 元			运输货物信息	微波炉 300 台		
合计金额	1 500 元	税率	11%	税额	165 元	机器编码	
价税合计（大写）壹仟陆佰陆拾伍元整							（小写）¥1 665
车种车号		车船吨位		备注	沈阳铁路局沈阳站 财务专用		
主管税务机关及代码							

收款人：　　复核人：　　开票人：　　承运人：（章）

图 2-17　货物运输业增值税专用发票

委托收款凭证（付款通知）

委托日期：2013 年 8 月 15 日

付款人	全　称	天兴贸易批发公司	收款人	全　称	沈阳红梅电器公司							
	账号或地址	123552		账号或地址	35662666							
	开户银行	中国工商银行锦江支行		开户银行	中国建设银行环东支行							
委收金额	人民币（大写）	壹拾肆万贰仟零陆拾伍元整		千	百	十	万	千	百	十	元	角	分
					¥	1	4	2	0	6	5	0	0
款项内容	货款 运费	委托收款凭据名称	货物发票 运费发票	附寄单证张数	2							
备注：												

中国工商银行
锦江支行
2013年8月15日
转讫

图 2-18　委托收款凭证（付款通知）

表 2-6　收　货　单

2013 年 8 月 15 日

商品编号	品名	规格	计量单位	应收数量	实收数量	单价/元	金额/元
	微波炉		台	300	300	405	121 500

收货人：李婉　　供货单位：　　发票号码：　　验收日期：　　制单：王东

根据上述审核无误的原始凭证，编制记账凭证如图 2-19 所示。

记账凭证

2013 年 8 月 15 日　　　　记字第　号

摘　要	总账科目	明细科目	借方金额										贷方金额										记账
			千	百	十	万	千	百	十	元	角	分	千	百	十	万	千	百	十	元	角	分	
采购商品	库存商品	微波炉			1	2	1	5	0	0	0	0											
	应交税费	应交增值税（进项税额）				2	0	5	6	5	0	0											
	银行存款														1	4	2	0	6	5	0	0	
合　计				¥	1	4	2	0	6	5	0	0		¥	1	4	2	0	6	5	0	0	

附单据 4 张

会计主管　　记账　　稽核　　出纳　　制单　黄健

图 2-19　记账凭证

3. 商品先到，结算凭证后到

如果在月份当中，商品先到结算凭证未到，则暂不进行账务处理，待收到银行转来结算凭证付款时，按结算凭证和商品同时到达的情况核算；如果月末结算凭证仍然未到，则按合同价入账，下月月初用红字冲回，待下月收到结算凭证付款时，按结算凭证和商品同时到达的情况核算。

【例 2-6】天兴贸易批发公司向上海家用电器批发公司购进洗衣机 100 台，合同价每台 700 元，8 月 29 日洗衣机已运到公司，但直到 8 月 31 日结算凭证仍然未到，则按估价或合同价入账，编制记账凭证如图 2-20 所示。

记账凭证

2013 年 8 月 31 日　　　　记字第　号

摘　要	总账科目	明细科目	借方金额										贷方金额										记账
			千	百	十	万	千	百	十	元	角	分	千	百	十	万	千	百	十	元	角	分	
采购商品	库存商品	洗衣机				7	0	0	0	0	0	0											
	应付账款															7	0	0	0	0	0	0	
合　计					¥	7	0	0	0	0	0	0			¥	7	0	0	0	0	0	0	

附单据　张

会计主管　　记账　　稽核　　出纳　　制单　黄健

图 2-20　记账凭证

9 月 1 日，用红字冲回，编制记账凭证如图 2-21 所示。

记账凭证

2013 年 9 月 1 日　　　　记字第　号

摘　要	总账科目	明细科目	借方金额										贷方金额										记账
			千	百	十	万	千	百	十	元	角	分	千	百	十	万	千	百	十	元	角	分	
采购商品	库存商品	洗衣机				7	0	0	0	0	0	0											
	应付账款															7	0	0	0	0	0	0	
合　计					¥	7	0	0	0	0	0	0			¥	7	0	0	0	0	0	0	

附单据 3 张

会计主管　　记账　　稽核　　出纳　　制单　黄健

图 2-21　记账凭证

9 月 4 日，天兴贸易批发公司收到结算凭证，企业支付货款 70 000 元，进项税额 11 900 元，运费 1 000 元，增值税税额 110 元，取得原始凭证如图 2-22 ~ 图 2-24 和表 2-7 所示。

上海增值税专用发票

开票日期：2013 年 8 月 26 日

购货单位	名　　称：天兴贸易批发公司 纳税人识别号：210701907654800 地 址 、电 话：环山市饶阳区锦江路 55 号 5425212 开户行及账号：中国工商银行锦江支行　123552			密码区	略		
货物或应税劳务名称	规格型号	单位	数量	单价	金额	税率	税额
洗衣机		台	100	700	70 000	17%	11 900
合　计					70 000	17%	11 900
价税合计（大写）捌万壹仟玖佰元整						（小写）¥81 900	
销货单位	名　　称：上海家用电器批发公司 纳税人识别号：502304863235011 地 址 、电 话：上海市虹口区南京路 21 号　37689520 开户行及账号：中国建设银行南京路分行　78456820			备注			

销货单位盖章：　　　　收款人：　　　　开票人：蒋静

第三联：发票联　购货方记账凭证

图 2-22　上海增值税专用发票

货物运输业增值税专用发票

开票日期：2013 年 8 月 26 日

承运人及纳税人识别号	上海铁路局上海站 502314020356231			密码区	略		
实际受票方及纳税人识别号	天兴贸易批发公司 210701907654800						
收货人及纳税人识别号	天兴贸易批发公司 210701907654800			发货人及纳税人识别号	上海家用电器批发公司 502304863235011		
起运地、经由、到达地	上海到环山市						
费用项目及金额	运费 700 元 装卸费 220 元 保险费 80 元			运输货物信息	洗衣机 100 台		
合计金额	1 000 元	税率	11%	税额	110 元	机器编码	
价税合计（大写）壹仟壹佰壹拾元整						（小写）¥1 110	
车种车号		车船吨位		备注			
主管税务机关及代码							

收款人：　　　　复核人：　　　　开票人：　　　　承运人：（章）

图 2-23　货物运输业增值税专用发票

委托收款凭证（付款通知）

委托日期：2013 年 8 月 26 日

付款人	全　称	天兴贸易批发公司	收款人	全　称	上海家用电器批发公司
	账号或地址	123552		账号或地址	784568203
	开户银行	中国工商银行锦江支行		开户银行	中国建设银行南京路分行
委收金额	人民币（大写）	捌万叁仟零壹拾元整		千百十万千百十元角分	¥ 8 3 0 1 0 0 0
款项内容	货款 运费	委托收款凭据名称	货物发票 运费发票	附寄单证张数	2
备注：					

中国工商银行
锦江支行
2013年9月4日
转讫

图 2-24　委托收款凭证（付款通知）

表 2-7　收　货　单

2013 年 9 月 4 日

商品编号	品名	规格	计量单位	应收数量	实收数量	单价/元	金额/元
	洗衣机		台	100	100	710	71 000

收货人：李婉　　供货单位：　　发票号码：　　验收日期：　　制单：王东

根据上述审核无误的原始凭证，编制记账凭证如图 2-25 所示。

记账凭证

2013 年 9 月 4 日　　　　记字第　号

摘　要	总账科目	明细科目	借方金额										贷方金额										记账
			千	百	十	万	千	百	十	元	角	分	千	百	十	万	千	百	十	元	角	分	
采购商品	库存商品	洗衣机				7	1	0	0	0	0	0											
	应交税费	应交增值税（进项税额）				1	2	0	1	0	0	0											
	银行存款															8	3	0	1	0	0	0	
合　计					¥	8	3	0	1	0	0	0			¥	8	3	0	1	0	0	0	

附单据4张

会计主管　　记账　　稽核　　出纳　　制单　黄健

图 2-25　记账凭证

（五）商品购进中溢余或短缺业务的核算

购进商品发生溢余或短缺，既有自然原因也有人为差错，如商品在运输过程中因性能或自然条件等原因而发生溢余或损耗、供货单位发货中出现差错、运输部门运货途中的事故等。因此企业在验收商品入库时，仓库保管部门应认真验收，查明商品的数量、质量等情况。如果发现实收数量与发票和合同所列的应收数量不符，就可以确定购货发生了溢余或短缺。

购进商品发生溢余或短缺时，应由验收部门会同运输单位等有关部门做出详细记录，并填制商品溢余(短缺)报告单，反映商品溢余和短缺的情况，并报给有关部门作为清查和处理的依据。

1. 购进商品溢余的核算

当购进商品发生溢余时，应通过“待处理财产损溢——待处理流动资产损溢”账户核算。待查明原因并报请有关部门审批后，分别针对不同情况处理方法如下：

（1）如果查明溢余商品属于自然升溢，则借记“待处理财产损溢——待处理流动资产损溢”账户，贷记“销售费用”账户。

（2）如果查明溢余商品是供货单位多发，且进货单位同意购进，则在收到供货方补来的增值税专用发票并补付价税款时，按补付的货款借记“待处理财产损溢——待处理流动资产损溢”账户，按补付的进项税额借记“应交税费——应交增值税(进项税额)”账户，按支付的款项贷记“银行存款”账户。

（3）如果进货单位不同意购进供货单位多发的商品，则将溢余商品转作代管商品，记入代管商品物资备查账。

【例2-7】天兴贸易批发公司向凯丰日用百货批发公司购进白糖7 000 kg，单价2元，共计价款14 000元，进项税额2 380元，过程如下：

（1）8月16日收到开户银行转来的托收结算凭证及发票等，经审核无误同意付款，取得原始凭证如图2-26和图2-27所示。

辽宁增值税专用发票

开票日期：2013年8月12日

<table>
<tr><td>购货单位</td><td colspan="4">名　　　称：天兴贸易批发公司
纳税人识别号：210701907654800
地 址 、电 话：环山市饶阳区锦江路55号
5425212
开户行及账号：中国工商银行锦江支行　123552</td><td>密码区</td><td colspan="4">略</td></tr>
<tr><td colspan="2">货物或应税劳务名称</td><td>规格型号</td><td>单位</td><td>数量</td><td>单价</td><td>金额</td><td>税率</td><td>税额</td></tr>
<tr><td colspan="2">白糖</td><td></td><td>kg</td><td>7 000</td><td>2</td><td>14 000</td><td>17%</td><td>2 380</td></tr>
<tr><td colspan="2"></td><td></td><td></td><td></td><td></td><td></td><td></td><td></td></tr>
<tr><td colspan="2">合　　计</td><td></td><td></td><td></td><td></td><td>14 000</td><td>17%</td><td>2 380</td></tr>
<tr><td colspan="7">价税合计(大写)壹万陆仟叁佰捌拾元整</td><td colspan="2">(小写)￥16 380</td></tr>
<tr><td>销货单位</td><td colspan="4">名　　　称：凯丰日用百货批发公司
纳税人识别号：402563000782310
地 址 、电 话：连山县南华区杭州街22号　5123022
开户行及账号：中国工商银行南华办事处　3745632</td><td>备注</td><td colspan="3">凯丰日用百货批发公司
发票专用章
402563000782310</td></tr>
</table>

销货单位盖章：　　　　　　　　收款人：　　　　　　　　开票人：赵华

第三联：发票联　购货方记账凭证

图2-26　辽宁增值税专用发票

托收凭证(付款通知)

委托日期：2013 年 8 月 12 日

付款人	全称	天兴贸易批发公司	收款人	全称	凯丰日用百货批发公司
	账号或地址	123552		账号或地址	37456632
	开户银行	中国工商银行锦江支行		开户银行	中国工商银行南华办事处
委收金额	人民币（大写）	壹万陆仟叁佰捌拾元整		千百十万千百十元角分	¥ 1 6 3 8 0 0 0
款项内容	货款	委托收款凭据名称	货物发票	附寄单证张数	1
备注：			中国工商银行 锦江支行 2013年8月16日 转讫		

图 2-27　托收凭证(付款通知)

根据上述审核无误的原始凭证，编制记账凭证如图 2-28 所示。

记账凭证

2013 年 8 月 16 日　　　　记字第　号

摘要	总账科目	明细科目	借方金额 千	百	十	万	千	百	十	元	角	分	贷方金额 千	百	十	万	千	百	十	元	角	分	记账
采购商品	在途物资	凯丰日用百货批发公司				1	4	0	0	0	0	0											
	应交税费	应交增值税（进项税额）					2	3	8	0	0	0											
	银行存款															1	6	3	8	0	0	0	
合计					¥	1	6	3	8	0	0	0			¥	1	6	3	8	0	0	0	

附单据 2 张

会计主管　　记账　　稽核　　出纳　　制单　黄健

图 2-28　记账凭证

（2）8 月 19 日商品运到，点验入库时，实收白糖 7 500 kg，溢余 500 kg，计 1 000 元，原因待查，填制原始凭证见表 2-8 和表 2-9。

表 2-8 收 货 单

2013 年 8 月 19 日

商品编号	品名	规格	计量单位	应收数量	实收数量	单价/元	金额/元
	白糖		kg	7 000	7 500	2	15 000

收货人：李婉　　供货单位：　　发票号码：　　验收日期：　　制单：王东

表 2-9 商品溢余(短缺)报告单

2013 年 8 月 19 日

品名	规格	计量单位	应收数量	实收数量	溢余		短缺		增或减进项税额/元
					数量	金额/元	数量	金额/元	
白糖		kg	7 000	7 500	500	1 000			170
原因	待查								
处理意见	领导批示		财会部门意见		经办人意见				

复核：　　制单：王东

根据上述审核无误的原始凭证，编制记账凭证如图 2-29 所示。

记账凭证

2013 年 8 月 19 日　　记字第　号

摘要	总账科目	明细科目	借方金额										贷方金额										记账
			千	百	十	万	千	百	十	元	角	分	千	百	十	万	千	百	十	元	角	分	
商品验收入库	库存商品	白糖				1	5	0	0	0	0	0											
	在途物资	凯丰日用百货批发公司														1	4	0	0	0	0	0	
	待处理财产损溢	待处理流动资产损溢															1	0	0	0	0	0	
合计					¥	1	5	0	0	0	0	0			¥	1	5	0	0	0	0	0	

附单据 2 张

会计主管　　记账　　稽核　　出纳　　制单 黄健

图 2-29 记账凭证

（3）经查明白糖溢余 500 kg 中有 50 kg 属于自然升溢，450 kg 属于供应单位多发，经与对方联系，同意补做购进，货款及税款已经汇出，收到对方补开发票，原始凭证如图 2-30 和图 2-31所示。

辽宁增值税专用发票

开票日期：2013 年 8 月 22 日

购货单位	名　　　称：天兴贸易批发公司 纳税人识别号：210701907654800 地 址 、电 话：环山市饶阳区锦江路 55 号 5425212 开户行及账号：中国工商银行锦江支行　123552			密码区	略		
货物或应税劳务名称	规格型号	单位	数量	单价	金额	税率	税额
白　糖		kg	450	2	900	17%	153
合　计					900	17%	153
价税合计(大写)壹仟零伍拾叁元整						(小写)￥1 053	
销货单位	名　　　称：凯丰日用百货批发公司 纳税人识别号：402563000782310 地 址 、电 话：连山县南华区杭州街 22 号　5123022 开户行及账号：中国工商银行南华办事处　37456632			备注	凯丰日用百货批发公司 发票专用章 402563000782310		

销货单位盖章：　　　　收款人：　　　　开票人：路天

第三联：发票联　购货方记账凭证

图 2-30　辽宁增值税专用发票

中国工商银行　电汇凭证(回单)

委托日期：2013 年 8 月 22 日

汇款人	全　称	天兴贸易批发公司	收款人	全　称	凯丰日用百货批发公司
	账　号	123552		账　号	37456632
	汇出地点	环山市饶阳区锦江路 55 号		汇入地点	连山县南华区杭州街 22 号
汇出行名称		中国工商银行锦江支行	汇入行名称		中国工商银行南华办事处
金额	人民币(大写)	壹仟零伍拾叁元整	亿 千 百 十 万 千 百 十 元 角 分		￥ 1 0 5 3 0 0
中国工商银行 锦江支行 2013年8月22日 转讫 汇出行签章			支付密码 附加信息及用途：货款 复核：　　记账：		

此联是汇出行给付款人的通知

图 2-31　中国工商银行电汇凭证(回单)

根据上述审核无误的原始凭证，编制记账凭证如图 2-32 所示。

(4) 如果本单位不同意补做购进，则将溢余商品转为代管物资处理，根据审批后的商品溢余(短缺)报告单(见表 2-10)，编制记账凭证如图 2-33 所示。同时，将该批商品记入代管商品物资备查账。

记账凭证

2013 年 8 月 25 日　　　　　　记字第　号

摘　要	总账科目	明细科目	借方金额										贷方金额										记账
			千	百	十	万	千	百	十	元	角	分	千	百	十	万	千	百	十	元	角	分	
转销购进商品溢余	待处理财产损溢	待处理流动资产损溢					1	0	0	0	0	0											
	应交税费	应交增值税（进项税额）						1	5	3	0	0											
	银行存款																1	0	5	3	0	0	
	销售费用																	1	0	0	0	0	
合　计						¥	1	1	5	3	0	0				¥	1	1	5	3	0	0	

附单据2张

会计主管　　　　记账　　　　稽核　　　　出纳　　　　制单　黄健

图 2-32　记账凭证

记账凭证

2013 年 8 月 25 日　　　　　　记字第　号

摘　要	总账科目	明细科目	借方金额										贷方金额										记账
			千	百	十	万	千	百	十	元	角	分	千	百	十	万	千	百	十	元	角	分	
转销购进商品溢余	待处理财产损溢	待处理流动资产损溢					1	0	0	0	0	0											
	库存商品																	9	0	0	0	0	
	销售费用																	1	0	0	0	0	
合　计						¥	1	0	0	0	0	0				¥	1	0	0	0	0	0	

附单据1张

会计主管　　　　记账　　　　稽核　　　　出纳　　　　制单　黄健

图 2-33　记账凭证

表 2-10　商品溢余（短缺）报告单

2013 年 8 月 25 日

品名	规格	计量单位	应收数量	实收数量	溢　余		短　缺		增或减进项税额/元
					数量	金额/元	数量	金额/元	
白糖		kg	7 000	7 500	500	1 000			170
原因	对方多发								
处理意见	领导批示 不同意购进		财会部门意见		经办人意见				

复核：　　　　　　　　　　制单：王东

2. 购进商品短缺的核算

当购进商品发生短缺和毁损时，应根据造成短缺和毁损的原因再分别对情况进行处理。

（1）运输途中发生的合理损耗，应直接记入“销售费用”账户。

（2）能确定由供货单位少发造成的，应从“在途物资”账户转入“应付账款”账户。

（3）应由运输单位、保险公司或其他过失人赔偿的，从“在途物资”账户转入“其他应收款”账户。

（4）原因待查或需要报经批准后才能转销处理的损失，应从“在途物资”账户转入“待处理财产损溢——待处理流动资产损溢”账户。待查明原因后，再分别对情况进行处理，属于供货单位、运输单位、保险公司或其他过失人赔偿的，应将其损失从“待处理财产损溢——待处理流动资产损溢”账户转入“应付账款”或“其他应收款”账户；属于自然灾害造成的净损失，应从“待处理财产损溢——待处理流动资产损溢”账户转入“营业外支出”账户；属于无法收回的其他损失，报经批准后，应从“待处理财产损溢——待处理流动资产损溢”账户转入“销售费用”账户。

【例 2-8】 承例 2-7，若商品运到时，实收白糖 6 500 kg，短缺 500 kg，则填制原始凭证见表 2-11 和表 2-12 所示。

表 2-11 收 货 单

2013 年 8 月 19 日

商品编号	品名	规格	计量单位	应收数量	实收数量	单价/元	金额/元
	白糖		kg	7 000	6 500	2	13 000

收货人：李婉　　供货单位：　　发票号码：　　验收日期：　　制单：王东

表 2-12 商品溢余（短缺）报告单

2013 年 8 月 19 日

品名	规格	计量单位	应收数量	实收数量	溢余		短缺		增或减进项税额/元
					数量	金额/元	数量	金额/元	
白糖		kg	7 000	6 500			500	1 000	170
原因	待查								
处理意见	领导批示		财会部门意见				经办人意见		

复核：　　制单：王东

根据上述原始凭证，编制记账凭证如图 2-34 所示。

记账凭证

2013 年 8 月 19 日　　　　记字第　号

摘　要	总账科目	明细科目	借方金额										贷方金额										记账
			千	百	十	万	千	百	十	元	角	分	千	百	十	万	千	百	十	元	角	分	
商品验收入库	库存商品	白糖				1	3	0	0	0	0	0											
	待处理财产损溢	待处理流动资产损溢					1	0	0	0	0	0											
	在途物资	凯丰日用百货批发公司														1	4	0	0	0	0	0	
合　计					¥	1	4	0	0	0	0	0			¥	1	4	0	0	0	0	0	

附单据 2 张

会计主管　　记账　　稽核　　出纳　　制单　黄健

图 2-34　记账凭证

（1）如果查明上述短缺是供应单位少发造成的，则填制原始凭证见表 2-13。

表 2-13　商品溢余（短缺）报告单

2013 年 8 月 16 日

品名	规格	计量单位	应收数量	实收数量	溢　余		短　缺		增或减进项税额/元
					数量	金额/元	数量	金额/元	
白糖		kg	7 000	6 500			500	1 000	170
原因	供应单位少发								
处理意见	领导批示 同意补发		财会部门意见				经办人意见		

复核：　　　　制单：王东

根据上述原始凭证，编制记账凭证如图 2-35 所示。

记账凭证

2013 年 8 月 20 日　　　　记字第　号

摘　要	总账科目	明细科目	借方金额										贷方金额										记账
			千	百	十	万	千	百	十	元	角	分	千	百	十	万	千	百	十	元	角	分	
商品验收入库	应付账款	凯丰日用百货批发公司					1	0	0	0	0	0											
	待处理财产损溢	待处理流动资产损溢															1	0	0	0	0	0	
合　计						¥	1	0	0	0	0	0				¥	1	0	0	0	0	0	

附单据 1 张

会计主管　　记账　　稽核　　出纳　　制单　黄健

图 2-35　记账凭证

收到供货单位补发商品时，填制原始凭证见表 2-14。

表 2-14 收 货 单

2013 年 8 月 22 日

商品编号	品名	规格	计量单位	应收数量	实收数量	单价/元	金额/元
	白糖		kg	500	500	2	1 000

收货人：李婉　　供货单位：　　发票号码：　　验收日期：　　制单：王东

根据上述原始凭证，填制记账凭证如图 2-36 所示。

记账凭证

2013 年 8 月 22 日　　　　记字第　号

摘要	总账科目	明细科目	借方金额										贷方金额										记账
			千	百	十	万	千	百	十	元	角	分	千	百	十	万	千	百	十	元	角	分	
补收商品验收入库	库存商品	白糖					1	0	0	0	0	0											
	应付账款	凯丰日用百货批发公司															1	0	0	0	0	0	
合计						¥	1	0	0	0	0	0				¥	1	0	0	0	0	0	

附单据 1 张

会计主管　　记账　　稽核　　出纳　　制单　黄健

图 2-36　记账凭证

（2）如果上述短缺是意外事故造成的，则应由保险公司赔偿 800 元，经批准予以转销。取得原始凭证见表 2-15。

表 2-15　商品溢余（短缺）报告单

2013 年 8 月 22 日

品名	规格	计量单位	应收数量	实收数量	溢余		短缺		增或减进项税额
					数量	金额	数量	金额	
白糖		kg	7 000	6 500			500	1 000	170
原因	意外事故								
处理意见	领导批示 保险公司赔 800 元		财会部门意见				经办人意见		

复核：　　制单：

根据上述原始凭证，编制记账凭证如图 2-37 所示。

记账凭证

2013 年 8 月 22 日　　　　　　　　记字第　号

摘　要	总账科目	明细科目	借方金额										贷方金额										记账
			千	百	十	万	千	百	十	元	角	分	千	百	十	万	千	百	十	元	角	分	
转销短缺商品	其他应收款	环山市财产保险公司						8	0	0	0	0											
	营业外支出	非常损失						3	7	0	0	0											
	待处理财产损溢	待处理流动资产损溢															1	0	0	0	0	0	
	应交税费	应交增值税（进项税额转出）																1	7	0	0	0	
合　计						¥	1	1	7	0	0	0				¥	1	1	7	0	0	0	

附单据1张

会计主管　　　　记账　　　　稽核　　　　出纳　　　　制单　黄健

图 2-37　记账凭证

收到保险公司赔款时，取得原始凭证如图 2-38 所示。

中国工商银行　进账单（收款通知）

2013 年 8 月 25 日

出票人	全　称	环山市财产保险公司	收款人	全　称	天兴贸易批发公司									
	账　号	3690753		账　号	123552									
	开户银行	中国工商银行环山支行大州分行		开户银行	中国工商银行锦江支行									
金额	人民币（大写）	捌佰元整		亿	千	百	十	万	千	百	十	元	角	分
									¥	8	0	0	0	0
票据种类	转账支票													
票据张数	1													
复核　　记账				开户银行盖章										

中国工商银行 锦江支行 2013年8月25日 转讫

图 2-38　中国工商银行进账单（收款通知）

根据审核无误的原始凭证编制记账凭证如图 2-39 所示。

记账凭证

2013 年 8 月 25 日　　　　　　　　记字第　号

摘　要	总账科目	明细科目	借方金额										贷方金额										记账
			千	百	十	万	千	百	十	元	角	分	千	百	十	万	千	百	十	元	角	分	
收到保险公司赔款	银行存款							8	0	0	0	0											
	其他应收款	环山市财产保险公司																8	0	0	0	0	
合　计							¥	8	0	0	0	0					¥	8	0	0	0	0	

附单据1张

会计主管　　　　记账　　　　稽核　　　　出纳　　　　制单　黄健

图 2-39　记账凭证

二、商品销售的日常核算

（一）商品销售的业务流程

商品销售业务主要包括发出商品和货款结算两个环节。

商品销售是商品流通企业向批发企业或零售企业销售商品。同城销售一般采用送货制或提货制的商品交接货方式；异地销售一般采用发货制的商品交接货方式。货款多数采用支票、委托收款、汇兑等方式结算。

批发企业商品销售流程如图 2-40 所示。

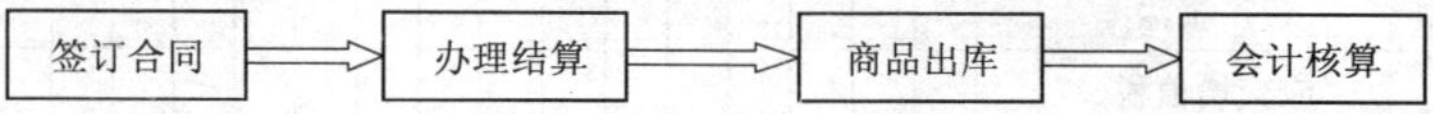

图 2-40　批发企业商品销售流程

批发企业销售商品时，依据双方签订的经济合同规定的内容，由业务部门填开增值税专用发票，列明商品的名称、规格、数量、单价、金额等，经购货方核对无误并付款后，填制一式多联的发货单，存根联由业务部门留存，发货联由仓库凭以发出商品和登记商品保管账，记账联经仓库发货后加盖“付货”印章，转财会部门凭以记账。

（二）账户设置

1.“主营业务收入”账户

该账户是损益类账户，核算企业在销售商品、提供劳务等日常活动中形成的收入，其账户结构如图 2-41 所示。

主营业务收入

借方	贷方
发生的销售退回 期末转入“本年利润”账户数	当期确认的各项主营业务收入
	结转后账户没有余额

图 2-41　“主营业务收入”账户结构

该账户按主营业务的种类或商品名称设置明细账户，进行明细核算。

2.“主营业务成本”账户

该账户是损益类账户，核算企业销售商品或提供劳务业务发生的实际成本，其账户结构如图 2-42 所示。

主营业务成本

借方	贷方
已销商品的实际成本	销售退回商品的实际成本 期末转入“本年利润”账户数
结转后账户没有余额	

图 2-42　“主营业务成本”账户结构

该账户按主营业务的种类或商品名称设置明细账户，进行明细核算。

（三）商品销售收入的核算

1. 同城商品销售的核算

同城商品销售一般当日即可办理货款结算。一般情况下，同城商品销售数量较多、品种规格复杂、结算凭证多，还要填制大量的增值税专用发票。为简化手续，每天营业终了，业务部门可根据当天开出的增值税专用发票和结算凭证等，汇总编制批发商品销货日报表并集中进行核算。这样不仅能简化核算手续，而且能在汇总核算中及时发现差错、查找原因、进行妥善处理。

【例 2-9】 天兴贸易批发公司于 2013 年 4 月 20 日共发生销售业务 12 笔，销售额共计 374 400元，其中价款 320 000 元，销项税额 54 400 元。业务部门根据当天的增值税专用发票汇总编制批发商品销货日报表，原始凭证见表 2-16。

表 2-16 批发商品销货日报表

2013 年 4 月 20 日

项 目	附单据张数/张	金额/元	项 目	附单据张数/张	金额/元
1. 销售收入	12	320 000	1. 现金存入银行	1	11 700
其中：家电类	7	240 000	2. 支票存入银行	8	292 500
服装类	5	80 000	3. 办理托收	2	70 200
2. 其他			4. 商业汇票		
…			…		
3. 销项税额		54 400			
合计	12	374 400	合计	11	374 400

复核： 制单：曹静

企业财会部门根据审核无误的批发商品销货日报表和所附的收款凭证（略），编制记账凭证如图 2-43 所示。

记账凭证

2013 年 4 月 20 日 记字第 号

摘 要	总账科目	明细科目	借方金额										贷方金额										记账
			千	百	十	万	千	百	十	元	角	分	千	百	十	万	千	百	十	元	角	分	
销售商品	银行存款				3	0	4	2	0	0	0	0											
	应收账款					7	0	2	0	0	0	0											
	主营业务收入														3	2	0	0	0	0	0	0	
	应交税费	应交增值税（销项税额）														5	4	4	0	0	0	0	
合 计				¥	3	7	4	4	0	0	0	0		¥	3	7	4	4	0	0	0	0	

附单据 24 张

会计主管 记账 稽核 出纳 制单 黄健

图 2-43 记账凭证

2. 异地商品销售的核算

异地商品销售一般采用发货制的商品交接货方式，货款结算多采用异地托收承付结算方式、委托收款结算方式或汇兑结算方式，也可采用商业汇票结算方式等。在采用托收承付结算方式时，由销货单位按照合同规定，将商品委托给运输单位发运到购货单位。待商品发运后，销货单位填写托收承付结算凭证，连同有关的增值税专用发票、运费清单等一并交给银行，委托银行向购货单位收款。财会部门根据发票记账联、运费发票、托收承付结算凭证回单，确认收入实现。

【例 2-10】天兴贸易批发公司于 2013 年 8 月 10 日销售给长春秋林百货商场洗衣机 20 台，单价 800 元，共计价款 16 000 元，销项税额 2 720 元，另以银行存款代垫运费 500 元，增值税税额 55 元。已办妥托收承付结算手续。取得原始凭证如图 2-44 ~ 图 2-46 所示。

辽宁增值税专用发票

开票日期：2013 年 8 月 10 日

购货单位	名　　称：长春秋林百货商场 纳税人识别号：302504668923042 地 址 、电 话：长春市广州街 68 号　3652365 开户行及账号：中国建设银行长春支行新河办事处　3636251			密码区	略		
货物或应税劳务名称	规格型号	单位	数量	单价	金额	税率	税额
洗衣机		台	20	800	16 000	17%	2 720
合　计					16 000	17%	2 720
价税合计（大写）壹万捌仟柒佰贰拾元整						（小写）¥18 720	
销货单位	名　　称：天兴贸易批发公司 纳税人识别号：210701907654800 地 址 、电 话：环山市饶阳区锦江路 55 号　5425212 开户行及账号：中国工商银行锦江支行　123552			备注			

第二联：记账联　销货方记账凭证

销货单位盖章：　　　　收款人：　　　　开票人：赵华

图 2-44　辽宁增值税专用发票

托收凭证（回单）

委托日期：2013 年 8 月 10 日

付款人	全　　称	长春秋林百货商场	收款人	全　　称	天兴贸易批发公司
	账号或地址	123552		账号或地址	123552
	开 户 银 行	中国建设银行长春支行新河办事处		开 户 银 行	中国工商银行锦江支行

委收金额	人民币（大写）	壹万玖仟贰佰柒拾伍元整	千	百	十	万	千	百	十	元	角	分
					¥	1	9	2	7	5	0	0

款项内容	货款	委托收款凭据名称	货物发票 运费发票	附寄单证张数	2
备注：					

中国工商银行
锦江支行
2013年8月10日
业务受理

图 2-45　托收凭证（回单）

中国工商银行

转账支票存根

XIV00594379

附加信息______________

出票日期 2013 年 8 月 10 日

收款人：	沈阳铁路局环山站
金　额：	¥555.00
用　途：	代垫运费

单位主管　　　　会计

图 2-46　中国工商银行转账支票存根

根据上述审核无误的原始凭证，编制记账凭证如图 2-47 所示。

记账凭证

2013 年 8 月 10 日　　　　记字第　号

摘要	总账科目	明细科目	借方金额										贷方金额										记账
			千	百	十	万	千	百	十	元	角	分	千	百	十	万	千	百	十	元	角	分	
销售商品	应收账款	长春秋林百货商场				1	9	2	7	5	0	0											
	主营业务收入															1	6	0	0	0	0	0	
	应交税费	应交增值税（销项税额）															2	7	2	0	0	0	
	银行存款																	5	5	5	0	0	
合　计					¥	1	9	2	7	5	0	0			¥	1	9	2	7	5	0	0	

附单据 3 张

会计主管　　　记账　　　稽核　　　出纳　　　制单　黄健

图 2-47　记账凭证

18 日，天兴贸易批发公司收到银行转来的收款通知，原始凭证如图 2-48 所示。

托收凭证（收款通知）

委托日期：2013 年 8 月 10 日

付款人	全　称	长春秋林百货商场	收款人	全　称	天兴贸易批发公司
	账号或地址	123552		账号或地址	123552
	开 户 银 行	中国建设银行长春支行新河办事处		开 户 银 行	中国工商银行锦江支行

委收金额	人民币（大写）	壹万玖仟贰佰柒拾伍元整	千	百	十	万	千	百	十	元	角	分
					¥	1	9	2	7	5	0	0

款项内容	货款	委托收款凭据名称	货物发票 运费发票	附寄单证张数	2
备注：					

中国工商银行 锦江支行 2013年8月16日 转讫

图 2-48　托收凭证（收款通知）

根据审核无误的原始凭证，编制记账凭证如图 2-49 所示。

记账凭证

2013 年 8 月 20 日　　　　　　　　　　　　记字第　号

摘　要	总账科目	明细科目	借方金额										贷方金额										记账
			千	百	十	万	千	百	十	元	角	分	千	百	十	万	千	百	十	元	角	分	
收到销售商品款	银行存款					1	9	2	7	5	0	0											
	应收账款	长春秋林百货商场														1	9	2	7	5	0	0	
合　计					¥	1	9	2	7	5	0	0			¥	1	9	2	7	5	0	0	

附单据 1 张

会计主管　　　　记账　　　　稽核　　　　出纳　　　　制单　黄健

图 2-49　记账凭证

3. 销售折扣的核算

销售折扣包括商业折扣和现金折扣。

想一想　商业折扣和现金折扣对收入的确认有什么影响？

商业折扣是为了增加商品销售量而给予大批量购买者的优惠。销售商品时，如果发生商业折扣，则应按折扣后的售价确认商品销售收入。

现金折扣是为了鼓励购货方在规定的期限内尽早付款，而给予购货方的优惠。现金折扣通常发生在赊销方式销售商品的交易中，一般用符号“折扣/付款期”表示。例如，“3/10，1/20，*n*/30”，分别表示：购买方在 10 天内付款可按售价给予 3% 的折扣；在 20 天内付款可按售价给予 1% 的折扣；在 30 天内付款则没有折扣。现金折扣在企业销售商品时，还不能确定是否发生、发生多少，所以按折扣前的售价确认收入。如果发生现金折扣，则将现金折扣视作企业的理财费用，直接计入当期财务费用。

【例 2-11】 天兴贸易批发公司于 2013 年 8 月 5 日销售给南方百货公司冰箱 10 台，单位售价 1 300 元，共计价款 13 000 元，销项税额 2 210 元，付款条件为 2/10、*n*/30。

（1）天兴贸易批发公司销售商品时，取得原始凭证如图 2-50 所示。

辽宁增值税专用发票

开票日期：2013 年 8 月 5 日

购货单位	名　　称：南方百货公司 纳税人识别号：210702507894780 地 址 、电 话：环山市杭州街 58 号　4525123 开户行及账号：中国建设银行环山支行 5698744		密码区	略			
货物或应税劳务名称	规格型号	单位	数量	单价	金额	税率	税额
冰　　箱		台	10	1 300	13 000	17%	2 210
合　　计					13 000	17%	2 210
价税合计（大写）壹万伍仟贰佰壹拾元整						（小写）¥15 210	
销货单位	名　　称：天兴贸易批发公司 纳税人识别号：210701907654800 地 址 、电 话：环山市饶阳区锦江路 55 号　5425212 开户行及账号：中国工商银行锦江支行　123552		备注	天兴贸易批发公司 发票专用章 210701907654800			

销货单位盖章：　　　　收款人：　　　　开票人：刘畅

第二联：记账联　销货方记账凭证

图 2-50　辽宁增值税专用发票

根据审核无误的原始凭证，编制记账凭证如图 2-51 所示。

记账凭证

2013 年 8 月 5 日　　　　记字第　号

摘　要	总账科目	明细科目	借方金额										贷方金额										记账
			千	百	十	万	千	百	十	元	角	分	千	百	十	万	千	百	十	元	角	分	
销售商品	应收账款	南方百货公司				1	5	2	1	0	0	0											
	主营业务收入															1	3	0	0	0	0	0	
	应交税费	应交增值税（销项税额）															2	2	1	0	0	0	
合　　计					¥	1	5	2	1	0	0	0			¥	1	5	2	1	0	0	0	

会计主管　　记账　　稽核　　出纳　　制单　黄健

附单据 1 张

图 2-51　记账凭证

（2）如果南方百货公司在 8 月 14 日付款，就可以享受现金折扣 260 元（13 000 × 2%），企业实际收款 14 950 元（15 210 − 260），取得原始凭证如图 2-52 所示。

中国工商银行　进账单（收款通知）

2013 年 8 月 14 日

出票人	全　称	南方百货公司	收款人	全　称	天兴贸易批发公司											
	账　号	5698744		账　号	123552											
	开户银行	中国建设银行环山支行		开户银行	中国工商银行锦江支行											
金额	人民币（大写）	壹万肆仟玖佰伍拾元整	中国工商银行 锦江支行 2013年8月14日		亿	千	百	十	万	千	百	十	元	角	分	
								¥	1	4	9	5	0	0	0	
票据种类	支票		转讫													
票据张数	1															
复核	记账			开户银行盖章												

图 2-52　中国工商银行进账单（收款通知）

根据审核无误的原始凭证，编制记账凭证如图 2-53 所示。

记账凭证

2013 年 8 月 14 日　　　　记字第　号

摘　要	总账科目	明细科目	借方金额										贷方金额										记账
			千	百	十	万	千	百	十	元	角	分	千	百	十	万	千	百	十	元	角	分	
收到销售商品款	银行存款					1	4	9	5	0	0	0											
	财务费用							2	6	0	0	0											
	应收账款	南方百货公司														1	5	2	1	0	0	0	
合　计					¥	1	5	2	1	0	0	0			¥	1	5	2	1	0	0	0	

附单据 1 张

会计主管　　　记账　　　稽核　　　出纳　　　制单　黄健

图 2-53　记账凭证

（3）如果南方百货公司在 8 月 15 日到 9 月 5 日之间付款，则没有折扣，企业实际收款 15 210 元，取得原始凭证如图 2-54 所示。

中国工商银行　进账单（收款通知）

2013 年 9 月 4 日

出票人	全　称	南方百货公司	收款人	全　称	天兴贸易批发公司											
	账　号	5698744		账　号	123552											
	开户银行	中国建设银行环山支行		开户银行	中国工商银行锦江支行											
金额	人民币（大写）	壹万伍仟贰佰壹拾元整	中国工商银行 锦江支行 2013年9月4日		亿	千	百	十	万	千	百	十	元	角	分	
								¥	1	5	2	1	0	0	0	
票据种类	支票		转讫													
票据张数	1															
复核	记账			开户银行盖章												

图 2-54　中国工商银行进账单（收款通知）

根据审核无误的原始凭证，编制记账凭证如图 2-55 所示。

记账凭证

2013 年 9 月 4 日　　　　　　　　　　　　记字第　号

摘　要	总账科目	明细科目	借方金额										贷方金额										记账
			千	百	十	万	千	百	十	元	角	分	千	百	十	万	千	百	十	元	角	分	
收到销售商品款	银行存款					1	5	2	1	0	0	0											
	应收账款	南方百货公司														1	5	2	1	0	0	0	
合　计					¥	1	5	2	1	0	0	0			¥	1	5	2	1	0	0	0	

附单据 1 张

会计主管　　　记账　　　稽核　　　出纳　　　制单　黄健

图 2-55　记账凭证

（四）商品销售中异常业务的核算

1. 销售退回的核算

销售退回是指企业售出的商品，由于质量、品种等不符合对方要求而发生的退货。企业发生销售退回后，应办理商品入库手续，同时分别对不同情况进行会计处理。

（1）销售退回发生在企业确认收入之前。这种情况的会计处理比较简单，只需将其记入“发出商品”账户的商品转回到“库存商品”账户中。

（2）销售退回发生在企业确认收入之后。这种退回无论是当年销售的商品，还是以前年度销售的商品，一般均应冲减退回当月的销售收入，同时冲减退回当月的销售成本。

【例 2-12】 天兴贸易批发公司于 2013 年 8 月 7 日向向阳红百货公司销售微波炉 8 台，单价 550 元(原单位进价 400 元)，共计价款 4 400 元，销项税额 748 元，货款已经结清，9 月份购货单位要求退货，经协商本企业同意退货，并退还已收的价税款。企业开具红字发票，取得原始凭证如图 2-56～图 2-57 所示。

辽宁增值税专用发票

开票日期：2013 年 9 月 21 日

购货单位	名　　称：向阳红百货公司 纳税人识别号：210701233245696 地 址 、电 话：环山市南京路 51 号　4785258 开户行及账号：中国建设银行那径路支行 2352869			密码区	略		
货物或应税劳务名称	规格型号	单位	数量	单价	金额	税率	税额
微波炉		台	8	550	4 400	17%	748
合　计					4 400	17%	748
价税合计（大写）	伍仟壹佰肆拾捌元整					（小写）¥	5 148
销货单位	名　　称：天兴贸易批发公司 纳税人识别号：210701907654800 地 址 、电 话：环山市饶阳区锦江路 55 号　5425212 开户行及账号：中国工商银行锦江支行　123552			备注	天兴贸易批发公司 发票专用章 210701907654800		

第二联：记账联　销货方记账凭证

销货单位盖章：　　　　收款人：　　　　开票人：刘畅

图 2-56　辽宁增值税专用发票

中国工商银行 转账支票存根 XIV005856253
附加信息
出票日期 2013 年 9 月 21 日
收款人：向阳红百货公司
金　额：¥5 148.00
用　途：退还货款
单位主管　　　　会计

图 2-57　中国工商银行转账支票存根

根据上述审核无误的原始凭证，编制记账凭证如图 2-58 所示。

记账凭证

2013 年 9 月 21 日　　　　记字第　号

摘　要	总账科目	明细科目	借方金额										贷方金额										记账
			千	百	十	万	千	百	十	元	角	分	千	百	十	万	千	百	十	元	角	分	
销售退回	主营业务收入						4	4	0	0	0	0											
	应交税费	应交增值税（销项税额）						7	4	8	0	0											
	银行存款																5	1	4	8	0	0	
合　计						¥	5	1	4	8	0	0				¥	5	1	4	8	0	0	

附单据 2 张

会计主管　　　记账　　　稽核　　　出纳　　　制单　黄健

图 2-58　记账凭证

同时，商品入库冲减商品销售成本，填制原始凭证见表 2-17。

表 2-17　收　货　单

2013 年 9 月 21 日

商品编号	品名	规格	计量单位	应收数量	实收数量	单价/元	金额/元
	微波炉		台	8	8	400	3 200

收货人：李婉　　　供货单位：　　　发票号码：　　　验收日期：　　　制单：王东

根据审核无误的原始凭证，编制记账凭证如图 2-59 所示。

记账凭证

2013 年 9 月 21 日　　　　　　　　记字第　号

摘　要	总账科目	明细科目	借方金额										贷方金额										记账
			千	百	十	万	千	百	十	元	角	分	千	百	十	万	千	百	十	元	角	分	
销售退回，商品入库	库存商品						3	2	0	0	0	0											
	主营业务成本																3	2	0	0	0	0	
合　计						¥	3	2	0	0	0	0				¥	3	2	0	0	0	0	

附单据1张

会计主管　　　　记账　　　　稽核　　　　出纳　　　　制单　黄健

图 2-59　记账凭证

2. 销售折让的核算

销售折让是指企业因销售商品的质量不合格等原因，而在售价上给予的减让。销售折让应当在发生时冲减当期主营业务收入，取得规范凭证的同时转销增值税销项税额。

【例 2-13】天兴贸易批发公司于 2013 年 8 月 4 日销售给顺义百货公司洗衣机 50 台，单价 800 元，共计价款 40 000 元，销项税额 6 800 元，顺义百货公司收到商品后，发现洗衣机质量不符合规定，要求在价格上给予 10% 的折让。

（1）天兴贸易批发公司销售商品时，取得原始凭证如图 2-60 所示。

辽宁增值税专用发票

开票日期：2013 年 8 月 4 日

购货单位	名　　称：顺义百货公司 纳税人识别号：210370356230015 地 址 、电 话：环山市广州路 26 号　8540690 开户行及账号：中国建设银行环山支行 5689741			密码区	略		
货物或应税劳务名称	规格型号	单位	数量	单价	金额	税率	税额
洗衣机		台	50	800	40 000	17%	6 800
合　计					40 000	17%	6 800
价税合计（大写）肆万陆仟捌佰元整						（小写）¥46 800	
销货单位	名　　称：天兴贸易批发公司 纳税人识别号：210701907654800 地 址 、电 话：环山市饶阳区锦江路 55 号　5425212 开户行及账号：中国工商银行锦江支行　123552			备注	天兴贸易批发公司 发票专用章 210701907654800		

第二联：记账联　销货方记账凭证

销货单位盖章：　　　　收款人：　　　　开票人：刘畅

图 2-60　辽宁增值税专用发票

根据审核无误的原始凭证，编制记账凭证如图 2-61 所示。

记账凭证

2013 年 8 月 4 日　　　　记字第　号

摘　要	总账科目	明细科目	借方金额 千	百	十	万	千	百	十	元	角	分	贷方金额 千	百	十	万	千	百	十	元	角	分	记账
销售商品	应收账款	顺义百货公司				4	6	8	0	0	0	0											
	主营业务收入															4	0	0	0	0	0	0	
	应交税费	应交增值税（销项税额）															6	8	0	0	0	0	
合　计					¥	4	6	8	0	0	0	0			¥	4	6	8	0	0	0	0	

附单据 1 张

会计主管　　记账　　稽核　　出纳　　制单　黄健

图 2-61　记账凭证

（2）天兴贸易批发公司同意折让，并按规定开出红字发票，原始凭证如图 2-62 所示。

辽宁增值税专用发票

开票日期：2013 年 8 月 12 日

购货单位	名　称：顺义百货公司 纳税人识别号：21037035623001５ 地 址 、电 话：环山市广州路 26 号　8540690 开户行及账号：中国建设银行环山支行 5689741	密码区	略				
货物或应税劳务名称	规格型号	单位	数量	单价	金额	税率	税额
洗衣机（价格折让）		台	50	80	4 000	17%	680
合　计					4 000	17%	680
价税合计（大写）	肆仟陆佰捌拾元整				（小写）¥ 4 680		
销货单位	名　称：天兴贸易批发公司 纳税人识别号：210701907654800 地 址 、电 话：环山市饶阳区锦江路 55 号　5425212 开户行及账号：中国工商银行锦江支行　123552	备注	天兴贸易批发公司 发票专用章 210701907654800				

第二联：记账联　销货方记账凭证

销货单位盖章：　　收款人：　　开票人：刘畅

图 2-62　辽宁增值税专用发票

根据审核无误的原始凭证，编制记账凭证如图 2-63 所示。

记账凭证

2013 年 8 月 12 日　　　　　　　　　　记字第　号

摘　要	总账科目	明细科目	借方金额										贷方金额										记账
			千	百	十	万	千	百	十	元	角	分	千	百	十	万	千	百	十	元	角	分	
销售折让	主营业务收入						4	0	0	0	0	0											
	应交税费	应交增值税（销项税额）						6	8	0	0	0											
	应收账款	顺义百货公司															4	6	8	0	0	0	
合　计						¥	4	6	8	0	0	0				¥	4	6	8	0	0	0	

附单据 1 张

会计主管　　　记账　　　稽核　　　出纳　　　制单　黄健

图 2-63　记账凭证

（3）实际收到价税款时，取得原始凭证如图 2-64 所示。

中国工商银行　进账单（收款通知）

2013 年 8 月 16 日

出票人	全　称	顺义百货公司	收款人	全　称	天兴贸易批发公司									
	账　号	5689741		账　号	123552									
	开户银行	中国建设银行环山支行		开户银行	中国工商银行锦江支行									
金额	人民币（大写）	肆万贰仟壹佰贰拾元整		亿	千	百	十	万	千	百	十	元	角	分
							¥	4	2	1	2	0	0	0
票据种类		支票												
票据张数		1												
复核　记账				开户银行盖章										

中国工商银行 锦江支行 2013年8月14日 转讫

图 2-64　中国工商银行进账单（收款通知）

根据审核无误的原始凭证，编制记账凭证如图 2-65 所示。

记账凭证

2013 年 8 月 16 日　　　　　　　　　　记字第　号

摘　要	总账科目	明细科目	借方金额										贷方金额										记账
			千	百	十	万	千	百	十	元	角	分	千	百	十	万	千	百	十	元	角	分	
收到销售款	银行存款					4	2	1	2	0	0	0											
	应收账款	顺义百货公司														4	2	1	2	0	0	0	
合　计					¥	4	2	1	2	0	0	0			¥	4	2	1	2	0	0	0	

附单据 1 张

会计主管　　　记账　　　稽核　　　出纳　　　制单　黄健

图 2-65　记账凭证

三、特殊销售业务的核算

(一)直运商品销售

直运商品销售是批发企业按照合同规定，将商品由供货单位直接调运给购货单位，不经过本企业仓库的一种销售方式。采用直运商品销售方式，不但可以减少商品出入库手续，而且有利于加速商品流转，节约流通费用。直运商品销售核算的特点如下：

(1)商品的购进和销售业务同时发生。

(2)随时结转成本。

(3)不通过“库存商品”账户，直接在“在途物资”账户核算。

直运商品销售业务流程如图2-66所示。

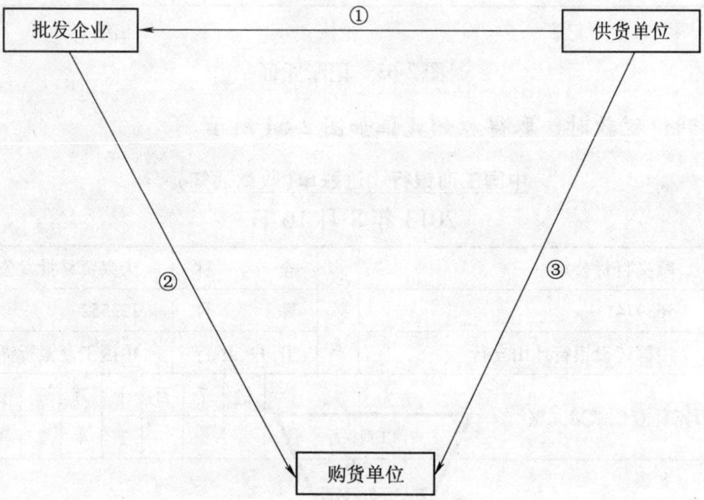

图2-66　直运商品销售业务流程

说明：

①批发企业从供货单位购买商品，但不运回仓库。

②批发企业向购货单位销售商品，但不从批发企业发出商品。

③批发企业购买的商品直接从供货单位发往购货单位。

一般来说，直运商品销售发生的运费，由批发企业负担的，应记入“销售费用”账户；由购货方负担的，应随同货款一同收取。

【例2-14】天兴贸易批发公司于2013年4月15日从上海祥云电器公司购进电视机20台，每台1 000元，共计价款20 000元，进项税额3 400元；按合同规定直运给北京天龙百货商场，每台售价1 200元，共计价款24 000元，销项税额4 080元，用银行存款支付运杂费1 000元，运费增值税税额110元，运费由本企业负担。

(1)收到银行转来的供货单位的托收凭证、增值税专用发票等，承付货款，取得原始凭证如图2-67～2-69所示。

辽宁增值税专用发票

开票日期：2013 年 4 月 15 日

<table>
<tr><td>购货单位</td><td colspan="4">名　　称：天兴贸易批发公司
纳税人识别号：210701907654800
地 址 、电 话：环山市饶阳区锦江路 55 号
5425212
开户行及账号：中国工商银行锦江支行　123552</td><td>密码区</td><td colspan="3">略</td></tr>
<tr><td colspan="2">货物或应税劳务名称</td><td>规格型号</td><td>单位</td><td>数量</td><td>单价</td><td>金额</td><td>税率</td><td>税额</td></tr>
<tr><td colspan="2">电视机</td><td></td><td>台</td><td>20</td><td>1 000</td><td>20 000</td><td>17%</td><td>3 400</td></tr>
<tr><td colspan="2"></td><td></td><td></td><td></td><td></td><td></td><td></td><td></td></tr>
<tr><td colspan="2">合　　计</td><td></td><td></td><td></td><td></td><td>20 000</td><td>17%</td><td>3 400</td></tr>
<tr><td colspan="7">价税合计（大写）贰万叁仟肆佰元整</td><td colspan="2">（小写）¥23 400</td></tr>
<tr><td>销货单位</td><td colspan="4">名　　称：上海祥云电器公司
纳税人识别号：502136102024122
地 址 、电 话：上海市浦东区望江路 28 号　35120111
开户行及账号：中国建设银行浦东支行　963365222</td><td>备注</td><td colspan="3">上海祥云电器公司 发票专用章 502136102024122</td></tr>
</table>

销货单位盖章：　　　　收款人：　　　　开票人：李星

图 2-67　辽宁增值税专用发票

货物运输业增值税专用发票

开票日期：2013 年 4 月 15 日

<table>
<tr><td colspan="2">承运人及
纳税人识别号</td><td colspan="3">上海铁路局上海站
502156802709077</td><td rowspan="2">密码区</td><td colspan="3" rowspan="2">略</td></tr>
<tr><td colspan="2">实际受票方及
纳税人识别号</td><td colspan="3">天兴贸易批发公司
210701907654800</td></tr>
<tr><td colspan="2">收货人及
纳税人识别号</td><td colspan="3">北京天龙百货商场
120235696320011</td><td colspan="2">发货人及
纳税人识别号</td><td colspan="2">上海祥云电器公司
502136102024122</td></tr>
<tr><td colspan="3">起运地、经由、到达地</td><td colspan="6">上海站到北京站</td></tr>
<tr><td>费用项目及金额</td><td colspan="4">运费 800 元
装卸费 100 元
保险费 100 元</td><td>运输货物信息</td><td colspan="3">电视机 20 台</td></tr>
<tr><td>合计金额</td><td>1 000 元</td><td>税率</td><td>11%</td><td>税额</td><td>110 元</td><td>机器编码</td><td colspan="2"></td></tr>
<tr><td colspan="7">价税合计（大写）壹仟壹佰壹拾元整</td><td colspan="2">（小写）¥1 110</td></tr>
<tr><td>车种车号</td><td></td><td>车船吨位</td><td></td><td rowspan="2">备注</td><td colspan="4" rowspan="2">上海铁路局上海站 财务专用</td></tr>
<tr><td>主管税务机关及代码</td><td colspan="3"></td></tr>
</table>

收款人：　　　　复核人：　　　　开票人：　　　　承运人：（章）

图 2-68　货物运输业增值税专用发票

第三联：发票联　购货方记账凭证

托收凭证（付款通知）

委托日期：2013 年 4 月 15 日

付款人	全称	天兴贸易批发公司	收款人	全称	上海祥云电器公司
	账号或地址	123552		账号或地址	963365222
	开户银行	中国工商银行锦江支行		开户银行	中国建设银行浦东支行

委收金额	人民币（大写）	贰万肆仟伍佰壹拾元整	千	百	十	万	千	百	十	元	角	分
					¥	2	4	5	1	0	0	0

款项内容	货款 运费	委托收款凭据名称	货物发票 运费发票	附寄单证张数	2
备注：					

中国工商银行
锦江支行
2013年4月15日
转讫

图 2-69　托收凭证（付款通知）

根据上述审核无误的原始凭证，编制记账凭证如图 2-70 所示。

记账凭证

2013 年 4 月 20 日　　　　记字第　号

摘要	总账科目	明细科目	借方金额 千	百	十	万	千	百	十	元	角	分	贷方金额 千	百	十	万	千	百	十	元	角	分	记账
直运商品购进	在途物资	上海祥云电器				2	0	0	0	0	0	0											
	应交税费	应交增值税（进项税额）					3	5	1	0	0	0											
	销售费用						1	0	0	0	0	0											
	银行存款															2	4	5	1	0	0	0	
合计					¥	2	4	5	1	0	0	0			¥	2	4	5	1	0	0	0	

附单据 3 张

会计主管　　　　记账　　　　稽核　　　　出纳　　　　制单　黄健

图 2-70　记账凭证

（2）收到采购员交来的本单位增值税专用发票（记账联）和委托收款凭证（回单），原始凭证如图 2-71 和图 2-72 所示。

辽宁增值税专用发票

开票日期：2013 年 4 月 22 日

购货单位	名　　称：北京天龙百货商场 纳税人识别号：104023569632001 地 址 、电 话：天安街 120 号　58020512 开户行及账号：中国建设银行天安街支行 965656142		密码区	略			
货物或应税劳务名称	规格型号	单位	数量	单价	金额	税率	税额
电视机		台	20	1 200	24 000	17%	4 080
合　　计					24 000	17%	4 080
价税合计(大写)贰万捌仟零捌拾元整						(小写)¥28 080	
销货单位	名　　称：天兴贸易批发公司 纳税人识别号：210701907654800 地 址 、电 话：环山市饶阳区锦江路 55 号　5425212 开户行及账号：中国工商银行锦江支行　123552			备注			

销货单位盖章：　　　　收款人：　　　　开票人：钱燕

第二联：记账联　销货方记账凭证

图 2-71　辽宁增值税专用发票

托收凭证(回单)

委托日期：2013 年 4 月 22 日

付款人	全　　称	北京天龙百货商场	收款人	全　　称：天兴贸易批发公司
	账号或地址	965656142		账号或地址：123552
	开 户 银 行	中国建设银行天安街支行		开 户 银 行：中国工商银行锦江支行
委收金额	人民币(大写)	贰万捌仟零捌拾元整	千 百 十 万 千 百 十 元 角 分	¥ 2 8 0 8 0 0 0
款项内容	货款	委托收款凭据名称：销货发票	附寄单证张数	1
备注：				

图 2-72　托收凭证(回单)

根据上述审核无误的原始凭证，编制记账凭证如图 2-73 所示。

记账凭证

2013 年 4 月 22 日　　　　　　　　记字第　号

摘　要	总账科目	明细科目	借方金额										贷方金额										记账
			千	百	十	万	千	百	十	元	角	分	千	百	十	万	千	百	十	元	角	分	
直运商品销售	应收账款	北京天龙百货商场				2	8	0	8	0	0	0											
	主营业务收入															2	4	0	0	0	0	0	
	应交税费	应交增值税（销项税额）															4	0	8	0	0	0	
合　计					¥	2	8	0	8	0	0	0			¥	2	8	0	8	0	0	0	

附单据2张

会计主管　　　　记账　　　　稽核　　　　出纳　　　　制单　黄健

图 2-73　记账凭证

（3）结转商品销售成本，编制原始凭证见表 2-18。

表 2-18　直运商品发货单

购货单位：北京天龙百货商场　　　　2013 年 4 月 22 日

商品类别	规格型号	计量单位	数　量		单位成本/元	实际成本/元
			收入	发出		
电视机		台	20	20	1 000	20 000

根据审核无误的原始凭证，编制记账凭证如图 2-74 所示。

记账凭证

2013 年 4 月 22 日　　　　　　　　记字第　号

摘　要	总账科目	明细科目	借方金额										贷方金额										记账
			千	百	十	万	千	百	十	元	角	分	千	百	十	万	千	百	十	元	角	分	
结转直运销售商品成本	主营业务成本					2	0	0	0	0	0	0											
	在途物资	上海祥云电器公司														2	0	0	0	0	0	0	
合　计					¥	2	0	0	0	0	0	0			¥	2	0	0	0	0	0	0	

附单据1张

会计主管　　　　记账　　　　稽核　　　　出纳　　　　制单　黄健

图 2-74　记账凭证

（4）收到银行转来托收凭证，原始凭证如图 2-75 所示。

托收凭证（收款通知）

委托日期：2013 年 4 月 22 日

付款人	全　　称	北京天龙百货商场	收款人	全　　称	天兴贸易批发公司
	账号或地址	965656142		账号或地址	123552
	开 户 银 行	中国建设银行天安街支行		开 户 银 行	中国工商银行锦江支行

委收金额	人民币（大写）	贰万捌仟零捌拾元整	千	百	十	万	千	百	十	元	角	分
					¥	2	8	0	8	0	0	0

款项内容	货款	委托收款凭据名称	货物发票	附寄单证张数	1
备注：					

（印章：中国工商银行 锦江支行 2013年4月28日 转讫）

图 2-75　托收凭证（收款通知）

根据审核无误的原始凭证，编制记账凭证如图 2-76 所示。

记账凭证

2013 年 4 月 28 日　　　　记字第　号

摘　要	总账科目	明细科目	借方金额										贷方金额										记账
			千	百	十	万	千	百	十	元	角	分	千	百	十	万	千	百	十	元	角	分	
收到直运销售商品货款	银行存款					2	8	0	8	0	0	0											
	应收账款	北京天龙百货商场														2	8	0	8	0	0	0	
合　计					¥	2	8	0	8	0	0	0			¥	2	8	0	8	0	0	0	

附单据 1 张

会计主管　　记账　　稽核　　出纳　　制单　黄健

图 2-76　记账凭证

（二）分期收款销售

按合同价款和销售价款的金额来分，分期收款销售主要有两种情况。一种是两者相等，没有差额，不属于融资销售；另一种是有差额，属于融资销售。这里主要介绍前者。

分期收款销售是指企业商品已经交付购货方，但货款分期收回的一种销售方式。其特点是销售商品的价值较大、收款期限较长、有一定风险。分期收款销售业务流程如图 2-77 所示。

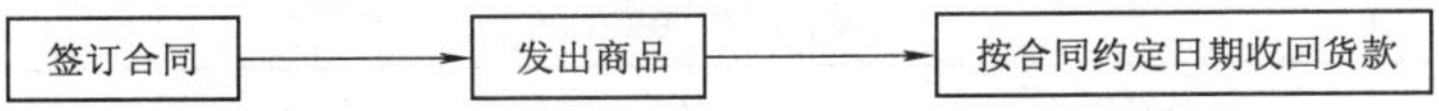

图 2-77　分期收款销售业务流程

为了核算分期收款销售业务，企业应设置“发出商品”账户。该账户是资产类账户，用来核算企业采用分期收款或委托代销方式销售商品时，发出商品的实际成本。其账户结构如图2-78所示。

发出商品

借方	贷方
期初余额：前期已经发出，但未确认销售实现的商品实际成本 发出商品的实际成本	结转实现销售的发出商品实际成本
期末余额：尚未确认销售的发出商品实际成本	

图2-78　“发出商品”账户结构

该账户按供货单位、商品类别等设置明细账户，进行明细核算。

【例2-15】 天兴贸易批发公司于2013年3月28日销售给本地鼎鑫百货商场空调12台，单价4 800元，共计价款57 600元，销项税额9 792元，每台进价成本4 000元，双方约定货款在6个月内分3次等额收回。

(1) 3月28日，将空调发给鼎鑫百货商场时，填制原始凭证见表2-19。

表2-19　分期收款销售发货单

购货单位：鼎鑫百货商场　　　　2013年3月28日

商品种类	单位	数量	单位成本/元	总成本/元	备注
空调	台	12	4 000	48 000	
					在6个月内分3次平均收款

根据审核无误的原始凭证，编制记账凭证如图2-79所示。

记账凭证

2013年3月28日　　　　记字第　号

摘要	总账科目	明细科目	借方金额										贷方金额										记账
			千	百	十	万	千	百	十	元	角	分	千	百	十	万	千	百	十	元	角	分	
发出分期收款销售商品	发出商品	鼎鑫百货商场				4	8	0	0	0	0	0											
	库存商品	空调														4	8	0	0	0	0	0	
合　计					¥	4	8	0	0	0	0	0			¥	4	8	0	0	0	0	0	

附单据1张

会计主管　　　记账　　　稽核　　　出纳　　　制单　黄健

图2-79　记账凭证

（2）5月28日，收到第一期货款时，取得原始凭证如图2-80和图2-81所示。

辽宁增值税专用发票

开票日期：2013年5月28日

购货单位	名　　称：鼎鑫百货商场 纳税人识别号：210703556237899 地 址 、电 话：天安街西川路81号　5260205 开户行及账号：中国工商银行天安街西川路支行 35689120	密码区	略

货物或应税劳务名称	规格型号	单位	数量	单价	金额	税率	税额
空调		台	4	4 800	19 200	17%	3 264
合　计					19 200	17%	3 264
价税合计（大写）贰万贰仟肆佰陆拾肆元整						（小写）¥22 464	

销货单位	名　　称：天兴贸易批发公司 纳税人识别号：210701907654800 地 址 、电 话：环山市饶阳区锦江路55号　5425212 开户行及账号：中国工商银行锦江支行　123552	备注	

销货单位盖章：　　　　收款人：　　　　开票人：钱燕

第二联：记账联　销货方记账凭证

图2-80　辽宁增值税专用发票

中国工商银行　进账单（收款通知）

2013年5月28日

出票人	全　称	鼎鑫百货商场	收款人	全　称	天兴贸易批发公司
	账　号	35689120		账　号	123552
	开户银行	中国工商银行天安街西川路支行		开户银行	中国工商银行锦江支行

金额	人民币（大写）	贰万贰仟肆佰陆拾肆元整	亿	千	百	十	万	千	百	十	元	角	分
						¥	2	2	4	6	4	0	0

票据种类	转账支票
票据张数	1
复核　　记账	开户银行盖章

图2-81　中国工商银行进账单（收款通知）

根据审核无误的原始凭证，编制记账凭证如图2-82所示。

记账凭证

2013 年 5 月 28 日　　　　记字第　号

摘要	总账科目	明细科目	借方金额										贷方金额										记账
			千	百	十	万	千	百	十	元	角	分	千	百	十	万	千	百	十	元	角	分	
收到分期收款销售商品货款	银行存款					2	2	4	6	4	0	0											
	主营业务收入															1	9	2	0	0	0	0	
	应交税费	应交增值税（销项税额）															3	2	6	4	0	0	
合计					¥	2	2	4	6	4	0	0			¥	2	2	4	6	4	0	0	

附单据2张

会计主管　　记账　　稽核　　出纳　　制单　黄健

图 2-82　记账凭证

（3）按收款比例结转销售成本，填制原始凭证见表 2-20。

表 2-20　商品销售成本计算表（分期收款销售）

2013 年 5 月 28 日

商品名称	单位	数量	单位成本/元	总成本/元
空调	台	4	4 000	16 000

根据审核无误的原始凭证，编制记账凭证如图 2-83 所示。

记账凭证

2013 年 5 月 28 日　　　　记字第　号

摘要	总账科目	明细科目	借方金额										贷方金额										记账
			千	百	十	万	千	百	十	元	角	分	千	百	十	万	千	百	十	元	角	分	
结转分期收款销售商品	主营业务成本					1	6	0	0	0	0	0											
	发出商品															1	6	0	0	0	0	0	
合计					¥	1	6	0	0	0	0	0			¥	1	6	0	0	0	0	0	

附单据1张

会计主管　　记账　　稽核　　出纳　　制单　黄健

图 2-83　记账凭证

（三）代销商品

代销商品是商品流通企业为扩大商品销售，委托其他单位或个人代其销售商品的一种销售方式。代销商品涉及委托方和受托方两个单位，企业委托其他单位代为销售商品称为委托代销；企业接受其他单位委托销售商品称为受托代销。发生代销商品业务时，委托方和受托方必须签订代销合同或协议，规定代销商品的品种、销售价格、发货日期、手续费标准、结算时间及方式等内容。

1. 代销商品的业务程序

批发企业作为委托方，其业务程序一般是由业务(销售)部门根据商品委托代销合同填制委托代销商品发货单，然后由储运部门将商品发运给受托方，由于商品所有权上的风险和报酬并未转移给受托方，因此委托方在交付商品时不确认收入，而是作为存货通过“发出商品”账户核算。当批发企业收到受托方的代销清单(已销商品清单)时，据以开具增值税专用发票，并确认销售收入，同时将增值税专用发票的发票联和抵扣联交与受托方收取代销款。

批发企业作为受托方代他人销售货物，在收到代销商品时，储运部门应填制受托商品收货单，并交与财会部门记账。销售代销商品时，应填制受托代销商品发货单，同时视同销售开具增值税专用发票。按约定日期结算代销货款时，开出代销清单交与委托方，并从委托方取得代销商品的增值税专用发票。

2. 账户设置

在代销商品业务核算中除了应用“发出商品”账户外，还应设置“受托代销商品”和“代销商品款”账户。

(1)“受托代销商品”账户。该账户是资产类账户，用来核算企业接受其他单位委托代销的商品成本(进价或售价)。其账户结构如图2-84所示。

受托代销商品

借方	贷方
期初余额：前期未售出或未结算商品成本 收到代销商品成本	转出已销或退回商品成本
期末余额：受托代销未售出或未结算商品成本	

图2-84 “受托代销商品”账户结构

该账户应按委托单位设置明细账户，进行明细核算。

(2)“代销商品款”账户。该账户是负债类账户，用来核算企业接受委托代销商品的价款。其账户结构如图2-85所示。

代销商品款

借方	贷方
代销商品售出后，按接收价转出的价款	期初余额：前期尚未销售的代销商品价款 收到委托代销商品时的接受款
	期末余额：尚未销售的代销商品价款

图2-85 “代销商品款”账户结构

该账户应按委托单位设置明细账户，进行明细核算。

委托方应设置什么账户？
受托方应设置什么账户？

3. 代销商品业务的核算

代销商品通常有两种类型，分别是视同买断方式和收取手续费方式。

（1）视同买断方式。即由委托方和受托方签订协议，委托方按协议价收取所代销的货款，实际售价可由受托方自定，实际售价与协议价之间的差额归受托方所有的销售方式。

委托方将商品交付给受托方时，委托方不确认收入，受托方也不做商品购进处理。委托方应在受托方售出商品并取得了受托方提供的代销清单时，确认收入实现。

【例 2-16】天兴贸易批发公司于 2013 年 5 月 10 日，委托大连海浪商厦代销数字照相机 30 部，每部进价 2 000 元，每部协议价 2 800 元，6 月 20 日收到大连海浪商厦转来代销清单时，天兴贸易批发公司开出增值税专用发票注明售价 84 000 元，增值税税额 14 280 元。大连海浪商厦实际单位售价 3 000 元。

（1）天兴贸易批发公司（委托方）的会计处理如下：

1）将数字照相机发给大连海浪商厦时，填制原始凭证见表 2-21。

表 2-21　委托代销商品发货单

受托单位：大连海浪商厦　　　　2013 年 5 月 10 日

商品种类	单位	数量	单位成本/元	总成本/元	备注
数字照相机	部	30	2 000	60 000	

根据审核无误的原始凭证，编制记账凭证如图 2-86 所示。

记账凭证

2013 年 5 月 10 日　　　　记字第　号

摘　要	总账科目	明细科目	借方金额										贷方金额										记账
			千	百	十	万	千	百	十	元	角	分	千	百	十	万	千	百	十	元	角	分	
发出委托代销商品	发出商品	大连海浪商厦				6	0	0	0	0	0	0											
	库存商品	数字照相机														6	0	0	0	0	0	0	
合　计					¥	6	0	0	0	0	0	0			¥	6	0	0	0	0	0	0	

附单据 1 张

会计主管　　　记账　　　稽核　　　出纳　　　制单　黄健

图 2-86　记账凭证

2）收到受托单位转来的代销清单等，原始凭证如表 2-22 和图 2-87 所示。

表 2-22 代销商品清单

委托方：天兴贸易批发公司

受托方：大连海浪商厦　　　　2013 年 6 月 20 日

品名	单位	数量		代销价		增值税税额/元	手续费	
		来货	已销	单价/元	金额/元		比例	金额
数字照相机	部	30	30	28 00	84 000	14 280		

受托方签章：

辽宁增值税专用发票

开票日期：2013 年 6 月 22 日

购货单位	名　　称：大连海浪商厦 纳税人识别号：210701874890009 地 址 、电 话：大连市旅顺口区康宁街 3 段 15 号 8569035 开户行及账号：中国工商银行康宁支行 5201230602			密码区	略		
货物或应税劳务名称	规格型号	单位	数量	单价	金额	税率	税额
数字照相机		部	30	2 800	84 000	17%	14 280
合　计					84 000	17%	14 280
价税合计（大写）玖万捌仟贰佰捌拾元整					（小写）¥98 280		
销货单位	名　　称：天兴贸易批发公司 纳税人识别号：210701907654800 地 址 、电 话：环山市饶阳区锦江路 55 号　5425212 开户行及账号：中国工商银行锦江支行　123552			备注			

天兴贸易批发公司 发票专用章 210701907654800

销货单位盖章：　　　　收款人：　　　　开票人：钱燕

第二联：记账联　销货方记账凭证

图 2-87　辽宁增值税专用发票

根据上述审核无误的原始凭证，编制记账凭证如图 2-88 所示。

记账凭证

2013 年 6 月 22 日　　　　记字第　号

摘要	总账科目	明细科目	借方金额 千	百	十	万	千	百	十	元	角	分	贷方金额 千	百	十	万	千	百	十	元	角	分	记账
收到委托代销商品清单	应收账款	大连海浪商厦				9	8	2	8	0	0	0											
	主营业务收入															8	4	0	0	0	0	0	
	应交税费	应交增值税（销项税额）														1	4	2	8	0	0	0	
合　计					¥	9	8	2	8	0	0	0			¥	9	8	2	8	0	0	0	

附单据 2 张

会计主管　　记账　　稽核　　出纳　　制单　黄健

图 2-88　记账凭证

3）同时计算结转已销商品成本，编制原始凭证如表 2-23 所示。

表 2-23　委托代销商品成本计算单

受托单位：大连海浪商厦　　　　　　2013 年 6 月 22 日

商品种类	单位	数量	单位成本/元	总成本/元	备注
数字照相机	部	30	2 000	60 000	

根据审核无误的原始凭证，编制记账凭证如图 2-89 所示。

记账凭证

2013 年 6 月 22 日　　　　　　　　记字第　号

摘　要	总账科目	明细科目	借方金额 千	百	十	万	千	百	十	元	角	分	贷方金额 千	百	十	万	千	百	十	元	角	分	记账
结转委托代销商品成本	主营业务成本					6	0	0	0	0	0	0											
	发出商品	大连海浪商厦														6	0	0	0	0	0	0	
合　计					¥	6	0	0	0	0	0	0			¥	6	0	0	0	0	0	0	

会计主管　　　记账　　　稽核　　　出纳　　　制单　黄健

附单据 1 张

图 2-89　记账凭证

4）6 月 28 日，收到大连海浪商厦汇来的货款，取得原始凭证如图 2-90 所示。

中国工商银行　电汇凭证（收款通知）

委托日期：2013 年 6 月 25 日

<table>
<tr><td rowspan="3">汇款人</td><td>全　称</td><td>大连海浪商厦</td><td rowspan="3">收款人</td><td>全　称</td><td colspan="11">天兴贸易批发公司</td></tr>
<tr><td>账　号</td><td>5201230602</td><td>账　号</td><td colspan="11">5568034</td></tr>
<tr><td>汇出地点</td><td>辽宁省大连市/县</td><td>汇入地点</td><td colspan="11">辽宁省环山市/县</td></tr>
<tr><td colspan="2">汇出行名称</td><td>中国工商银行康宁支行</td><td colspan="2">汇入行名称</td><td colspan="11">中国工商银行锦江支行</td></tr>
<tr><td rowspan="2">金额</td><td rowspan="2">人民币（大写）</td><td rowspan="2" colspan="3">玖万捌仟贰佰捌拾元整</td><td>亿</td><td>千</td><td>百</td><td>十</td><td>万</td><td>千</td><td>百</td><td>十</td><td>元</td><td>角</td><td>分</td></tr>
<tr><td></td><td></td><td></td><td>¥</td><td>9</td><td>8</td><td>2</td><td>8</td><td>0</td><td>0</td><td>0</td></tr>
<tr><td colspan="3" rowspan="3">汇出行签章</td><td colspan="2">支付密码</td><td colspan="11"></td></tr>
<tr><td colspan="13">附加信息及用途：偿还货款</td></tr>
<tr><td colspan="13">复核：　　记账：</td></tr>
</table>

（印章：中国工商银行 康宁支行 2013年6月25日 转讫）

此联是汇入行给收款人的收款凭证

图 2-90　中国工商银行电汇凭证（收款通知）

根据审核无误的原始凭证,编制记账凭证如图 2-91 所示。

记账凭证

2013 年 6 月 28 日　　　　记字第　号

摘　要	总账科目	明细科目	借方金额										贷方金额										记账
			千	百	十	万	千	百	十	元	角	分	千	百	十	万	千	百	十	元	角	分	
收到委托代销商品货款	银行存款					9	8	2	8	0	0	0											
	应收账款	大连海浪商厦														9	8	2	8	0	0	0	
合　计					¥	9	8	2	8	0	0	0			¥	9	8	2	8	0	0	0	

附单据1张

会计主管　　　记账　　　稽核　　　出纳　　　制单　黄健

图 2-91　记账凭证

(2) 大连海浪商厦(受托方)的会计处理如下:

1) 收到天兴贸易批发公司发来的照相机,填制原始凭证见表 2-24。

表 2-24　受托代销商品收货单

委托单位:天兴贸易批发公司　　　2013 年 5 月 14 日

商品种类	单位	数量	单位协议价/元	总价款/元	备注
数字照相机	部	30	2 800	84 000	

根据审核无误的原始凭证,编制记账凭证如图 2-92 所示。

记账凭证

2013 年 5 月 14 日　　　　记字第　号

摘　要	总账科目	明细科目	借方金额										贷方金额										记账
			千	百	十	万	千	百	十	元	角	分	千	百	十	万	千	百	十	元	角	分	
收到受托代销商品	受托代销商品	天兴贸易批发公司				8	4	0	0	0	0	0											
	代销商品款	天兴贸易批发公司														8	4	0	0	0	0	0	
合　计					¥	8	4	0	0	0	0	0			¥	8	4	0	0	0	0	0	

附单据1张

会计主管　　　记账　　　稽核　　　出纳　　　制单　任合

图 2-92　记账凭证

2）6 月 18 日，向大连朗月商场售出商品时，取得价款 90 000 元，增值税税额 15 300 元，取得原始凭证如图 2-93 和图 2-94 所示。

辽宁增值税专用发票

开票日期：2013 年 6 月 18 日

购货单位	名称：大连朗月商场 纳税人识别号：210268899435651 地址、电话：沙河口区振工街 30 号 7402542 开户行及账号：中国建设银行沙河口支行 121241456	密码区	略				
货物或应税劳务名称	规格型号	单位	数量	单价	金额	税率	税额
数字照相机		部	30	3 000	90 000	17%	15 300
合计					90 000	17%	15 300
价税合计（大写）壹拾万伍仟叁佰元整						（小写）¥105 300	
销货单位	名称：大连海浪商厦 纳税人识别号：210201874890009 地址、电话：旅顺口区康宁街 3 段 15 号 8569035 开户行及账号：中国工商银行康宁支行 5201230603	备注					

大连海浪商厦 发票专用章 210201874890009

销货单位盖章： 收款人： 开票人：赵华

第二联：记账联 销货方记账凭证

图 2-93 辽宁增值税专用发票

中国工商银行 进账单（收款通知）

2013 年 6 月 18 日

出票人	全称	大连朗月商场	收款人	全称	大连海浪商厦
	账号	121241456		账号	5201230602
	开户银行	中国建设银行沙河口支行		开户银行	中国工商银行康宁支行
金额	人民币（大写）	壹拾万伍仟叁佰元整		亿千百十万千百十元角分	¥ 1 0 5 3 0 0 0 0
票据种类	支票				
票据张数	1				
复核 记账				开户银行盖章	

中国工商银行 康宁支行 2013年6月18日 转讫

图 2-94 中国工商银行进账单（收款通知）

根据上述审核无误的原始凭证，编制记账凭证如图 2-95 所示。

记账凭证

2013 年 6 月 18 日　　　　　　　　　　　　记字第　号

摘　要	总账科目	明细科目	借方金额										贷方金额										记账
			千	百	十	万	千	百	十	元	角	分	千	百	十	万	千	百	十	元	角	分	
售出受托代销商品	银行存款				1	0	5	3	0	0	0	0											
	主营业务收入															9	0	0	0	0	0	0	
	应交税费	应交增值税（销项税额）														1	5	3	0	0	0	0	
合　计				¥	1	0	5	3	0	0	0	0		¥	1	0	5	3	0	0	0	0	

附单据2张

会计主管　　　　记账　　　　稽核　　　　出纳　　　　制单　任合

图 2-95　记账凭证

3）同时结转代销商品成本，填制原始凭证如表 2-25 所示。

表 2-25　受托代销商品成本计算单

委托单位：天兴贸易批发公司　　　　2013 年 6 月 18 日

商品种类	单位	数量	单位协议价/元	总价款/元	备注
数字照相机	部	30	2 800	84 000	

根据审核无误的原始凭证，编制记账凭证如图 2-96 所示。

记账凭证

2013 年 6 月 18 日　　　　　　　　　　　　记字第　号

摘　要	总账科目	明细科目	借方金额										贷方金额										记账
			千	百	十	万	千	百	十	元	角	分	千	百	十	万	千	百	十	元	角	分	
结转受托代销商品成本	主营业务成本					8	4	0	0	0	0	0											
	受托代销商品	天兴贸易批发公司														8	4	0	0	0	0	0	
合　计					¥	8	4	0	0	0	0	0			¥	8	4	0	0	0	0	0	

附单据1张

会计主管　　　　记账　　　　稽核　　　　出纳　　　　制单　任合

图 2-96　记账凭证

4）6 月 26 日，收到天兴贸易批发公司的增值税专用发票，原始凭证如图 2-97 所示。

辽宁增值税专用发票

开票日期：2013 年 6 月 26 日

购货单位	名　　称：大连海浪商厦 纳税人识别号：210201874890009 地 址 、电 话：大连市旅顺口区康宁街 3 段 15 号 8569035 开户行及账号：中国工商银行康宁支行 5201230602	密码区	略

货物或应税劳务名称	规格型号	单位	数量	单价	金额	税率	税额
数字照相机		部	30	2 800	84 000	17%	14 280
合　计					84 000	17%	14 280
价税合计（大写）玖万捌仟贰佰捌拾元整							（小写）¥98 280

销货单位	名　　称：天兴贸易批发公司 纳税人识别号：210701907654800 地 址 、电 话：环山市饶阳区锦江路 55 号 5425212 开户行及账号：中国工商银行锦江支行 123552	备注	天兴贸易批发公司 发票专用章 210701907654800

销货单位盖章：　　　　收款人：　　　　开票人：周旺

第三联：发票联　购货方记账凭证

图 2-97　辽宁增值税专用发票

根据审核无误的原始凭证，编制记账凭证如图 2-98 所示。

记账凭证

2013 年 6 月 26 日　　　　记字第　号

摘　要	总账科目	明细科目	借方金额										贷方金额										记账
			千	百	十	万	千	百	十	元	角	分	千	百	十	万	千	百	十	元	角	分	
售出受托代销商品	代销商品款	天兴贸易批发公司				8	4	0	0	0	0	0											
	应交税费	应交增值税（进项税额）				1	4	2	8	0	0	0											
	应付账款	天兴贸易批发公司														9	8	2	8	0	0	0	
合　计					¥	9	8	2	8	0	0	0			¥	9	8	2	8	0	0	0	

附单据 1 张

会计主管　　　　记账　　　　稽核　　　　出纳　　　　制单　任合

图 2-98　记账凭证

5）按协议规定，将价税支付给天兴贸易批发公司，并填制银行付款凭证，原始凭证如图 2-99 所示。

中国工商银行　电汇凭证(回单)

2013 年 6 月 25 日

汇款人			收款人		
汇款人	全　称	大连海浪商厦	收款人	全　称	天兴贸易批发公司
	账　号	5201230602		账　号	5568034
	汇出地点	辽宁省大连市/县		汇入地点	辽宁省环山市/县
汇出行名称		中国工商银行锦华支行新立办事处	汇入行名称		中国工商银行锦江支行

金额	人民币（大写）	亿	千	百	十	万	千	百	十	元	角	分
	玖万捌仟贰佰捌拾元整				¥	9	8	2	8	0	0	0

中国工商银行锦华支行新立办事处 2013年6月28日 转讫	支付密码
	附加信息及用途：偿还货款
汇出行签章	复核　　记账

此联是汇出行给汇款人的回单

图 2-99　中国工商银行电汇凭证(回单)

根据审核无误的原始凭证，编制记账凭证如图 2-100 所示。

记账凭证

2013 年 6 月 28 日　　　　记字第　号

摘要	总账科目	明细科目	借方金额 千	百	十	万	千	百	十	元	角	分	贷方金额 千	百	十	万	千	百	十	元	角	分	记账
支付受托代销商品款	应付账款	天兴贸易批发公司				9	8	2	8	0	0	0											
	银行存款															9	8	2	8	0	0	0	
合　计					¥	9	8	2	8	0	0	0			¥	9	8	2	8	0	0	0	

附单据 1 张

会计主管　　记账　　稽核　　出纳　　制单　任合

图 2-100　记账凭证

（2）收取手续费方式。即受托方根据所代销的商品数量或价款比例，向委托方收取手续费的销售方式。

这种方式下，受托方要严格按照委托方规定的价格销售商品，只收取手续费。委托方发出商品时不确认收入，因为此时商品所有权上的风险和报酬并没有转移，而应在收到受托方开来的代销清单时确认收入。受托方应在商品销售后，按照合同或协议约定的方法，计算应收取的手续费，并将其确认为收入。

【例 2-17】天兴贸易批发公司于 2013 年 4 月 5 日，委托隆发商贸公司销售电子计算器 200 个，每个成本 100 元。协议售价每个 140 元，天兴贸易批发公司按售价的 10% 支付代销手续费。

（1）天兴贸易批发公司(委托方)的会计处理如下：

1）发出计算器时，填制委托代销商品发货单，原始凭证见表 2-26。

表 2-26　委托代销商品发货单

受托单位：隆发商贸公司　　　　2013 年 4 月 5 日

商品种类	单位	数量	单位成本/元	总成本/元	备注
电子计算器	个	200	100	20 000	

根据审核无误的原始凭证，编制记账凭证如图 2-101 所示。

记账凭证

2013 年 4 月 5 日　　　　记字第　号

摘要	总账科目	明细科目	借方金额										贷方金额										记账
			千	百	十	万	千	百	十	元	角	分	千	百	十	万	千	百	十	元	角	分	
发出委托代销商品	发出商品	隆发商贸公司				2	0	0	0	0	0	0											
	库存商品	电子计算器														2	0	0	0	0	0	0	
合　计					¥	2	0	0	0	0	0	0			¥	2	0	0	0	0	0	0	

附单据 1 张

会计主管　　记账　　稽核　　出纳　　制单　黄健

图 2-101　记账凭证

2）5 月 20 日，收到隆发商贸公司的代销清单时，天兴贸易批发公司开具增值税专用发票，原始凭证如表 2-27 和图 2-102 所示。

表 2-27　代销商品清单

委托方：天兴贸易批发公司

受托方：隆发商贸公司　　　　2013 年 5 月 20 日

品名	单位	数量		代销价		增值税	手续费	
		发货	已销	单价/元	金额/元	税额/元	比例	金额/元
电子计算器	个	200	200	140	28 000	4 760	10%	2 800

受托方签章：

辽宁增值税专用发票

开票日期：2013 年 5 月 20 日

购货单位	名　　　称：隆发商贸公司 纳税人识别号：521030472263304 地 址 、电 话：阜阳市云桥区建设大街 35 号 6303069 开户行及账号：中国建设银行建设大街办事处 7121344532			密码区	略		
货物或应税劳务名称	规格型号	单位	数量	单价	金额	税率	税额
电子计算器		个	200	140	28 000	17%	4 760
合　计					28 000	17%	4 760
价税合计（大写）叁万贰仟柒佰陆拾元整						（小写）¥3 2760	
销货单位	名　　　称：天兴贸易批发公司 纳税人识别号：210701907654800 地 址 、电 话 ：环山市饶阳区锦江路 55 号　5425212 开户行及账号：中国工商银行锦江支行　123552			备注			

天兴贸易批发公司 发票专用章 210701907654800

销货单位盖章：　　　　收款人：　　　　开票人：钱燕

第二联：记账联　销货方记账凭证

图 2-102　辽宁增值税专用发票

根据上述审核无误的原始凭证，编制记账凭证如图 2-103 所示。

记账凭证

2013 年 5 月 20 日　　　　记字第　号

摘　要	总账科目	明细科目	借方金额 千	百	十	万	千	百	十	元	角	分	贷方金额 千	百	十	万	千	百	十	元	角	分	记账
收到委托代销商品清单	应收账款	隆发商贸公司				2	9	9	6	0	0	0											
	销售费用	手续费					2	8	0	0	0	0											
	主营业务收入															2	8	0	0	0	0	0	
	应交税费	应交增值税（销项税额）															4	7	6	0	0	0	
合　计					¥	3	2	7	6	0	0	0			¥	3	2	7	6	0	0	0	

附单据 2 张

会计主管　　　　记账　　　　稽核　　　　出纳　　　　制单　黄健

图 2-103　记账凭证

3）同时结转成本，填制原始凭证见表 2-28。

表 2-28　委托代销商品成本计算单

受托单位：隆发商贸公司　　　　　　　2013 年 5 月 20 日

商品种类	单位	数量	单位成本/元	总成本/元	备注
电子计算器	个	200	100	20 000	

根据审核无误的原始凭证，编制记账凭证如图 2-104 所示。

记账凭证

2013 年 5 月 20 日　　　　　　　　　　记字第　号

摘　要	总账科目	明细科目	借方金额										贷方金额										记账
			千	百	十	万	千	百	十	元	角	分	千	百	十	万	千	百	十	元	角	分	
结转代销商品成本	主营业务成本					2	0	0	0	0	0	0											
	发出商品	隆发商贸公司														2	0	0	0	0	0	0	
合　计					¥	2	0	0	0	0	0	0			¥	2	0	0	0	0	0	0	

附单据1张

会计主管　　　记账　　　稽核　　　出纳　　　制单　黄健

图 2-104　记账凭证

（2）隆发商贸公司(受托方)的会计处理如下：

1）4 月 9 日，收到天兴贸易批发公司发来的电子计算器时，填制受托代销商品收货单，原始凭证见表 2-29。

表 2-29　受托代销商品收货单

委托单位：天兴贸易批发公司　　　　　2013 年 4 月 9 日

商品种类	单位	数量	单位协议价/元	总价款/元	备注
电子计算器	个	200	140	28 000	

根据审核无误的原始凭证，编制记账凭证如图 2-105 所示。

记账凭证

2013 年 4 月 9 日　　　　　　　　　　　　记字第　号

摘　要	总账科目	明细科目	借方金额										贷方金额										记账
			千	百	十	万	千	百	十	元	角	分	千	百	十	万	千	百	十	元	角	分	
收到受托代销商品	受托代销商品	天兴贸易批发公司				2	8	0	0	0	0	0											
	代销商品款	天兴贸易批发公司														2	8	0	0	0	0	0	
合　计					¥	2	8	0	0	0	0	0			¥	2	8	0	0	0	0	0	

附单据1张

会计主管　　　　　记账　　　　　稽核　　　　　出纳　　　　　制单　黄健

图 2-105　记账凭证

2）5 月 16 日，向信达小家电经销公司售出商品时，开出发票，并收取货款，取得原始凭证如图 2-106 和图 2-107 所示。

辽宁增值税专用发票

开票日期：2013 年 5 月 16 日

购货单位	名　　称：信达小家电经销公司 纳税人识别号：521046937721210 地 址 、电 话：阜阳市海宁区让胡路 14 号 7052512 开户行及账号：中国工商银行海宁支行 453325812	密码区	略

货物或应税劳务名称	规格型号	单位	数量	单价	金额	税率	税额
电子计算器		个	200	140	28 000	17%	4 760
合　　计					28 000	17%	4 760
价税合计(大写)参万贰仟柒佰陆拾元整						(小写) ¥32 760	

销货单位	名　　称：隆发商贸公司 纳税人识别号：521030472263304 地 址 、电 话：阜阳市云桥区建设大街 35 号 6303069 开户行及账号：中国建设银行建设大街办事处 7121344532	备注	隆发商贸公司 发票专用章 521030472263304

第二联：记账联　销货方记账凭证

销货单位盖章：　　　　　　　　收款人：　　　　　　　　开票人：吴迪

图 2-106　辽宁增值税专用发票

中国工商银行　进账单(收款通知)

2013 年 5 月 16 日

出票人	全　　称	信达小家电经销公司	收款人	全　　称	隆发商贸公司
	账　　号	453325812		账　　号	7121344532
	开 户 银 行	中国工商银行海宁支行		开 户 银 行	中国建设银行建设大街办事处
金额	人民币(大写)	叁万贰仟柒佰陆拾元整		亿 千 百 十 万 千 百 十 元 角 分	¥ 3 2 7 6 0 0 0
	票据种类	支票			
	票据张数	1			
	复核　　记账			开户银行盖章	

中国建设银行
建设大街办事处
2013年5月16日
转
讫

图 2-107　中国工商银行进账单(收款通知)

根据审核无误的原始凭证，编制记账凭证如图 2-108 所示。

记账凭证

2013 年 5 月 16 日　　　　记字第　号

摘　要	总账科目	明细科目	借方金额 千	百	十	万	千	百	十	元	角	分	贷方金额 千	百	十	万	千	百	十	元	角	分	记账
售出受托代销商品	银行存款					3	2	7	6	0	0	0											
	应付账款	天兴贸易批发公司														2	8	0	0	0	0	0	
	应交税费	应交增值税(销项税额)															4	7	6	0	0	0	
合　计					¥	3	2	7	6	0	0	0			¥	3	2	7	6	0	0	0	

附单据 2 张

会计主管　　记账　　稽核　　出纳　　制单　杨柳

图 2-108　记账凭证

3）同时注销代销商品，填写原始凭证见表 2-30。

表 2-30　受托代销商品销售清单

委托单位：天兴贸易批发公司　　2013 年 5 月 16 日

商品种类	单位	数量	单位协议价/元	总价款/元	备注
电子计算器	个	200	140	28 000	

根据审核无误的原始凭证，编制记账凭证如图 2-109 所示。

记账凭证

2013 年 5 月 16 日　　　　　　记字第　号

摘要	总账科目	明细科目	借方金额										贷方金额										记账
			千	百	十	万	千	百	十	元	角	分	千	百	十	万	千	百	十	元	角	分	
注销受托代销商品	代销商品款	天兴贸易批发公司				2	8	0	0	0	0	0											
	受托代销商品	天兴贸易批发公司														2	8	0	0	0	0	0	
合计					¥	2	8	0	0	0	0	0			¥	2	8	0	0	0	0	0	

附单据 1 张

会计主管　　　记账　　　稽核　　　出纳　　　制单 杨柳

图 2-109　记账凭证

4）5 月 25 日，收到天兴贸易批发公司开具的增值税专用发票，原始凭证如图 2-110 所示。

辽宁增值税专用发票

开票日期：2013 年 5 月 20 日

<table>
<tr><td>购货单位</td><td colspan="4">名　　称：隆发商贸公司
纳税人识别号：521030472263304
地 址 、电 话：阜阳市云桥区建设大街 35 号 6303069
开户行及账号：中国建设银行建设大街办事处 7121344532</td><td>密码区</td><td colspan="3">略</td></tr>
<tr><td colspan="2">货物或应税劳务名称</td><td>规格型号</td><td>单位</td><td>数量</td><td>单价</td><td>金额</td><td>税率</td><td>税额</td></tr>
<tr><td colspan="2">电子计算器</td><td></td><td>个</td><td>200</td><td>140</td><td>28 000</td><td>17%</td><td>4 760</td></tr>
<tr><td colspan="2"></td><td></td><td></td><td></td><td></td><td></td><td></td><td></td></tr>
<tr><td colspan="2"></td><td></td><td></td><td></td><td></td><td></td><td></td><td></td></tr>
<tr><td colspan="2">合　计</td><td></td><td></td><td></td><td></td><td>28 000</td><td>17%</td><td>4 760</td></tr>
<tr><td colspan="7">价税合计（大写）叁万贰仟柒佰陆拾元整</td><td colspan="2">（小写）¥32 760</td></tr>
<tr><td>销货单位</td><td colspan="4">名　　称：天兴贸易批发公司
纳税人识别号：210701907654800
地 址 、电 话：环山市饶阳区锦江路 55 号　5425212
开户行及账号：中国工商银行锦江支行　123552</td><td>备注</td><td colspan="3">天兴贸易批发公司
发票专用章
210701907654800</td></tr>
</table>

第三联：发票联　购货方记账凭证

销货单位盖章：　　　收款人：　　　开票人：钱燕

图 2-110　辽宁增值税专用发票

根据审核无误的原始凭证，编制记账凭证如图 2-111 所示。

记账凭证

2013 年 5 月 25 日　　　　记字第　号

摘要	总账科目	明细科目	借方金额										贷方金额										记账
			千	百	十	万	千	百	十	元	角	分	千	百	十	万	千	百	十	元	角	分	
收到委托方发票	应交税费	应交增值税（进项税额）					4	7	6	0	0	0											
	应付账款	天兴贸易批发公司															4	7	6	0	0	0	
合　计						¥	4	7	6	0	0	0				¥	4	7	6	0	0	0	

附单据1张

会计主管　　记账　　稽核　　出纳　　制单 杨柳

图 2-111　记账凭证

5）5 月 27 日，归还天兴贸易批发公司价税款，并计算手续费收入，取得原始凭证如图 2-112 和表 2-31 所示。

中国建设银行　电汇凭证(回单)

委托日期 2013 年 5 月 27 日

汇款人	全称	隆发商贸公司	收款人	全称	天兴贸易批发公司
	账号	7121344532		账号	5568034
	汇出地点	辽宁省阜阳市/县		汇入地点	辽宁省环山市/县
汇出行名称		中国建设银行建设大街办事处	汇入行名称		中国工商银行锦江支行

金额	人民币（大写）	贰万玖仟玖佰陆拾元整	亿	千	百	十	万	千	百	十	元	角	分
						¥	2	9	9	6	0	0	0

中国建设银行 建设大街办事处 2013年5月27日 转讫

支付密码

附加信息及用途：偿还货款

汇出行签章　　复核：　　记账：

此联是汇出行给汇款人的回单

图 2-112　中国建设银行电汇凭证(回单)

表 2-31　受托代销商品手续费收入计算表

2013 年 5 月 27 日

商品名称	单位	数量	单位成本/元	总成本/元	手续费	
					比例	金额/元
电子计算器	个	200	140	28 000	10%	2 800

根据审核无误的原始凭证，编制记账凭证 2-113 所示。

记账凭证

2013 年 5 月 27 日　　　　　　　　　　记字第　号

摘　要	总账科目	明细科目	借方金额										贷方金额										记账
			千	百	十	万	千	百	十	元	角	分	千	百	十	万	千	百	十	元	角	分	
支付受托代销商品款	应付账款	天兴贸易批发公司				3	2	7	6	0	0	0											
	银行存款															2	9	9	6	0	0	0	
	主营业务收入																2	8	0	0	0	0	
合　计					¥	3	2	7	6	0	0	0			¥	3	2	7	6	0	0	0	

附单据 2 张

会计主管　　　　记账　　　　稽核　　　　出纳　　　　制单　杨柳

图 2-113　记账凭证

任务实训一

【实训目的】

学会商品批发企业商品购进业务的核算。

【实训资料】

沈阳光明服装批发公司为一般纳税人，2013 年 6 月发生下列部分业务：

（1）3 日，向沈阳千红服装有限公司购进男西装 100 套，单价 300 元，共计价款 30 000 元，增值税税额 5 100 元，商品验收入库，并开出转账支票付款，取得原始凭证如图 2-114、图 2-115 和表 2-32 所示。

辽宁增值税专用发票

开票日期：2013 年 6 月 3 日

购货单位	名　　称：沈阳光明服装批发公司 纳税人识别号：210101451025036 地 址 、电 话：沈阳市黄山区兴旺街 20 号 76807871 开户行及账号：中国工商银行黄山支行　4512525			密码区	略		
货物或应税劳务名称	规格型号	单位	数量	单价	金额	税率	税额
男西装		套	100	300	30 000	17%	5 100
合　计					30 000	17%	5 100
价税合计（大写）叁万伍仟壹佰元整					（小写）¥35 100		
销货单位	名　　称：沈阳千红服装有限公司 纳税人识别号：210140230693056 地 址 、电 话：沈阳市皇姑区山西街 210 号　642103690 开户行及账号：中国建设银行红箭支行新桥办事处　6574960			备注			

第三联：发票联　购货方记账凭证

销货单位盖章：　　　　收款人：　　　　开票人：赵华

图 2-114　辽宁增值税专用发票

中国工商银行
转账支票存根
XIV00594799

附加信息

出票日期 2013 年 6 月 3 日

收款人：沈阳千红服装有限公司	
金　额：¥35 100.00	
用　途：货款	

单位主管　　　　会计

图 2-115　中国工商银行转账支票存根

表 2-32　收　货　单

2013 年 6 月 3 日

商品编号	品名	规格	计量单位	应收数量	实收数量	单价/元	金额/元
	男西装		套	100	100	300	30 000

收货人：孙梅　　供货单位：　　发票号码：　　验收日期：　　制单：赵航

（2）5 日，再向沈阳千红服装有限公司购进男衬衫 80 件，单价 130 元，共计价款 10 400元，增值税税额 1 768 元，商品验收入库，沈阳光明服装批发公司用银行汇票付款，取得原始凭证如图 2-116、图 2-117 和表 2-33 所示。

辽宁增值税专用发票

开票日期：2013 年 6 月 5 日

购货单位	名　　称：沈阳光明服装批发公司 纳税人识别号：210101451025036 地 址 、电 话：沈阳市黄山区兴旺街 20 号 76807871 开户行及账号：中国工商银行黄山支行　4512525			密码区	略		
货物或应税劳务名称	规格型号	单位	数量	单价	金额	税率	税额
男衬衫		件	80	130	10 400	17%	1 768
合　计					10 400	17%	1 768
价税合计（大写）壹万贰仟壹佰陆拾捌元整					（小写）¥12 168		
销货单位	名　　称：沈阳千红服装有限公司 纳税人识别号：210140230693056 地 址 、电 话：沈阳市皇姑区山西街 210 号　64210360 开户行及账号：中国建设银行红箭支行新桥办事处　6574960			备注	沈阳千红服装有限公司 发票专用章 210140230693056		

第三联：发票联　购货方记账凭证

销货单位盖章：　　　　收款人：　　　　开票人：赵华

图 2-116　辽宁增值税专用发票

银行汇票

出票日期（大写） 贰零壹叁年陆月零伍日	代理付款行 行号									
收款人：沈阳千红服装有限公司 账号或地址： 出票金额：人民币（大写）壹万贰仟壹佰陆拾捌元整										
实际结算金额： 人民币（大写）壹万贰仟壹佰陆拾捌元整	千	百	十	万	千	百	十	元	角	分
			¥	1	2	1	6	8	0	0
申请人： 账号或地址： 出票行： 行号： 备 注： 出票行签章 年 月 日 （印章：中国建设银行红筒支行 新桥办事处 2013年6月5日 转讫）	多余金额 亿 千 百 万 千 百 十 元 角 分									左列退回金额已收入你账户内。

图 2-117 银行汇票

表 2-33 收 货 单

2013 年 6 月 5 日

商品编号	品名	规格	计量单位	应收数量	实收数量	单价/元	金额/元
	男衬衫		件	80	80	130	10 400

收货人：孙梅 供货单位： 发票号码： 验收日期： 制单：赵航

（3）7 日，收到银行转来托收承付结算凭证，注明沈阳光明服装批发公司向北京万兴雅思服装公司购进女童装 200 套，单价 70 元，共计价款 14 000 元，进项税额 2 380 元，运费 300 元，增值税税额 33 元。沈阳光明服装批发公司经核对后同意付款，商品未到，取得原始凭证如图 2-118 ~ 图 2-120 所示。

北京增值税专用发票

开票日期：2013 年 6 月 3 日

购货单位	名 称：沈阳光明服装批发公司 纳税人识别号：210101451025036 地 址 、电 话：沈阳市黄山区兴旺街 20 号 76807871 开户行及账号：中国工商银行黄山支行 4512525		密码区	略			
货物或应税劳务名称	规格型号	单位	数量	单价	金额	税率	税额
女童装		套	200	70	14 000	17%	2 380
合 计					14 000	17%	2 380
价税合计（大写）壹万陆仟叁佰捌拾元整						（小写）¥16 380	
销货单位	名 称：北京万兴雅思服装公司 纳税人识别号：104058930302017 地 址 、电 话：北京市石景山区万兴路 32 号 87462304 开户行及账号：中国工商银行万兴支行 78690780			备注			

（印章：北京万兴雅思服装公司 发票专用章 104058930302017）

第三联：发票联 购货方记账凭证

销货单位盖章： 收款人： 开票人：丁一

图 2-118 北京增值税专用发票

货物运输业增值税专用发票

开票日期：2013 年 6 月 3 日

承运人及纳税人识别号	北京铁路局北京站 102451020450394			密码区	略		
实际受票方及纳税人识别号	沈阳光明服装批发公司 210101451025036						
收货人及纳税人识别号	沈阳光明服装批发公司 210101451025036			发货人及纳税人识别号	北京万兴雅思服装公司 104058930302017		
起运地、经由、到达地	北京到沈阳						
费用项目及金额	运费 220 元 装卸费 60 元 保险费 20 元			运输货物信息	女童装 200 套		
合计金额	300 元	税率	11%	税额	33 元	机器编码	
价税合计（大写）叁佰叁拾叁元整						（小写）¥333	
车种车号		车船吨位		备注	北京铁路局北京站 财务专用		
主管税务机关及代码							

收款人： 复核人： 开票人： 承运人：（章）

图 2-119 货物运输业增值税专用发票

托收承付凭证(付款通知)

委托日期 2013 年 6 月 3 日

付款人	全称	沈阳光明服装批发公司	收款人	全称	北京万兴雅思服装公司
	账号或地址	4512525		账号或地址	65767890
	开户银行	中国工商银行黄山支行		开户银行	中国工商银行万兴支行
委收金额	人民币（大写）	壹万陆仟柒佰壹拾叁元整	中国工商银行 黄山支行 2013年6月7日 转讫	千 百 十 万 千 百 十 元 角 分	¥ 1 6 7 1 3 0 0
款项内容	货款 运费	委托收款凭据名称	货物发票 运费发票	附寄单证张数	2
备注：					

图 2-120 托收承付凭证(付款通知)

（4）7 日，沈阳光明服装批发公司上月已经付款的男西装 200 套，单价 300 元，现已验收入库，总进价 60 000 元。取得原始凭证如表 2-34 所示。

表 2-34 收 货 单

年 月 日

商品编号	品名	规格	计量单位	应收数量	实收数量	单价/元	金额/元

收货人： 供货单位： 发票号码： 验收日期： 制单：

（5）10 日，从杭州美美服装有限公司购进男衬衫 300 件，单价 120 元，共计价款 36 000元，进项税额 6 120 元，托收凭证已到。供货单位代垫运杂费 200 元，增值税税额 22 元。沈阳光明服装批发公司审核后承付全部货款，商品未到，取得原始凭证如图 2-121 ~ 图 2-123所示。

江苏增值税专用发票

开票日期：2013 年 6 月 3 日

购货单位	名　　称：沈阳光明服装批发公司 纳税人识别号：210101451025036 地 址 、电 话：沈阳市黄山区兴旺街 20 号 76807871 开户行及账号：中国工商银行黄山支行　4512525			密码区	略			
货物或应税劳务名称		规格型号	单位	数量	单价	金额	税率	税额
男衬衫			件	300	120	36 000	17%	6 120
合　计						36 000	17%	6 120
价税合计（大写）肆万贰仟壹佰贰拾元整							（小写）¥42 120	
销货单位	名　　称：杭州美美服装有限公司 纳税人识别号：602074502650390 地 址 、电 话：杭州市江干区西桥街 32 号　85201230 开户行及账号：中国建设银行西桥支行			备注	杭州美美服装有限公司 发票专用章 602074502650390			

第三联：发票联　购货方记账凭证

销货单位盖章： 收款人： 开票人：丁一

图 2-121　江苏增值税专用发票

货物运输业增值税专用发票

开票日期：2013 年 6 月 3 日

承运人及 纳税人识别号	杭州宏远物流公司 602051020450394	密码区	略	
实际受票方及 纳税人识别号	沈阳光明服装批发公司 210101451025036			
收货人及 纳税人识别号	沈阳光明服装批发公司 210101451025036	发货人及 纳税人识别号	杭州美美服装有限公司 602074502650390	
起运地、经由、到达地	杭州到沈阳			
费用项目及金额	运费 130 元 装卸费 50 元 保险费 20 元	运输货物信息	男衬衫 300 件	
合计金额 200 元	税率 11%	税额 22 元	机器编码	
价税合计（大写）贰佰贰拾贰元整			（小写）¥222	
车种车号		车船吨位		
主管税务机关及代码		备注	杭州宏远物流公司 财务专用	

收款人：　　复核人：　　开票人：　　承运人：（章）

图 2-122　货物运输业增值税专用发票

托收承付凭证（付款通知）

委托日期 2013 年 6 月 3 日

付款人	全　称	沈阳光明服装批发公司	收款人	全　称	杭州美美服装有限公司
	账号或地址	4512525		账号或地址	85201230
	开 户 银 行	中国工商银行黄山支行		开 户 银 行	中国建设银行西桥支行

委收金额	人民币（大写）	肆万贰仟叁佰肆拾贰元整	中国工商银行 黄山支行 2013年6月10日 转讫	千	百	十	万	千	百	十	元	角	分
						¥	4	2	3	4	2	0	0

款项内容	货款 运费	委托收款凭据名称	货物发票 运费发票	附寄单证张数	2
备注：					

图 2-123　托收承付凭证（付款通知）

（6）16 日，沈阳光明服装批发公司 7 日付款的女童装已到，验收入库。填写原始凭证见表 2-35。

表 2-35　收　货　单

年　月　日

商品编号	品名	规格	计量单位	应收数量	实收数量	单价	金额

收货人：　　供货单位：　　发票号码：　　验收日期：　　制单：

（7）22 日，收到烟台某企业发来的女童装一批，共 200 件，并已验收入库，但结算凭证未到。

（8）30 日，22 日收到的女童装的结算凭证仍然未到，估计单价 65 元，填写原始凭证见表 2-36。

表 2-36　收　货　单

年　月　日

商品编号	品名	规格	计量单位	应收数量	实收数量	单价	金额

收货人：　　供货单位：　　发票号码：　　验收日期：　　制单：

【实训要求】

1. 填制上述经济业务中的部分自制原始凭证。
2. 根据上述经济业务，编制记账凭证如图 2-124 ~ 图 2-130 所示。

记账凭证

年　月　日　　　　记字第　号

摘　要	总账科目	明细科目	借方金额										贷方金额										记账
			千	百	十	万	千	百	十	元	角	分	千	百	十	万	千	百	十	元	角	分	
合　计																							

附单据　张

会计主管　　记账　　稽核　　出纳　　制单

图 2-124　记账凭证

记账凭证

年 月 日 记字第 号

摘要	总账科目	明细科目	借方金额										贷方金额										记账
			千	百	十	万	千	百	十	元	角	分	千	百	十	万	千	百	十	元	角	分	
合计																							

附单据 张

会计主管 记账 稽核 出纳 制单

图 2-125 记账凭证

记账凭证

年 月 日 记字第 号

摘要	总账科目	明细科目	借方金额										贷方金额										记账
			千	百	十	万	千	百	十	元	角	分	千	百	十	万	千	百	十	元	角	分	
合计																							

附单据 张

会计主管 记账 稽核 出纳 制单

图 2-126 记账凭证

记账凭证

年 月 日 记字第 号

摘要	总账科目	明细科目	借方金额										贷方金额										记账
			千	百	十	万	千	百	十	元	角	分	千	百	十	万	千	百	十	元	角	分	
合计																							

附单据 张

会计主管 记账 稽核 出纳 制单

图 2-127 记账凭证

记账凭证

年　月　日　　　　　　　　记字第　号

摘　要	总账科目	明细科目	借方金额										贷方金额										记账
			千	百	十	万	千	百	十	元	角	分	千	百	十	万	千	百	十	元	角	分	
合　计																							

附单据　张

会计主管　　记账　　稽核　　出纳　　制单

图 2-128　记账凭证

记账凭证

年　月　日　　　　　　　　记字第　号

摘　要	总账科目	明细科目	借方金额										贷方金额										记账
			千	百	十	万	千	百	十	元	角	分	千	百	十	万	千	百	十	元	角	分	
合　计																							

附单据　张

会计主管　　记账　　稽核　　出纳　　制单

图 2-129　记账凭证

记账凭证

年　月　日　　　　　　　　记字第　号

摘　要	总账科目	明细科目	借方金额										贷方金额										记账
			千	百	十	万	千	百	十	元	角	分	千	百	十	万	千	百	十	元	角	分	
合　计																							

附单据　张

会计主管　　记账　　稽核　　出纳　　制单

图 2-130　记账凭证

【实训评价】

根据实际情况，填写实训体验评价表，见表 2-37。

表 2-37　实训体验评价表

年　月　日

姓名		班级	
实训内容			
评价项目	评价标准	比重（%）	评价成绩/分
实训态度	完成实训，态度认真，遵守纪律	10	
职业规范	编写的记账凭证内容完整，书写规范，科目选择正确，金额填写正确	30	
运用学会的知识	熟练准确运用学会的知识	30	
分析问题、解决问题的能力	对变化的业务能分析出会计处理的方法	20	
按时完成实训	在规定的时间内完成实训任务	10	
合　计		100	

任务实训二

【实训目的】

学会商品批发企业商品购进异常业务的核算。

【实训资料】

龙凤百货批发公司为一般纳税人，2013 年 5 月发生下列部分业务：

（1）4 日，向河南欣欣食品有限公司购进散糖果 1 000kg，单价 40 元，共计价款 40 000 元，增值税税额 6 800 元，价税款用银行存款支付，商品未到，取得原始凭证如图 2-131 和图 2-132 所示。

河南增值税专用发票

开票日期：2013 年 5 月 3 日

购货单位	名　　称：龙凤百货批发公司 纳税人识别号：210125690321502 地 址 、电 话：沈阳市东港区金水路 62 号 65032107 开户行及账号：中国工商银行金水支行　56532014			密码区	略			
货物或应税劳务名称	规格型号	单位		数量	单价	金额	税率	税额
糖果		kg		1 000	40	40 000	17%	6 800
合　计						40 000	17%	6 800
价税合计（大写）肆万陆仟捌佰元整							（小写）¥46 800	
销货单位	名　　称：河南欣欣食品有限公司 纳税人识别号：401023895412125 地 址 、电 话：开封市南街区黄河路 18 号　3260230 开户行及账号：中国工商银行南街办事处　56263090			备注	河南欣欣食品有限公司 发票专用章 401023895412125			

第三联：发票联　购货方记账凭证

销货单位盖章：　　　　收款人：　　　　开票人：陆一凡

图 2-131　河南增值税专用发票

委托收款凭证(付款通知)

委托日期2013年5月3日

<table>
<tr><td rowspan="3">付款人</td><td>全　　称</td><td colspan="3">龙凤百货批发公司</td><td rowspan="3">收款人</td><td>全　　称</td><td colspan="10">河南欣欣食品有限公司</td></tr>
<tr><td>账号或地址</td><td colspan="3">56532014</td><td>账号或地址</td><td colspan="10">56263090</td></tr>
<tr><td>开户银行</td><td colspan="3">中国工商银行金水支行</td><td>开户银行</td><td colspan="10">中国工商银行南街办事处</td></tr>
<tr><td rowspan="2">委收金额</td><td rowspan="2">人民币（大写）</td><td colspan="5" rowspan="2">肆万陆仟捌佰元整</td><td>千</td><td>百</td><td>十</td><td>万</td><td>千</td><td>百</td><td>十</td><td>元</td><td>角</td><td>分</td></tr>
<tr><td></td><td></td><td>¥</td><td>4</td><td>6</td><td>8</td><td>0</td><td>0</td><td>0</td><td>0</td></tr>
<tr><td>款项内容</td><td>货款</td><td>委托收款凭据名称</td><td colspan="3">货物发票</td><td>附寄单证张数</td><td colspan="10">1</td></tr>
<tr><td colspan="17">备注：</td></tr>
</table>

中国工商银行
金水支行
2013年5月8日
转讫

图2-132 委托收款凭证(付款通知)

（2）6日，上月付款购进的800袋瓜子现已到货，验收时实收700袋，单位进价3元。查明上述短缺是供货单位少发造成的。上述短缺瓜子经与供货单位联系，供货单位同意补发，填写原始凭证见表2-38和表2-39。

表2-38 收 货 单

年 月 日

商品编号	品名	规格	计量单位	应收数量	实收数量	单价	金额

收货人： 供货单位： 发票号码： 验收日期： 制单：

表2-39 商品溢余(短缺)报告单

年 月 日

品名	规格	计量单位	应收数量	实收数量	溢余		短缺		增或减进项税额
					数量	金额	数量	金额	
原因									
处理意见	领导批示 供货单位补发		财会部门意见			经办人意见			

复核： 制单：

（3）10日，收到供货单位补发的瓜子100袋，填写原始凭证如表2-40所示。

表2-40 收 货 单

年 月 日

商品编号	品名	规格	计量单位	应收数量	实收数量	单价	金额

收货人： 供货单位： 发票号码： 验收日期： 制单：

（4）15 日，购进散装茶叶 250kg，单价 420 元，共计价款 105 000 元，进项税额 17 850 元，托收凭证已到，对方代垫运杂费 500 元，增值税税额 55 元，价税款已付，商品未到，取得原始凭证如图 2-133～图 2-135 所示。

河南增值税专用发票

开票日期：2013 年 5 月 3 日

购货单位	名　　　称：龙凤百货批发公司 纳税人识别号：210125690321502 地 址 、电 话：沈阳市东港区金水路 62 号 65032107 开户行及账号：中国工商银行金水支行　56532014			密码区	略		
货物或应税劳务名称	规格型号	单位	数量	单价	金额	税率	税额
茶叶		kg	250	420	105 000	17%	17 850
合　计					105 000	17%	17 850
价税合计（大写）壹拾贰万贰仟捌佰伍拾元整						（小写）¥122 850	
销货单位	名　　　称：河南欣欣食品有限公司 纳税人识别号：401023895412125 地 址 、电 话：开封市南街区黄河路 18 号　3260230 开户行及账号：中国工商银行南街办事处　56263090			备注			

销货单位盖章：　　　　收款人：　　　　开票人：陆一凡

第三联：发票联　购货方记账凭证

图 2-133　河南增值税专用发票

货物运输业增值税专用发票

开票日期：2013 年 5 月 3 日

承运人及纳税人识别号	河南卓越物流公司 401023963120235		密码区	略			
实际受票方及纳税人识别号	龙凤百货批发公司 210125690321502						
收货人及纳税人识别号	龙凤百货批发公司 210125690321502		发货人及纳税人识别号	河南欣欣食品有限公司 401023895412125			
起运地、经由、到达地	郑州到沈阳						
费用项目及金额	运费 400 元 装卸费 60 元 保险费 40 元		运输货物信息	茶叶 250kg			
合计金额	500 元	税率	11%	税额	55 元	机器编码	
价税合计（大写）伍佰伍拾伍元整						（小写）¥555	

收款人：　　　　复核人：　　　　开票人：　　　　承运人：（章）

图 2-134　货物运输业增值税专用发票

托收凭证（付款通知）

委托日期2013年5月3日

<table>
<tr><td rowspan="3">付款人</td><td>全　　称</td><td>龙凤百货批发公司</td><td rowspan="3">收款人</td><td>全　　称</td><td colspan="10">河南欣欣食品有限公司</td></tr>
<tr><td>账号或地址</td><td>56532014</td><td>账号或地址</td><td colspan="10">56263090</td></tr>
<tr><td>开户银行</td><td>中国工商银行金水支行</td><td>开户银行</td><td colspan="10">中国工商银行南街办事处</td></tr>
<tr><td rowspan="2">委收金额</td><td rowspan="2">人民币（大写）</td><td colspan="3" rowspan="2">壹拾贰万叁仟肆佰零伍元整</td><td>千</td><td>百</td><td>十</td><td>万</td><td>千</td><td>百</td><td>十</td><td>元</td><td>角</td><td>分</td></tr>
<tr><td></td><td>¥</td><td>1</td><td>2</td><td>3</td><td>4</td><td>0</td><td>5</td><td>0</td><td>0</td></tr>
<tr><td>款项内容</td><td>货款
运费</td><td>委托收款凭据名称</td><td>货物发票
运费发票</td><td>附寄单证张数</td><td colspan="10">2</td></tr>
<tr><td colspan="15">备注：</td></tr>
</table>

中国工商银行 金水支行 2013年5月15日 转讫

图2-135　托收凭证（付款通知）

（5）18日，4日购入的糖果已到，实收糖果1 200kg，溢余200kg，原因待查，填写原始凭证见表2-41和表2-42。

表2-41　收　货　单

年　月　日

商品编号	品名	规格	计量单位	应收数量	实收数量	单价	金额

收货人：　　供货单位：　　发票号码：　　验收日期：　　制单：

表2-42　商品溢余（短缺）报告单

年　月　日

品名	规格	计量单位	应收数量	实收数量	溢余		短缺		增或减进项税额
					数量	金额	数量	金额	
原因									
处理意见	领导批示		财会部门意见				经办人意见		

复核：　　制单：

（6）22日，经查明，上述溢余糖果200kg，其中20kg属于自然升溢，180kg是供货单位多发，经与供货单位联系，同意补做购进，价税款已经汇出，取得原始凭证如图2-136和图2-137所示。

河南增值税专用发票

开票日期：2013 年 5 月 22 日

购货单位	名　　称：龙凤百货批发公司 纳税人识别号：21012569032150２ 地 址 、电 话：沈阳市东港区金水路 62 号 65032107 开户行及账号：中国工商银行金水支行　56532014			密码区	略		
货物或应税劳务名称	规格型号	单位	数量	单价	金额	税率	税额
糖果		kg	180	40	7 200	17%	1 224
合　计					7 200	17%	1 224
价税合计（大写）捌仟肆佰贰拾肆元整					（小写）¥8 424		
销货单位	名　　称：河南欣欣食品有限公司 纳税人识别号：401023895412125 地 址 、电 话：开封市南街区黄河路 18 号　3260230 开户行及账号：中国工商银行南街办事处　56263090			备注	河南欣欣食品有限公司 发票专用章 401023895412125		

销货单位盖章：　　　　收款人：　　　　开票人：陆一凡

第三联：发票联　购货方记账凭证

图 2-136　河南增值税专用发票

中国工商银行　电汇凭证（回单）

委托日期 2013 年 5 月 22 日

汇款人	全　称	龙凤百货批发公司	收款人	全　称	河南欣欣食品有限公司
	账　号	56532014		账　号	56263090
	汇出地点	中国工商银行金水支行		汇入地点	中国工商银行南街办事处

金额	人民币（大写）捌仟肆佰贰拾肆元整	亿	千	百	十	万	千	百	十	元	角	分
						¥	8	4	2	4	0	0

中国工商银行 金水支行 2013年5月22日 转讫 汇出行签章	支付密码 附加信息及用途：货款 复核：　　　记账：

此联是汇出行给付款人的通知

图 2-137　中国工商银行电汇凭证（回单）

（7）26 日，15 日购进的散装茶叶已到，实收 240kg，短缺 10 kg，是运输单位在运输中丢失造成的，运输单位已经同意赔偿，填写原始凭证见表 2-43 和表 2-44。

表 2-43　收　货　单

年　月　日

商品编号	品名	规格	计量单位	应收数量	实收数量	单价	金额

收货人：　　供货单位：　　发票号码：　　验收日期：　　制单：

表 2-44　商品溢余(短缺)报告单

年　月　日

品名	规格	计量单位	应收数量	实收数量	溢余		短缺		增或减进项税额
					数量	金额	数量	金额	
原因									
处理意见	领导批示 运输单位赔偿		财会部门意见				经办人意见		

复核：　　　　　　　　　　　　　　　　　　　　　　　　　　　　　制单：

【实训要求】

1. 填写上述经济业务中的自制原始凭证。
2. 根据上述经济业务，编制记账凭证，如图 2-138 ~ 图 2-146 所示。

记账凭证

年　月　日　　　　　　　　记字第　号

摘　要	总账科目	明细科目	借方金额										贷方金额										记账
			千	百	十	万	千	百	十	元	角	分	千	百	十	万	千	百	十	元	角	分	
合　计																							

附单据　张

会计主管　　　　记账　　　　稽核　　　　出纳　　　　制单

图 2-138　记账凭证

记账凭证

年　月　日　　　　　　　　记字第　号

摘　要	总账科目	明细科目	借方金额										贷方金额										记账
			千	百	十	万	千	百	十	元	角	分	千	百	十	万	千	百	十	元	角	分	
合　计																							

附单据　张

会计主管　　　　记账　　　　稽核　　　　出纳　　　　制单

图 2-139　记账凭证

记账凭证

年　月　日　　　　　　　　　　　　　　　　记字第　号

摘　要	总账科目	明细科目	借方金额										贷方金额										记账
			千	百	十	万	千	百	十	元	角	分	千	百	十	万	千	百	十	元	角	分	
合　计																							

附单据　张

会计主管　　　　记账　　　　稽核　　　　出纳　　　　制单

图 2-140　记账凭证

记账凭证

年　月　日　　　　　　　　　　　　　　　　记字第　号

摘　要	总账科目	明细科目	借方金额										贷方金额										记账
			千	百	十	万	千	百	十	元	角	分	千	百	十	万	千	百	十	元	角	分	
合　计																							

附单据　张

会计主管　　　　记账　　　　稽核　　　　出纳　　　　制单

图 2-141　记账凭证

记账凭证

年　月　日　　　　　　　　　　　　　　　　记字第　号

摘　要	总账科目	明细科目	借方金额										贷方金额										记账
			千	百	十	万	千	百	十	元	角	分	千	百	十	万	千	百	十	元	角	分	
合　计																							

附单据　张

会计主管　　　　记账　　　　稽核　　　　出纳　　　　制单

图 2-142　记账凭证

记账凭证

年 月 日　　　　　　　　　记字第 号

摘要	总账科目	明细科目	借方金额										贷方金额										记账
			千	百	十	万	千	百	十	元	角	分	千	百	十	万	千	百	十	元	角	分	
合计																							

附单据 张

会计主管　　记账　　稽核　　出纳　　制单

图 2-143 记账凭证

记账凭证

年 月 日　　　　　　　　　记字第 号

摘要	总账科目	明细科目	借方金额										贷方金额										记账
			千	百	十	万	千	百	十	元	角	分	千	百	十	万	千	百	十	元	角	分	
合计																							

附单据 张

会计主管　　记账　　稽核　　出纳　　制单

图 2-144 记账凭证

记账凭证

年 月 日　　　　　　　　　记字第 号

摘要	总账科目	明细科目	借方金额										贷方金额										记账
			千	百	十	万	千	百	十	元	角	分	千	百	十	万	千	百	十	元	角	分	
合计																							

附单据 张

会计主管　　记账　　稽核　　出纳　　制单

图 2-145 记账凭证

记账凭证

年　月　日　　　　　　　　　　　　　记字第　号

摘　要	总账科目	明细科目	借方金额										贷方金额										记账
			千	百	十	万	千	百	十	元	角	分	千	百	十	万	千	百	十	元	角	分	
合　计																							

附单据　张

会计主管　　　　记账　　　　稽核　　　　出纳　　　　制单

图 2-146　记账凭证

【实训评价】

根据实际情况填写实训体验评价表，见表 2-45。

表 2-45　实训体验评价表

年　月　日

姓名		班级	
实训内容			
评价项目	评价标准	比重(%)	评价成绩/分
实训态度	完成实训，态度认真，遵守纪律	10	
职业规范	编写的记账凭证内容完整，书写规范，科目选择正确，金额填写正确	30	
运用学会的知识	熟练准确运用学会的知识	30	
分析问题、解决问题的能力	对变化的业务能分析出会计处理的方法	20	
按时完成实训	在规定的时间内完成实训任务	10	
合　计		100	

任务实训三

【实训目的】

学会批发企业商品销售一般业务的核算。

【实训资料】

龙凤百货批发公司于 2013 年 5 月发生下列部分业务：

（1）9 日，向沈阳五街百货商场销售电视机 10 台，单价 3 500 元，共计价款 35 000 元，增值税税额 5 950 元，收到沈阳五街百货商场开出并承兑的年利率 5%、两个月期限的商业汇票一张，取得原始凭证如图 2-147 和图 2-148 所示。

辽宁增值税专用发票

开票日期：2013 年 5 月 9 日

购货单位	名　　称：沈阳五街百货商场 纳税人识别号：210124369030256 地 址 、电 话：沈阳市东港区五街 12 号 52012033 开户行及账号：中国建设银行五街支行 852123023			密码区	略		
货物或应税劳务名称	规格型号	单位	数量	单价	金额	税率	税额
电视机		台	10	3 500	35 000	17%	5 950
合　计					35 000	17%	5 950
价税合计（大写）肆万零玖佰伍拾元整					（小写）¥40 950		
销货单位	名　　称：龙凤百货批发公司 纳税人识别号：210125690321502 地 址 、电 话：沈阳市东港区金水路 62 号 47203012 开户行及账号：中国工商银行金水支行 56532014			备注			

（印章：龙凤百货批发公司 发票专用章 210125690321502）

销货单位盖章：　　　　收款人：　　　　开票人：王卓

第二联：记账联　销货方记账凭证

图 2-147　辽宁增值税专用发票

商业承兑汇票

出票日期（大写）贰零壹叁年伍月零玖日

付款人	全　　称	沈阳五街百货商场	收款人	全　　称	龙凤百货批发公司
	账　　号	852123023		账　　号	56532014
	开 户 银 行	中国建设银行五街支行		开 户 银 行	中国工商银行金水支行

汇票金额人民币（大写）	肆万零玖佰伍拾元整	百	十	万	千	百	十	元	角	分
			¥	4	0	9	5	0	0	0

汇票到期日　2013 年 7 月 9 日	交易合同号码
本汇票已经本单位承兑，到期日无条件支付票款。此致 ________收款人 付款人盖章 年　月　日 负责　　经办	汇票签发人盖章 负责　　经办

（印章：沈阳五街百货商场 财务专用章）

图 2-148　商业承兑汇票

（2）13 日，再向沈阳五街百货商场销售空调 20 台，单价 2 100 元，共计价款 42 000 元，增值税税额 7 140 元，代垫运费 1 110 元，货款尚未收到。双方约定的现金折扣条件为 2/10，1/20，n/30，取得原始凭证如图 2-149 和图 2-150 所示。

辽宁增值税专用发票

开票日期：2013 年 5 月 13 日

购货单位	名　　称：沈阳五街百货商场 纳税人识别号：210124369030256 地址、电话：沈阳市东港区五街 12 号 52012033 开户行及账号：中国建设银行五街支行 852123023			密码区	略			
货物或应税劳务名称	规格型号	单位	数量	单价	金额	税率	税额	
空调		台	20	2 100	42 000	17%	7 140	
合　计					42 000	17%	7 140	
价税合计（大写）肆万玖仟壹佰肆拾元整					（小写）¥49 140			
销货单位	名　　称：龙凤百货批发公司 纳税人识别号：210125690321502 地址、电话：沈阳市东港区金水路 62 号 472012033 开户行及账号：中国工商银行金水支行 56532014			备注	龙凤百货批发公司 发票专用章 210125690321502			

第二联：记账联 销货方记账凭证

销货单位盖章：　　收款人：　　开票人：王卓

图 2-149　辽宁增值税专用发票

中国工商银行
转账支票存根
XIV005748849

附加信息

出票日期 2013 年 5 月 13 日

收款人：	沈阳站
金　额：	¥1 110.00
用　途：	运费

单位主管　　会计

图 2-150　中国工商银行转账支票存根

(3) 14 日，龙凤百货批发公司按合同规定向大连日新百货商场发出空调 20 台，单价 2 000元，共计价款 40 000 元，增值税税额 6 800 元，代垫运费 1 110 元，已办妥托收承付手续，取得原始凭证如图 2-151 ~ 图 2-153 所示。

辽宁增值税专用发票

开票日期：2013 年 5 月 14 日

购货单位
名　　　称：大连日新百货商场
纳税人识别号：210224369030256
地 址 、电 话：大连市沙东区五好街 36 号 3256002
开户行及账号：中国建设银行沙东支行 523690245

密码区：略

货物或应税劳务名称	规格型号	单位	数量	单价	金额	税率	税额
空调		台	20	2 000	40 000	17%	6 800
合　计					40 000	17%	6 800

价税合计(大写)肆万陆仟捌佰元整　　　　(小写)￥46 800

销货单位
名　　　称：龙凤百货批发公司
纳税人识别号：210125690321502
地 址 、电 话：沈阳市东港区金水路 62 号　472030[illegible]2
开户行及账号：中国工商银行金水支行　56532014

备注：龙凤百货批发公司　发票专用章　210125690321502

销货单位盖章：　　　　收款人：　　　　开票人：王卓

第二联：记账联　销货方记账凭证

图 2-151　辽宁增值税专用发票

中国工商银行
转账支票存根
XIV0057403859

附加信息

出票日期 2013 年 5 月 14 日

收款人：	沈阳站
金　额：	￥1 110.00
用　途：	运费

单位主管　　　　会计

图 2-152　中国工商银行转账支票存根

托收凭证(回单)

委托日期2013年5月14日

付款人	全　　称	大连日新百货商场	收款人	全　　称	龙凤百货批发公司
	账号或地址	523690245		账号或地址	56532014
	开户银行	中国建设银行沙东支行		开户银行	中国工商银行金水支行

			千	百	十	万	千	百	十	元	角	分
委收金额	人民币(大写)	肆万柒仟玖佰壹拾元整			¥	4	7	9	1	0	0	0

款项内容	货款 运费	委托收款凭据名称	货物发票 运费发票	附寄单证张数	2		
备注:							

中国工商银行
金水支行
2013年5月14日
业务受理

图2-153　托收凭证(回单)

(4) 18日，向沈阳生和润商厦销售电视机20台，单价3 500元，共计价款70 000元，增值税税额11 900元，收到转账支票一张，当即送存银行，取得原始凭证如图2-154和图2-155所示。

辽宁增值税专用发票

开票日期：2013年5月18日

购货单位	名　　称：沈阳生和润商厦 纳税人识别号：210124451230257 地 址 、电 话：沈阳市东陵区五泰和路16号 51203025 开户行及账号：中国建设银行东陵支行 523014025			密码区	略		
货物或应税劳务名称	规格型号	单位	数量	单价	金额	税率	税额
电视机		台	20	3 500	70 000	17%	11 900
合　计					70 000	17%	11 900
价税合计(大写)捌万壹仟玖佰元整					(小写)¥81 900		
销货单位	名　　称：龙凤百货批发公司 纳税人识别号：210125690321502 地 址 、电 话：沈阳市东港区金水路62号 4720312 开户行及账号：中国工商银行金水支行 56532014			备注			

第二联：记账联 销货方记账凭证

龙凤百货批发公司
发票专用章
210125690321502

销货单位盖章：　　　收款人：　　　开票人：王卓

图2-154　辽宁增值税专用发票

中国工商银行 进账单(收款通知)

2013 年 5 月 18 日

出票人	全 称	沈阳生和润商厦	收款人	全 称	龙凤百货批发公司									
	账 号	523014025		账 号	56532014									
	开户银行	中国建设银行东陵支行		开户银行	中国工商银行金水支行									
金额	人民币(大写)	捌万壹仟玖佰元整		亿	千	百	十	万	千	百	十	元	角	分
							¥	8	1	9	0	0	0	0
票据种类	支票													
票据张数	1													
复核 记账		中国工商银行 金水支行 2013年5月18日 转讫		开户银行盖章										

图 2-155 中国工商银行进账单(收款通知)

(5) 28 日，接到银行通知，收到沈阳五街百货商场支付的价税款 49 830 元(参阅本习题业务 2)，取得原始凭证如图 2-156 和图 2-157 所示。

中国工商银行 进账单(收款通知)

2013 年 5 月 28 日

出票人	全 称	沈阳五街百货商场	收款人	全 称	龙凤百货批发公司									
	账 号	852123023		账 号	56532014									
	开户银行	中国建设银行五街支行		开户银行	中国工商银行金水支行									
金额	人民币(大写)	肆万玖仟捌佰叁拾元整		亿	千	百	十	万	千	百	十	元	角	分
							¥	4	9	8	3	0	0	0
票据种类	支票													
票据张数	1													
复核 记账		中国工商银行 金水支行 2013年5月28日 转讫		开户银行盖章										

图 2-156 中国工商银行进账单(收款通知)

20 天内购货单位付款有 1% 的折扣
42 000 × 1% = 420(元)
企业实际收款：49 140 + 1 110 − 420 = 49 830(元)

图 2-157 销售折扣计算过程

(6) 29 日，收到银行转来的托收承付结算凭证中的收款通知，14 日托收的货款已入账，取得原始凭证如图 2-158 所示。

托收凭证(收款通知)

委托日期 2013 年 5 月 14 日

付款人	全称	大连日新百货商场	收款人	全称	龙凤百货批发公司
	账号或地址	523690245		账号或地址	56532014
	开户银行	中国建设银行沙东支行		开户银行	中国工商银行金水支行

委收金额	人民币(大写) 肆万柒仟玖佰壹拾元整	千	百	十	万	千	百	十	元	角	分
				¥	4	7	9	1	0	0	0

款项内容	货款 运费	委托收款凭据名称	货物发票 运费发票	附寄单证张数	2
备注:					

中国工商银行 金水支行 2013年5月29日 转讫

图 2-158　托收凭证(收款通知)

【实训要求】

根据上述经济业务，编制记账凭证如图 2-159 ~ 图 2-164 所示。

记账凭证

年　月　日　　　　　　　　　　记字第　号

摘要	总账科目	明细科目	借方金额										贷方金额										记账
			千	百	十	万	千	百	十	元	角	分	千	百	十	万	千	百	十	元	角	分	
合计																							

附单据　张

会计主管　　　记账　　　稽核　　　出纳　　　制单

图 2-159　记账凭证

记账凭证

年　月　日　　　　　　　　　　记字第　号

摘要	总账科目	明细科目	借方金额										贷方金额										记账
			千	百	十	万	千	百	十	元	角	分	千	百	十	万	千	百	十	元	角	分	
合计																							

附单据　张

会计主管　　　记账　　　稽核　　　出纳　　　制单

图 2-160　记账凭证

记账凭证

年　月　日　　　　　　　　　　　　记字第　号

摘　　要	总账科目	明细科目	借方金额										贷方金额										记账
			千	百	十	万	千	百	十	元	角	分	千	百	十	万	千	百	十	元	角	分	
合　　计																							

附单据　张

会计主管　　　　记账　　　　稽核　　　　出纳　　　　制单

图 2-161　记账凭证

记账凭证

年　月　日　　　　　　　　　　　　记字第　号

摘　　要	总账科目	明细科目	借方金额										贷方金额										记账
			千	百	十	万	千	百	十	元	角	分	千	百	十	万	千	百	十	元	角	分	
合　　计																							

附单据　张

会计主管　　　　记账　　　　稽核　　　　出纳　　　　制单

图 2-162　记账凭证

记账凭证

年　月　日　　　　　　　　　　　　记字第　号

摘　　要	总账科目	明细科目	借方金额										贷方金额										记账
			千	百	十	万	千	百	十	元	角	分	千	百	十	万	千	百	十	元	角	分	
合　　计																							

附单据　张

会计主管　　　　记账　　　　稽核　　　　出纳　　　　制单

图 2-163　记账凭证

记账凭证

年　月　日　　　　　　　　　　　　记字第　号

摘　要	总账科目	明细科目	借方金额										贷方金额										记账
			千	百	十	万	千	百	十	元	角	分	千	百	十	万	千	百	十	元	角	分	
合　计																							

附单据　张

会计主管　　　　记账　　　　稽核　　　　出纳　　　　制单

图 2-164　记账凭证

【实训评价】

根据实际情况填写实训体验评价表，见表 2-46。

表 2-46　实训体验评价表

年　月　日

姓名		班级	
实训内容			
评价项目	评价标准	比重（%）	评价成绩/分
实训态度	完成实训，态度认真，遵守纪律	10	
职业规范	编写的记账凭证内容完整，书写规范，科目选择正确，金额填写正确	30	
运用学会的知识	熟练准确运用学会的知识	30	
分析问题、解决问题的能力	对变化的业务能分析出会计处理的方法	20	
按时完成实训	在规定的时间内完成实训任务	10	
合　计		100	

任务实训四

【实训目的】

领会特殊销售业务的核算。

【实训资料】

锦华市连云批发站为一般纳税人，2013 年 6 月发生下列部分业务：

（1）7 日，销售给同城鼎鑫百货商场电磁炉 150 个，单位售价 300 元，单位进价 260 元，共计价款 45 000 元，增值税税额 7 650 元，货款分三次等额收取，在即日购货方提货时付款 1/3，以后每隔两个月各付 1/3，当即 17 550 元已收妥入账，取得原始凭证如表 2-47、

图 2-165 和图 2-166 所示。

表 2-47 分期收款销售商品发货单

购货单位：鼎鑫百货商场　　2013 年 6 月 7 日

商品种类	单位	数量	单位成本/元	总成本/元	备注
电磁炉	个	150	260	39 000	在 6 个月内分 3 次平均收款

辽宁增值税专用发票

开票日期：2013 年 6 月 7 日

购货单位	名　　称：鼎鑫百货商场 纳税人识别号：210701456230104 地 址 、电 话：古城区金花街 25 号　7120525 开户行及账号：中国建设银行古城支行 412502360			密码区	略			
货物或应税劳务名称		规格型号	单位	数量	单价	金额	税率	税额
电磁炉			台	50	300	15 000	17%	2 550
合　计						15 000	17%	2 550
价税合计(大写)壹万柒仟伍佰伍拾元整							(小写) ¥17 550	
销货单位	名　　称：锦华市连云批发站 纳税人识别号：210701410236025 地 址 、电 话：锦华市细河区人民街 10 号　4567560 开户行及账号：中国工商银行细河支行　71025802				备注			

销货单位盖章：　　收款人：　　开票人：孙连

第二联：记账联　销货方记账凭证

锦华市连云批发站 发票专用章 210701410236025

图 2-165　辽宁增值税专用发票

中国工商银行　进账单(收款通知)

2013 年 6 月 7 日

出票人	全　称	鼎鑫百货商场	收款人	全　称	锦华市连云批发站
	账　号	412502360		账　号	1025802
	开户银行	中国建设银行古城支行		开户银行	中国工商银行细河支行
金额	人民币(大写)	壹万柒仟伍佰伍拾元整		亿千百十万千百十元角分	¥ 1 7 5 5 0 0 0
票据种类	支票	票据张数	1	开户银行盖章	

中国工商银行细河支行 2013年6月7日 转讫

图 2-166　中国工商银行进账单(收款通知)

（2）9 日，采购员从上海五羊电器制造公司购进电饭煲 400 个，单价 180 元，共计价款 72 000元，进项税额 12 240 元，按合同规定直运销售给杭州新安百货商场，单位售价 220 元，共计价款 88 000 元，销项税额 14 960 元，发生运费及增值税税额 555 元。10 日收到上海转来的结算凭证，经审核无误，立即承付价税款（假设运费由购货单位负担），取得原始凭证如图 2-167 和图 2-168 所示。

上海增值税专用发票

开票日期：2013 年 6 月 9 日

购货单位	名　　称：锦华市连云批发站 纳税人识别号：210701410236025 地 址 、电 话：锦华市细河区人民街 10 号 4567560 开户行及账号：中国工商银行细河支行　8546250			密码区	略		
货物或应税劳务名称	规格型号	单位	数量	单价	金额	税率	税额
电饭煲		个	400	180	72 000	17%	12 240
合　计					72 000	17%	12 240
价税合计（大写）捌万肆仟贰佰肆拾元整							（小写）¥84 240
销货单位	名　　称：上海五羊电器制造公司 纳税人识别号：502136820147020 地 址 、电 话：上海市徐汇区锦绣街 25 号　35120111 开户行及账号：中国建设银行浦东支行　854625011			备注	上海五羊电器制造公司 发票专用章 502136820147020		

销货单位盖章：　　　　收款人：　　　　开票人：李杨

第三联：发票联　购货方记账凭证

图 2-167　上海增值税专用发票

委托收款凭证（付款通知）

委托日期 2013 年 6 月 9 日

付款人	全　　称	锦华市连云批发站	收款人	全　　称	上海五羊电器制造公司
	账号或地址	8546250		账号或地址	854625011
	开 户 银 行	中国工商银行细河支行		开 户 银 行	中国建设银行浦东支行
委收金额	人民币（大写）	捌万肆仟柒佰玖拾伍元整		千 百 十 万 千 百 十 元 角 分	¥ 8 4 7 9 5 0 0
款项内容	货款 运费	委托收款凭据名称	货物发票 运费发票	附寄单证张数	2
备注：含运费		中国工商银行 细河支行 2013年6月10日 转讫			

图 2-168　委托收款凭证（付款通知）

（3）12 日，收到采购员转来的托收承付结算凭证，已办妥向杭州新安百货商场的托收手续，取得原始凭证如图 2-169 和图 2-170 所示。

辽宁增值税专用发票

开票日期：2013 年 6 月 12 日

购货单位	名　　称：杭州新安百货商场 纳税人识别号：602030605963123 地 址 、电 话：杭州市望湖新区南京路 21 号 63506005 开户行及账号：中国建设银行南京路支行 41302580			密码区	略			
货物或应税劳务名称		规格型号	单位	数量	单价	金额	税率	税额
电饭煲			个	400	220	88 000	17%	14 960
合　计						88 000	17%	14 960
价税合计（大写）壹拾万贰仟玖佰陆拾元整							（小写）¥102 960	
销货单位	名　　称：锦华市连云批发站 纳税人识别号：210701410236025 地 址 、电 话：锦华市细河区人民街 10 号 4567560 开户行及账号：中国工商银行细河支行 8546250				备注			

销货单位盖章：　　收款人：　　开票人：黄丹

第二联：记账联　销货方记账凭证

图 2-169　辽宁增值税专用发票

委托收款凭证（回单）

委托日期 2013 年 6 月 12 日

付款人	全　　称	杭州新安百货商场		收款人	全　　称	锦华市连云批发站										
	账号或地址	41302580			账号或地址	8546250										
	开 户 银 行	中国建设银行南京路支行			开 户 银 行	中国工商银行细河支行										
委收金额	人民币（大写）	壹拾万贰仟玖佰陆拾元整				千	百	十	万	千	百	十	元	角	分	
							¥	1	0	2	9	6	0	0	0	
款项内容	货款	委托收款凭据名称	货物发票		附寄单证张数	1										
备注：																

中国工商银行 细河支行 2013年6月12日 业务受理

图 2-170　委托收款凭证（回单）

（4）16 日，收到杭州新安百货商场承付的价税款，取得原始凭证如图 2-171 所示。

委托收款凭证（收款通知）

委托日期 2013 年 6 月 12 日

付款人	全　　称	杭州新安百货商场		收款人	全　　称	锦华市连云批发站										
	账号或地址	41302580			账号或地址	8546250										
	开 户 银 行	中国建设银行南京路支行			开 户 银 行	中国工商银行细河支行										
委收金额	人民币（大写）	壹拾万贰仟玖佰陆拾元整				千	百	十	万	千	百	十	元	角	分	
							¥	1	0	2	9	6	0	0	0	
款项内容	货款 运费	委托收款凭据名称	货物发票 运费发票		附寄单证张数	2										
备注：																

中国工商银行 细河支行 2013年6月12日 转讫

图 2-171　委托收款凭证（收款通知）

（5）20 日，收到洛阳清荷批发公司支付加湿器的分期付款货款 30 000 元，增值税税额 5 100 元，对应的加湿器成本为 25 500 元，取得原始凭证如图 2-172、图 2-173 和表 2-48 所示。

辽宁增值税专用发票

开票日期：2013 年 6 月 20 日

购货单位	名　　称：洛阳清荷批发公司 纳税人识别号：402013562024015 地 址 、电 话：洛阳市河口区牡丹街 15 号 7203050 开户行及账号：中国建设银行河口支行　31023603			密码区	略		
货物或应税劳务名称	规格型号	单位	数量	单价	金额	税率	税额
加湿器		个	150	200	30 000	17%	5 100
合　计					30 000	17%	5 100
价税合计(大写)叁万伍仟壹佰元整						(小写)￥35 100	
销货单位	名　　称：锦华市连云批发站 纳税人识别号：210701410236025 地 址 、电 话：锦华市细河区人民街 10 号　4567560 开户行及账号：中国工商银行细河支行　8546250			备注	锦华市连云批发站 发票专用章 210701410236025		

销货单位盖章：　　　　收款人：　　　　开票人：黄丹

第二联：记账联　销货方记账凭证

图 2-172　辽宁增值税专用发票

中国建设银行　电汇凭证(收款通知)

2013 年 6 月 20 日

汇款人	全　　称	洛阳清荷批发公司	收款人	全　　称	锦华市连云批发站
	账　　号	31023603		账　　号	8546250
	汇出地点	河南省洛阳市/县		汇入地点	辽宁省锦华市/县
汇出行名称		中国建设银行河口支行	汇入行名称		中国工商银行细河支行
金额	人民币(大写)	叁万伍仟壹佰元整	亿 千 百 十 万 千 百 十 元 角 分		￥ 3 5 1 0 0 0 0
中国建设银行 河口支行 2013年6月20日 转讫 汇出行签章			支付密码		
			附加信息及用途：支付货款		
			复核：　　记账：		

此联是汇入行给收款人的收款凭证

图 2-173　中国建设银行电汇凭证(收款通知)

表 2-48 商品销售成本计算表（分期收款销售）

2013 年 6 月 20 日

商品名称	单位	数量	单位成本/元	总成本/元
加湿器	个	150	170	25 500

（6）22 日，按合同规定，发给北京荣昌物资采购站加湿器 500 个，单位售价 200 元，共计价款 100 000 元，增值税税额 17 000 元，代垫运费 2 220 元，已办妥托收手续，取得原始凭证如图 2-174～图 2-176 所示。

辽宁增值税专用发票

开票日期：2013 年 6 月 22 日

购货单位	名　　称：北京荣昌物资采购站 纳税人识别号：102054630258036 地 址 、电 话：北京市大兴区安兴路 82 号 62305211 开户行及账号：中国建设银行大兴支行 502306012			密码区	略		
货物或应税劳务名称	规格型号	单位	数量	单价	金额	税率	税额
加湿器		个	500	200	100 000	17%	17 000
合　计					100 000	17%	17 000
价税合计（大写）壹拾壹万柒仟元整						（小写）¥117 000	
销货单位	名　　称：锦华市连云批发站 纳税人识别号：210701410236025 地 址 、电 话：锦华市细河区人民街 10 号 4567560 开户行及账号：中国工商银行细河支行 8546250			备注	锦华市连云批发站 发票专用章 210701410236025		

销货单位盖章： 收款人： 开票人：黄丹

第二联：记账联 销货方记账凭证

图 2-174 辽宁增值税专用发票

中国工商银行
转账支票存根
XIV0059787456

附加信息

出票日期 2013 年 6 月 22 日

收款人：锦华市信达物流公司
金 额：¥2 220.00
用 途：运费

单位主管 会计

图 2-175 中国工商银行转账支票存根

托收凭证(回单)

委托日期 2013 年 6 月 22 日

付款人	全称	北京荣昌物资采购站	收款人	全称	锦华市连云批发站
	账号或地址	502306012		账号或地址	8546250
	开户银行	中国建设银行大兴支行		开户银行	中国工商银行细河支行
委收金额	人民币（大写）	壹拾壹万玖仟贰佰贰拾元整			
款项内容	货款 运费	委托收款凭据名称	货物发票 运费发票	附寄单证张数	2
备注：					

千	百	十	万	千	百	十	元	角	分
	¥	1	1	9	2	2	0	0	0

中国工商银行 细河支行 2013年6月22日 业务处理

图 2-176　托收凭证(回单)

（7）28 日，收到银行转来北京荣昌物资采购站的拒付理由书，拒付原因是锦华市连云批发站 22 日发出的加湿器部分质量与合同规定不符。锦华市连云批发站收到价税款及代垫运费 113 370 元，取得原始凭证如图 2-177 所示。

委托收款拒付理由书(代收款通知)

委托日期 2013 年 6 月 22 日

付款人	全称	北京荣昌物资采购站	收款人	全称	锦华市连云批发站
	账号或地址	502306012		账号或地址	8546250
	开户银行	中国建设银行大兴支行		开户银行	中国工商银行细河支行
委收金额	人民币（大写）	壹拾壹万玖仟贰佰贰拾元整			
拒付金额	5 850 元	拒付理由	商品质量不合格	实际付款金额	¥113 370.00
备注：					

千	百	十	万	千	百	十	元	角	分
	¥	1	1	9	2	2	0	0	0

中国工商银行 细河支行 2013年6月22日 转讫

图 2-177　委托收款拒付理由书(代收款通知)

【实训要求】

根据上述经济业务，编制记账凭证如图 2-178～图 2-185 所示。

记账凭证

年　月　日　　　　　　　　　　记字第　号

摘要	总账科目	明细科目	借方金额										贷方金额										记账
			千	百	十	万	千	百	十	元	角	分	千	百	十	万	千	百	十	元	角	分	
合计																							

附单据　张

会计主管　　　　记账　　　　稽核　　　　出纳　　　　制单

图 2-178　记账凭证

记账凭证

年 月 日 记字第 号

摘要	总账科目	明细科目	借方金额										贷方金额										记账
			千	百	十	万	千	百	十	元	角	分	千	百	十	万	千	百	十	元	角	分	
合计																							

附单据 张

会计主管 记账 稽核 出纳 制单

图 2-179 记账凭证

记账凭证

年 月 日 记字第 号

摘要	总账科目	明细科目	借方金额										贷方金额										记账
			千	百	十	万	千	百	十	元	角	分	千	百	十	万	千	百	十	元	角	分	
合计																							

附单据 张

会计主管 记账 稽核 出纳 制单

图 2-180 记账凭证

记账凭证

年 月 日 记字第 号

摘要	总账科目	明细科目	借方金额										贷方金额										记账
			千	百	十	万	千	百	十	元	角	分	千	百	十	万	千	百	十	元	角	分	
合计																							

附单据 张

会计主管 记账 稽核 出纳 制单

图 2-181 记账凭证

记账凭证

年 月 日　　　　　　　　记字第 号

摘　要	总账科目	明细科目	借方金额										贷方金额										记账
			千	百	十	万	千	百	十	元	角	分	千	百	十	万	千	百	十	元	角	分	
合　计																							

附单据 张

会计主管　　　　记账　　　　稽核　　　　出纳　　　　制单

图 2-182　记账凭证

记账凭证

年 月 日　　　　　　　　记字第 号

摘　要	总账科目	明细科目	借方金额										贷方金额										记账
			千	百	十	万	千	百	十	元	角	分	千	百	十	万	千	百	十	元	角	分	
合　计																							

附单据 张

会计主管　　　　记账　　　　稽核　　　　出纳　　　　制单

图 2-183　记账凭证

记账凭证

年 月 日　　　　　　　　记字第 号

摘　要	总账科目	明细科目	借方金额										贷方金额										记账
			千	百	十	万	千	百	十	元	角	分	千	百	十	万	千	百	十	元	角	分	
合　计																							

附单据 张

会计主管　　　　记账　　　　稽核　　　　出纳　　　　制单

图 2-184　记账凭证

记账凭证

年 月 日　　　　　　　　　　记字第 号

摘要	总账科目	明细科目	借方金额										贷方金额										记账
			千	百	十	万	千	百	十	元	角	分	千	百	十	万	千	百	十	元	角	分	
合　计																							

附单据 张

会计主管　　　记账　　　稽核　　　出纳　　　制单

图 2-185　记账凭证

【实训评价】

根据实际情况，填写实训体验评价表，见表 2-49。

表 2-49　实训体验评价表

年 月 日

姓名		班级	
实训内容			
评价项目	评价标准	比重(%)	评价成绩/分
实训态度	完成实训，态度认真，遵守纪律	10	
职业规范	编写的记账凭证内容完整，书写规范，科目选择正确，金额填写正确	30	
运用学会的知识	熟练准确运用学会的知识	30	
分析问题、解决问题的能力	对变化的业务能分析出会计处理的方法	20	
按时完成实训	在规定的时间内完成实训任务	10	
合　计		100	

任务三　学会商品批发企业的期末会计处理

任务目标

1. 学会商品销售成本的计算方法和结转方法
2. 学会库存商品的清查方法和会计处理方法
3. 学会存货跌价准备的计算方法和会计处理方法

知识储备

一、结转商品销售成本

商品批发企业库存商品的核算，采用数量进价金额核算法，是按照商品的进价来计算、结转已销商品的销售成本。商品销售成本计算的正确性，直接影响到企业期末库存商品价值的真实性和当期经营成果的准确性。因此，正确计算和结转商品销售成本，是商品流通企业会计核算中的一项重要工作。

（一）商品销售成本的计算

企业购进商品时，对同种商品来说，由于进货时间和地点不同，进货单价是不同的，因此，对已经售出的商品需要采用适当的方法来确定已销商品的进价成本和期末结存商品成本。企业可以采用的计算方法有先进先出法、加权平均法、移动平均法、个别计价法、毛利率法。

1. 先进先出法

先进先出法是以先购进的商品先发出，这样一种商品实物流转方式为前提，对发出商品进行计价的一种方法。采用这种方法，每批商品销售成本按库存商品中最先购进的那批单价计算，如果销售商品的数量超过了库存商品中最先购进的那批数量，则超过部分依次按下一批购进商品的单价计算。

【例 2-18】 华洁公司 2013 年 6 月兰豆洗衣液收发存资料如下：

（1）月初结存 300 袋，单价 10 元，金额 3 000 元。

（2）5 日购进 900 袋，单价 11 元，金额 9 900 元。

（3）10 日销售 1 050 袋。

（4）20 日购进 600 袋，单价 11.50 元，金额 6 900 元。

（5）25 日销售 600 袋。

该公司采用先进先出法计算商品销售成本，其库存商品明细账的登记及商品销售成本的计算见表 2-50。

表 2-50　库存商品明细账

品名及规格：兰豆洗衣液

2013 年		摘要	收入			发出			结存		
月	日		数量/袋	单价/元	金额/元	数量/袋	单价/元	金额/元	数量/袋	单价/元	金额/元
6	1	月初结存							300	10	3 000
	5	购进	900	11	9 900				300	10	3 000
									300	10	9 900
	10	销售				300	10	3 000	150	11	1 650
						750	11	8 250			
	20	购进	600	11.50	6 900				150	11	1 650
									600	11.50	6 000
	25	销售				150	11	1 650	150	11.50	1 725
						450	11.50	5 175			
		本月合计	1 500		16 800	1 650		18 075	150	11.50	1 725

根据以上资料，按先进先出法计算发出甲商品实际成本和月末结存商品成本如下：

本月商品销售成本 $=300\times10+750\times11+150\times11+450\times11.50=18\ 075$（元）

月末结存商品成本 $=3\ 000+16\ 800-18\ 075=1\ 725$（元）

采用先进先出法计算商品销售成本时，可以随时结转发出商品成本，期末结存商品成本比较接近现行的市场价值。但是在商品收发频繁和单价经常变动的情况下，企业计价的工作量比较大。另外，当物价上涨时，用早期比较低的成本与现行收入相配比，会高估企业当期利润和库存商品价值。

2. 加权平均法

加权平均法又称全月一次加权平均法，是以本月期初结存商品数量和本月购入商品数量为权数，去除本月期初结存商品成本和本月收入商品成本，计算出商品的加权平均单价，从而确定发出商品和库存商品成本的方法。其计算公式如下：

$$加权平均单价 = \frac{期初结存商品成本 + 本月购入商品成本}{期初结存商品数量 + 本月购入商品数量}$$

$$商品销售成本 = 本期商品销售数量 \times 加权平均单价$$

$$期末结存商品成本 = 期末结存商品数量 \times 加权平均单价$$

如果计算出的加权平均单价不是整数，则将小数点后第三位四舍五入。为了保持账面数字的平衡关系，可以采用倒挤成本法计算商品销售成本，公式如下：

$$期末结存商品成本 = 期末结存商品数量 \times 加权平均单价$$

$$商品销售成本 = 期初结存商品成本 + 本期购入商品成本 - 期末结存商品成本$$

【例 2-19】仍以例 2-18 的资料为例，采用加权平均法，计算兰豆洗衣液本期商品销售成本，其明细账的登记和销售成本的计算，见表 2-51。

表 2-51 库存商品明细账

品名及规格：兰豆洗衣液

2013 年		摘要	收 入			发 出			结 存		
月	日		数量/袋	单价/元	金额/元	数量/袋	单价/元	金额/元	数量/袋	单价/元	金额/元
6	1	月初结存							300	10	3 000
	5	购进	900	11	9 900				1 200		
	10	销售				1 050			150		
	20	购进	600	11.50	6 900				750		
	25	销售				600			150		
		本月合计	1 500		16 800	1 650	11	18 150	150	11	1 650

表中有关资料结算如下：

加权平均单价 =（3 000 + 9 900 + 6 900）÷（300 + 900 + 600）= 11（元）

月末结存商品成本 = 150 × 11 = 1 650（元）

商品销售成本 =（1 050 + 600）× 11 = 18 150（元）

或 = 3 000 + 16 800 − 1 650 = 18 150（元）

加权平均法不仅能够简化核算工作，而且在商品市场价格上涨或下跌时所计算出的单位成本平均化，对商品成本的分摊比较折中。但是这种方法只有在期末才能计算出加权平均单价，从而确定销售商品成本和结存商品成本，平时无法从账簿上反映出发出和结存商品的单价和金额，不利于对商品的日常管理与控制。

3. 移动平均法

移动平均法是指每次收到商品后，立即根据库存商品的数量和总成本，计算出新的加权平均单价，并对发出商品计价的一种方法。移动平均法与加权平均法的计算原理基本相同，只是要求在每次购入商品时重新计算加权平均单价。

$$移动平均单价=\frac{原有库存商品成本+本次购入商品成本}{原有库存商品数量+本次购入商品数量}$$

发出商品成本=本次发出商品数量×移动平均单价(本次发货前商品的单价)

期末结存商品成本=期末结存商品数量×移动平均单价(期末商品单价)

【例2-20】仍以例2-18的资料为例，采用移动平均法计算兰豆洗衣液本期销售成本和期末结存成本，其明细账的登记和销售成本的计算，见表2-52。

表2-52　库存商品明细账

品名及规格：兰豆洗衣液

2013年		摘要	收入			发出			结存		
月	日		数量/袋	单价/元	金额/元	数量/袋	单价/元	金额/元	数量/袋	单价/元	金额/元
6	1	月初结存							300	10	3 000
	5	购进	900	11	9 900				1 200	10.75	12 900
	10	销售				1 050	10.75	11 287.50	150	10.75	1 612.50
	20	购进	600	11.50	6 900				750	11.35	8 512.50
	25	销售				600	11.35	6 810	150	11.35	1 702.50
		本月合计	1 500		16 800	1 650		18 097.50	150	11.35	1 702.50

表中有关资料计算如下：

6月5日，加权平均单价=(3 000+9 900)÷(300+900)=10.75(元)

6月10日，商品销售成本=1 050×10.75=11 287.50(元)

6月20日，加权平均单价=(1 612.50+6 900)÷(150+600)=11.35(元)

6月25日，商品销售成本=600×11.35=6 810(元)

本月商品销售成本=11 287.50+6 810=18 097.50(元)

采用移动平均法计算商品销售成本，可以随时反映商品数量、金额的变化情况，便于加强商品的日常管理，大量的核算工作分散在平时进行，减轻了月末工作量，而且计算的加权平均单价以及发出和结存商品成本比较客观。但由于每次购入商品都要重新计算一次加权平均单价，所以工作量较大，对于收发频繁的商品不适用。

4. 个别计价法

个别计价法又称具体辨认法，是指对库存和发出的每一特定商品或每一批特定商品的个别成本加以认定的方法，是假设商品的成本流转与实物流转相一致的方法。采用个别计价法，财会部门应按进货批次设置商品明细账，业务部门应在发货单上注明进货批次，仓库部门应按进货批次分别堆放商品。

这种方法便于逐笔结转商品销售成本，计算结果比较准确，但工作量比较大，适用于进货批次少且销售能分清进货批次的商品，以及一般不能替代使用的商品和为特定项目专门购入的商品等。

5. 毛利率法

毛利率法是根据本月实际商品销售收入，依照上季实际毛利率，先匡算出本月商品销售毛利，再据以计算本月商品销售成本的方法。其计算公式如下：

本月商品销售毛利 = 本月商品销售收入 × 上季实际毛利率

本月商品销售成本 = 本月商品销售收入 − 本月商品销售毛利

= 本月商品销售收入 ×（1 − 上季实际毛利率）

毛利率法是按大类或全部商品计算商品销售成本，所以计算手续比较简单。但由于企业经营的商品品种很多，各种商品的毛利率高低不同，且本期经营商品与上期经营商品的品种又有变动，用上季度毛利率匡算的本期销售毛利往往与本季度实际销售毛利不一致，计算结果不够准确，所以这种方法只能在每季度的前两个月采用。每季度末应按各种商品实际结存数量和实际进货单价，先确定季末库存商品成本，再用倒挤法计算本季度商品销售成本，然后从本季度销售成本中扣除前两个月的销售成本后的差额，即为本季度第三个月应结转的商品销售成本。这样就保证了全季度商品销售成本计算结果比较准确。其具体计算公式如下：

（1）每季度前两个月：

商品销售成本 = 本月商品销售收入 ×（1 − 上季实际毛利率）

（2）每季度最后一月：

本季度商品销售总成本 = 季初结存商品成本 + 本季购进商品成本 − 季末结存商品成本

季末结存商品成本 = 季末结存商品数量 × 最后一次进货单价

第三个月商品销售成本 = 本季度商品销售总成本 − 前两个月商品销售成本

【例 2-21】 天兴贸易批发公司 2013 年 4 月份的家电类商品销售收入为 570 000 元，5 月份销售收入为 620 000 元，上季度家电类商品的实际毛利率为 20%，6 月末统计本季度共购进商品 1 550 000 元，季末盘点结存商品 260 000 元，季初结存商品金额为 230 000 元。要求采用毛利率法，计算 4、5、6 月份商品销售成本。

4 月份商品销售成本 = 570 000 ×（1 − 20%）= 456 000（元）

5 月份商品销售成本 = 620 000 ×（1 − 20%）= 496 000（元）

第二季度商品销售总成本 = 230 000 + 1 550 000 − 260 000 = 1 520 000（元）

6 月份商品销售成本 = 1 520 000 − 456 000 − 496 000 = 568 000（元）

采用这种方法，库存商品明细账平时只登记数量，不登记金额，商品销售成本按商品大类销售额计算，在大类商品账上结转成本，手续简便，在商品流通企业较为常见，特别是商品批发企业。由于商品流通企业经营商品的品种繁多，如果分品种计算商品销售成本，工作量将大大增加，而且在一般情况下，商品流通企业同类商品的毛利率大致相同，采用这种方法既能减轻工作量，也能满足商品管理的需要。

（二）商品销售成本的结转

商品销售成本的结转是指将计算出来的已销商品的进价成本，从“库存商品”账户转入“主营业务成本”账户，其结转方式有两种，即分散结转和集中结转。

1. 分散结转

在库存商品明细账上，计算每种已销商品成本和期末结存商品成本，并在每一账户的发出商品金额栏内登记结转数，然后将各账户的商品销售成本加总，求得全部商品销售成本后，在类目账上予以结转。这种方式虽然计算工作量大，但能提供每种商品销售成本的详细资料。

2. 集中结转

平日在库存商品明细账上只登记商品销售数量，期末(一般为月末)结转已销商品成本时，根据确定的库存商品单价，在明细账中计算出每种商品的结存金额，然后按大类或全部商品汇总，计算出大类或全部商品期末结存金额，根据类目账或总账资料，倒挤大类或全部商品销售成本，并在总账或类目账上结转。这种方法虽然简化了会计核算工作，但不能提供每一品种已销商品进价成本的详细资料。

【例 2-22】假设天兴贸易批发公司商品销售成本的计算采用毛利率法，根据例 2-21 的资料计算出 2013 年 6 月份的商品销售成本为 568 000 元，则结转成本时，编制商品销售成本计算表，其计算过程如图 2-186 所示。

第二季度商品销售总成本 = 230 000 + 1 550 000 − 260 000 = 1 520 000(元) 6 月份商品销售成本 = 1 520 000 − 456 000 − 496 000 = 568 000(元)

图 2-186　商品销售成本计算过程

根据上述计算结果，编制记账凭证如图 2-187 所示。

记账凭证

2013 年 6 月 30 日　　　　记字第　号

摘　要	总账科目	明细科目	借方金额										贷方金额										记账
			千	百	十	万	千	百	十	元	角	分	千	百	十	万	千	百	十	元	角	分	
结转商品销售成本	主营业务成本					5	6	8	0	0	0	0											
	库存商品															5	6	8	0	0	0	0	
合　计					¥	5	6	8	0	0	0	0			¥	5	6	8	0	0	0	0	

附单据 1 张

会计主管　　记账　　稽核　　出纳　　制单　黄健

图 2-187　记账凭证

二、清查库存商品

(一) 清查库存商品的业务程序

清查库存商品，就是通过对库存商品的清查盘点，来确定库存商品的实存数，并查明账面结存数与实存数是否相符的一种专门方法，库存商品清查盘点的业务流程如图 2-188 所示。

图 2-188　库存商品清查盘点业务流程

库存商品的盘点可以分为定期盘点和不定期盘点。进行盘点前，要做好各项准备工作，包括确定参加盘点人员、核对账目、整理商品、检查度量器具等。

对库存商品的盘点应采用实物盘点法。盘点时，一般应根据各种商品的实物计量单位，采用逐一点数、称重、量尺等方法来确定全部商品的实存数量。对于包装完好的商品，可采用抽查的方法；对于大堆笨重与特殊的商品，可采用技术测定的方法来确定全部实存数量。盘点结束后，应填制商品盘点表，以反映清查盘点的结果。如有盘盈或盘亏情况，还应填制商品溢余(短缺)报告单，按规定审批程序报请有关部门处理。

(二) 清查结果的处理方法

在清查库存商品时，无论发生盘盈或盘亏，都应及时查明原因并报请有关部门，进行会计处理。

库存商品盘盈的处理方法见表2-53。

表2-53　库存商品盘盈的处理方法

原　因	会计处理方法
自然升溢和计量差错	冲减管理费用
销货方多发商品	退回或补做购进

库存商品盘亏的处理方法见表2-54。

表2-54　库存商品盘亏的处理方法

原　因	会计处理方法
自然损耗、计量差错	记入“管理费用”账户
管理不善引起丢失、被盗	责任人赔偿部分记入“其他应收款”账户 净损失记入“管理费用”账户
供货方少发	要求补发商品或退还货款
意外事故损失	保险公司或责任人赔偿部分记入“其他应收款”账户 净损失记入“营业外支出”账户

(三) 清查结果的账务处理

为了核算企业在清查库存商品中发生的盘盈或盘亏情况，应设置“待处理财产损溢”账户。

“待处理财产损溢”账户是资产类账户，用来核算企业财产清查中的盘盈、盘亏及毁损情况。其账户结构如图2-189所示。

待处理财产损溢

借方	贷方
财产物资的盘亏数和毁损金额 批准后转销的盘盈金额	财产物资的盘盈金额 批准后转销的盘亏数和毁损金额
期末余额：尚未处理的财产物资净损失	期末余额：尚未处理的财产物资净盈余

图2-189　“待处理财产损溢”账户结构

该账户设置“待处理流动资产损溢”和“待处理固定资产损溢”两个明细账户，进行明细核算。

【例2-23】天兴贸易批发公司于2013年6月末对库存商品进行清查，根据盘点结果填制商品溢余(短缺)报告单，原始凭证见表2-55。

表 2-55　商品溢余(短缺)报告单

2013 年 6 月 30 日

编号	品名	规格	单位	账存数量	实存数量	单价/元	溢余		短缺	
							数量	金额/元	数量	金额/元
101	洗衣机		台	128	118	700			10	7 000
102	微波炉		台	300	298	400			2	800
103	糖果		kg	2 000	2 015	10	15	150		
盈亏原因		处理意见			领导意见			备注		

（1）根据商品溢余(短缺)报告单，在报请有关部门批准前，应做如下账务处理：

1）根据盘盈商品编制记账凭证如图 2-190 所示。

记账凭证

2013 年 6 月 30 日　　　　记字第　号

摘要	总账科目	明细科目	借方金额										贷方金额										记账
			千	百	十	万	千	百	十	元	角	分	千	百	十	万	千	百	十	元	角	分	
盘盈库存商品	库存商品	糖果						1	5	0	0	0											
	待处理财产损溢	待处理流动资产损溢																1	5	0	0	0	
合计							¥	1	5	0	0	0					¥	1	5	0	0	0	

附单据 1 张

会计主管　　记账　　稽核　　出纳　　制单　黄健

图 2-190　记账凭证

2）根据盘亏商品，编制记账凭证如图 2-191 所示。

记账凭证

2013 年 6 月 30 日　　　　记字第　号

摘要	总账科目	明细科目	借方金额										贷方金额										记账
			千	百	十	万	千	百	十	元	角	分	千	百	十	万	千	百	十	元	角	分	
盘亏库存商品	待处理财产损溢	待处理流动资产损溢					7	8	0	0	0	0											
	库存商品																7	8	0	0	0	0	
合计						¥	7	8	0	0	0	0				¥	7	8	0	0	0	0	

附单据 1 张

会计主管　　记账　　稽核　　出纳　　制单　黄健

图 2-191　记账凭证

（2）报请有关部门批准后，根据盘盈、盘亏的原因和有关部门的审批意见，做出如下账务处理：

1）盘盈商品属于自然升溢，冲减管理费用，填制原始凭证见表2-56。

表2-56 商品溢余（短缺）报告单

2013年6月30日

编号	品名	规格	单位	账存数量	实存数量	单价/元	溢余		短缺	
							数量	金额/元	数量	金额/元
101	洗衣机		台	128	118	700			10	7 000
102	微波炉		台	300	298	400			2	800
103	糖果		kg	2 000	2 015	10	15	150		
盈亏原因	盘盈商品为自然升溢		处理意见	冲减管理费用		领导意见	同意		备注	

根据审核无误的原始凭证，编制记账凭证如图2-192所示。

记账凭证

2013年7月4日　　记字第　号

摘要	总账科目	明细科目	借方金额										贷方金额										记账
			千	百	十	万	千	百	十	元	角	分	千	百	十	万	千	百	十	元	角	分	
转销盘盈商品	待处理财产损溢	待处理流动资产损溢						1	5	0	0	0											
	管理费用																	1	5	0	0	0	
合计							¥	1	5	0	0	0					¥	1	5	0	0	0	

附单据1张

会计主管　　记账　　稽核　　出纳　　制单 黄健

图2-192 记账凭证

2）经查明，短缺洗衣机10台是意外事故造成的，应由保险公司赔偿5 000元，短缺微波炉短缺2台是管理不善造成的，应由保管员张丽赔偿300元，填制原始凭证见表2-57。

表2-57 商品溢余（短缺）报告单

2013年6月30日

编号	品名	规格	单位	账存数量	实存数量	单价/元	溢余		短缺	
							数量	金额/元	数量	金额/元
101	洗衣机		台	128	118	700			10	7 000
102	微波炉		台	300	298	400			2	800
103	糖果		kg	2 000	2 015	10	15	150		
盈亏原因	洗衣机盘亏是意外事故；微波炉盘亏是管理不善		处理意见	保险公司赔偿5 000元；张丽赔偿300元		领导意见	同意		备注	

根据审核无误的原始凭证，编制记账凭证如图 2-193 所示。

记账凭证

2013 年 7 月 4 日　　　　记字第　号

摘　　要	总账科目	明细科目	借方金额										贷方金额										记账
			千	百	十	万	千	百	十	元	角	分	千	百	十	万	千	百	十	元	角	分	
转销盘亏商品	其他应收款	保险公司					5	0	0	0	0	0											
		张丽						3	0	0	0	0											
	营业外支出						3	1	9	0	0	0											
	管理费用							6	3	6	0	0											
	待处理财产损溢	待处理流动资产损溢															7	8	0	0	0	0	
	应交税费	应交增值税（进项税额转出）															1	3	2	6	0	0	
合　　计						¥	9	1	2	6	0	0				¥	9	1	2	6	0	0	

附单据 1 张

会计主管　　　记账　　　稽核　　　出纳　　　制单　黄健

图 2-193　记账凭证

三、计提存货跌价准备

在会计期末，为了客观反映企业期末存货的实际价值，在编制资产负债表时，应当准确地计量存货项目的金额。库存商品是企业存货项目的主要构成内容之一，所以确定期末库存商品的账面价值是计量存货项目的关键。这里所指的账面价值是指某账户的账面余额减去其相关备抵账户余额后的净额。而账面余额是指账户的实际余额。准确地进行期末库存商品的计量，关键在于库存商品数量的确定和采用的期末计价方法。

（一）存货期末计价方法

会计期末存货应当按照成本与可变现净值孰低法计量。这里的成本是指存货的历史成本，就库存商品而言，是指库存商品的实际成本。存货的可变现净值是指企业在正常生产经营过程中，以存货估计售价减去估计销售费用以及相关税费后的金额，并不是指存货的现行售价。商品流通企业在运用这种方法时，当库存商品的成本低于可变现净值时，按库存商品成本计价；当可变现净值低于库存商品的成本时，库存商品按可变现净值计价。

采用成本与可变现净值孰低法，主要是使存货符合资产定义。当存货的可变现净值下跌至成本以下时，所形成的损失已不符合资产的定义，因此应当将这部分损失从存货价值中扣除，计入当期损益。如果存货的可变现净值低于其成本价值，而仍然按其历史成本计价，就会出现虚增资产的现象，导致会计信息失真，不符合谨慎性要求。

（二）成本与可变现净值比较的基本方法

采用成本与可变现净值孰低法对期末存货计价时，其成本与可变现净值的比较有以下三种方法：

1. 单项比较法

单项比较法是指按照每种存货成本与该种存货的可变现净值进行比较，每种存货都按其较低数确定存货期末价值的方法。

2. 分类比较法

分类比较法是指按照每类存货成本与该类存货的可变现净值进行比较，每类存货按其较低数确定存货期末价值的方法。

3. 总额比较法

总额比较法是指按照全部存货总成本与全部存货的可变现净值进行比较，并按其较低数确定存货期末价值的方法。

当存在下列情况之一时，应当计提存货跌价准备。

（1）市价持续下跌，并且在可预见的未来无回升的希望。

（2）因企业所提供的商品或劳务过时或消费者偏好改变而使市场的需求发生变化，最终导致市场价格逐渐下跌。

（3）其他足以证明该存货实质上已经发生减值的情形。

【例 2-24】天兴贸易批发公司有家电类、服装类两类商品。2013 年 6 月 30 日，两类商品的实际成本与可变现净值的资料见表 2-58，分别按上述三种方法确定期末库存商品价值。

表 2-58 期末库存商品成本与可变现净值比较表

2013 年 6 月 30 日

商品名称		结存数量	实际成本		可变现净值		单项比较法/元	分类比较法/元	总额比较法/元
			单价/元	金额/元	单价/元	金额/元			
家电类	电视机	80/台	800	64 000	830	66 400	64 000		
	微波炉	120/台	400	48 000	390	46 800	46 800		
小计				112 000		113 200		112 000	
服装类	男衬衫	100/件	120	12 000	128	12 800	12 000		
	女短裙	210/件	80	16 800	65	13 650	13 650		
小计				28 800		26 450		26 450	
合计				140 800		139 650	136 450	138 450	139 650

从表 2-58 的计算结果可以看出，单项比较法确定的期末存货的商品价值最低，为 136 450 元，分类比较法次之，为 138 450 元，总额比较法最高，为 139 650 元。这说明比较工作做得越细，计算结果越准确，体现谨慎性原则越强。

企业通常按照单个存货项目计提存货跌价准备。对于数量较大、单价较低的存货，可以按照存货类别计提存货跌价准备。

（三）存货跌价准备的账务处理

1. 成本低于可变现净值

如果期末结存存货的成本低于存货的可变现净值，则不计提存货跌价准备，资产负债表中的存货按期末账面价值列示。

2. 可变现净值低于成本

如果存货的可变现净值低于期末结存存货的成本，则必须在当期确认存货跌价损失，并进行有关的账务处理。

企业库存商品发生跌价时，应设置“存货跌价准备”账户和“资产减值损失”账户进行核算。

“存货跌价准备”账户是资产类账户，是“库存商品”账户的备抵账户，用来核算企业提取的存货跌价准备。其账户结构如图 2-194 所示。

存货跌价准备	
借方	贷方
冲减、转销、转回已计提的跌价准备数额	计提或补提的存货跌价准备数额
	期末余额：已提取的存货跌价准备数额

图 2-194 “存货跌价准备”账户结构

“资产减值损失”账户是损益类账户，用来核算企业计提各种资产减值准备所形成的损失。其账户结构如图 2-195 所示。

资产减值损失	
借方	贷方
发生的资产减值数额	资产价值恢复后减少的损失数 期末转入“本年利润”账户数
结转后账户没有余额	

图 2-195 “资产减值损失”账户结构

企业在每一会计期末计提存货跌价准备时，首先要比较期末存货的成本与可变现净值，计算出应计提的存货跌价准备数额，然后与“存货跌价准备”账户的余额进行比较。有以下三种情况：

（1）如果应计提的数额大于已计提的数额，则应按差额补提。

（2）如果应计提的数额小于已计提的数额，则表明以前计提跌价准备的存货价值得以部分恢复，应按恢复部分的数额冲销已计提的跌价准备。

（3）如果已计提跌价准备的存货价值在以后全部恢复，则其冲减的跌价准备数额应以“存货跌价准备”账户的余额冲减至零为限。

【例 2-25】天兴贸易批发公司采用成本与可变现净值孰低法进行期末存货计价，假设公司在 2011 年年末开始计提存货跌价准备，有关业务如下：

（1）2011 年年末，家电类商品的实际成本为 75 000 元，可变现净值为 73 000 元，应计提存货跌价准备的计算过程如图 2-196 所示。

应计提存货跌价准备 = 75 000 − 73 000 = 2 000(元)

图 2-196 应计提存货跌价准备的计算过程

根据上述原始凭证，编制记账凭证如图 2-197 所示。

记账凭证

2011 年 12 月 31 日　　　　　　　　记字第　号

摘要	总账科目	明细科目	借方金额										贷方金额										记账
			千	百	十	万	千	百	十	元	角	分	千	百	十	万	千	百	十	元	角	分	
计提存货跌价准备	资产减值损失						2	0	0	0	0	0											
	存货跌价准备																2	0	0	0	0	0	
合　计						¥	2	0	0	0	0	0				¥	2	0	0	0	0	0	

附单据 1 张

会计主管　　　　记账　　　　稽核　　　　出纳　　　　制单　黄健

图 2-197　记账凭证

计提后，“存货跌价准备”账户的余额为 2 000 元。

(2) 2012 年年末，家电类商品的实际成本为 82 000 元，可变现净值为 79 000 元，应计提存货跌价准备的计算过程如图 2-198 所示。

应计提存货跌价准备 = (82 000 − 79 000) − 2 000 = 1 000(元)

图 2-198　应计提存货跌价准备的计算过程

根据上述原始凭证，编制记账凭证如图 2-199 所示。

记账凭证

2012 年 12 月 31 日　　　　　　　　记字第　号

摘要	总账科目	明细科目	借方金额										贷方金额										记账
			千	百	十	万	千	百	十	元	角	分	千	百	十	万	千	百	十	元	角	分	
计提存货跌价准备	资产减值损失						1	0	0	0	0	0											
	存货跌价准备																1	0	0	0	0	0	
合　计						¥	1	0	0	0	0	0				¥	1	0	0	0	0	0	

附单据 1 张

会计主管　　　　记账　　　　稽核　　　　出纳　　　　制单　黄健

图 2-199　记账凭证

计提后，“存货跌价准备”账户的余额为 3 000 元。

(3) 2013 年年末，家电类商品的实际成本为 78 000 元，可变现净值为 76 600 元，应计提存货跌价准备的计算过程如图 2-200 所示。

根据上述原始凭证，编制记账凭证如图 2-201 所示。

应计提存货跌价准备 = (78 000 − 76 600) − 3 000 = −1 600(元)

图 2-200　应计提存货跌价准备的计算过程

记账凭证

2013 年 12 月 31 日　　　　记字第　号

摘要	总账科目	明细科目	借方金额										贷方金额										记账
			千	百	十	万	千	百	十	元	角	分	千	百	十	万	千	百	十	元	角	分	
计提存货跌价准备	存货跌价准备						1	6	0	0	0	0											
	资产减值损失																1	6	0	0	0	0	
合计						¥	1	6	0	0	0	0				¥	1	6	0	0	0	0	

附单据1张

会计主管　　记账　　稽核　　出纳　　制单　黄健

图 2-201　记账凭证

冲减后，“存货跌价准备”账户的余额为 1 400 元。

（4）2014 年年末，家电类商品的实际成本为 83 000 元，可变现净值为 84 500 元。应计提存货跌价准备的计算过程如图 2-202 所示。

应冲减存货跌价准备 = 84 500 − 83 000 = 1 500（元）

原“存货跌价准备”账户的余额为 1 400 元。

年末成本低于可变现净值，应按商品成本计价，将原“存货跌价准备”账户余额冲减至零。

图 2-202　应计提存货跌价准备的计算过程

根据上述原始凭证，编制记账凭证如图 2-203 所示。

记账凭证

2014 年 12 月 31 日　　　　记字第　号

摘要	总账科目	明细科目	借方金额										贷方金额										记账
			千	百	十	万	千	百	十	元	角	分	千	百	十	万	千	百	十	元	角	分	
计提存货跌价准备	存货跌价准备						1	4	0	0	0	0											
	资产减值损失																1	4	0	0	0	0	
合计						¥	1	4	0	0	0	0				¥	1	4	0	0	0	0	

附单据1张

会计主管　　记账　　稽核　　出纳　　制单　黄健

图 2-203　记账凭证

（四）存货跌价准备的结转与存货的转销

1. 存货跌价准备的结转

企业计提了存货跌价准备，如果其中的商品已经销售，则企业在结转商品销售成本的同时，还应结转其已计提的存货跌价准备，应借记“存货跌价准备”账户，贷记“主营业务成本”账户。

2. 存货的转销

存货的转销是指将存货的价值全部转入当期损益。存货存在下列情形之一的，通常表明存货的可变现净值为零。

（1）已霉烂变质的存货。

（2）已过期且无转让价值的存货。

（3）生产中已不再需要，并且已无使用价值和转让价值的存货。

（4）其他足以证明已无使用价值和转让价值的存货。

企业发生上述情况时，应按存货的账面价值，借记“资产减值损失——计提的存货跌价准备”账户。按已计提的存货跌价准备，借记“存货跌价准备”账户，按存货的账面余额，贷记“库存商品”等账户。

任务实训一

【实训目的】

学会批发企业库存商品期末计价的核算。

【实训资料】

阳光物资贸易公司在2010年开始对期末存货采用成本与可变现净值孰低法计价，服装类商品各年有关资料见表2-59。

表2-59　阳光物资贸易公司2010～2013年服装类商品有关资料　　（单位：元）

时　间	期末账面成本	期末可变现净值
2010年12月31日	235 000	228 000
2011年12月31日	256 000	253 000
2012年12月31日	214 000	215 000
2013年12月31日	229 000	223 000

【实训要求】

1. 根据以上各年存货资料，补充原始凭证如图2-204～图2-207所示。

应计提存货跌价准备＝

图2-204　2010年应计提存货跌价准备计算过程

应计提存货跌价准备＝

图2-205　2011年应计提存货跌价准备计算过程

应计提存货跌价准备 =

图 2-206　2012 年应计提存货跌价准备计算过程

应计提存货跌价准备 =

图 2-207　2013 年应计提存货跌价准备计算过程

2. 编制各年年末有关计提存货跌价准备的记账凭证如图 2-208 ~ 图 2-211 所示。

记账凭证

年　月　日　　　　　　　　记字第　号

摘　要	总账科目	明细科目	借方金额										贷方金额										记账
			千	百	十	万	千	百	十	元	角	分	千	百	十	万	千	百	十	元	角	分	
	合　计																						

附单据　张

会计主管　　　记账　　　稽核　　　出纳　　　制单

图 2-208　记账凭证

记账凭证

年　月　日　　　　　　　　记字第　号

摘　要	总账科目	明细科目	借方金额										贷方金额										记账
			千	百	十	万	千	百	十	元	角	分	千	百	十	万	千	百	十	元	角	分	
	合　计																						

附单据　张

会计主管　　　记账　　　稽核　　　出纳　　　制单

图 2-209　记账凭证

记账凭证

年　月　日　　　　　　　　　　　记字第　号

摘要	总账科目	明细科目	借方金额										贷方金额										记账
			千	百	十	万	千	百	十	元	角	分	千	百	十	万	千	百	十	元	角	分	
合　计																							

附单据　张

会计主管　　　　记账　　　　稽核　　　　出纳　　　　制单

图 2-210　记账凭证

记账凭证

年　月　日　　　　　　　　　　　记字第　号

摘要	总账科目	明细科目	借方金额										贷方金额										记账
			千	百	十	万	千	百	十	元	角	分	千	百	十	万	千	百	十	元	角	分	
合　计																							

附单据　张

会计主管　　　　记账　　　　稽核　　　　出纳　　　　制单

图 2-211　记账凭证

【实训评价】

根据实际完成情况，填写实训体验评价表，见表 2-60。

表 2-60　实训体验评价表

年　月　日

姓名		班级	
实训内容			
评价项目	评价标准	比重(%)	评价成绩/分
实训态度	完成实训，态度认真，遵守纪律	10	
职业规范	编写的记账凭证内容完整，书写规范，科目选择正确，金额填写正确	30	
运用学会的知识	熟练准确运用学会的知识	30	
分析问题、解决问题的能力	对变化的业务能分析出会计处理的方法	20	
按时完成实训	在规定的时间内完成实训任务	10	
合　计		100	

任务实训二

【实训目的】

学会商品销售成本的计算。

【实训资料】

美珠批发公司茶花水杯7月初结存600个，单价10元，金额6 000元，

7月发生下列业务：

(1) 5日购入400个，单价11元，金额4 400元。

(2) 13日发出800个。

(3) 17日购入600个，单价12元，金额7 200元。

(4) 22日发出400个。

(5) 26日购入400个，单价15元，金额6 000元。

【实训要求】

分别采用加权平均法、移动平均法和先进先出法，计算发出该商品的实际成本(填写表2-61 ~ 表2-63)。

表2-61 库存商品明细账

品名及规格：

2013年		摘要	收入			发出			结存		
月	日		数量	单价	金额	数量	单价	金额	数量	单价	金额

表2-62 库存商品明细账

品名及规格：

2013年		摘要	收入			发出			结存		
月	日		数量	单价	金额	数量	单价	金额	数量	单价	金额

表2-63 库存商品明细账

品名及规格：

2013年		摘要	收入			发出			结存		
月	日		数量	单价	金额	数量	单价	金额	数量	单价	金额

【实训评价】

根据实际完成情况，填写实训体验评价表，见表2-64。

表2-64　实训体验评价表

年　月　日

姓名		班级	
实训内容			
评价项目	评价标准	比重(%)	评价成绩/分
实训态度	完成实训，态度认真，遵守纪律	10	
职业规范	编写的明细账内容完整，书写规范，金额填写正确	30	
运用学会的知识	熟练准确运用学会的知识	30	
分析问题、解决问题的能力	对变化的业务能分析出会计处理的方法	20	
按时完成实训	在规定的时间内完成实训任务	10	
合　计		100	

任务实训三

【实训目的】

学会商品销售成本的计算与结转。

【实训资料】

美珠批发公司第三季度小家电类商品的毛利率为15%。第四季度的进、销、存情况如下：

（1）该类商品季初结存成本20 000元。

（2）本季度内该类商品进货总成本730 000元。其中，10月份进货成本为270 000元，11月份进货成本为240 000元。

（3）本季度内该类商品总销售额为809 380元。其中，10月份销售额为333 200元，11月份销售额为250 800元，12月份销售额为225 380元。

（4）12月31日通过实地盘点，确定该类商品结存成本为57 100元。

【实训要求】

1. 采用毛利率法计算该类商品在第四季度内各月的商品销售成本，填写原始凭证如图2-212～图2-214所示。

10月份商品销售成本 =

图2-212　10月份商品销售成本

11 月份商品销售成本 =

图 2-213　11 月份商品销售成本

12 月份商品销售成本 =

图 2-214　12 月份商品销售成本

2. 根据上述原始凭证，编制记账凭证如图 2-215 ~ 图 2-217 所示。

记账凭证

年　月　日　　　　　　　　　　　　记字第　号

摘　要	总账科目	明细科目	借方金额										贷方金额										记账
			千	百	十	万	千	百	十	元	角	分	千	百	十	万	千	百	十	元	角	分	
合　计																							

附单据　张

会计主管　　　　记账　　　　稽核　　　　出纳　　　　制单

图 2-215　记账凭证

记账凭证

年　月　日　　　　　　　　　　　　记字第　号

摘　要	总账科目	明细科目	借方金额										贷方金额										记账
			千	百	十	万	千	百	十	元	角	分	千	百	十	万	千	百	十	元	角	分	
合　计																							

附单据　张

会计主管　　　　记账　　　　稽核　　　　出纳　　　　制单

图 2-216　记账凭证

记账凭证

年　月　日　　　　　　　　记字第　号

摘　要	总账科目	明细科目	借方金额										贷方金额										记账
			千	百	十	万	千	百	十	元	角	分	千	百	十	万	千	百	十	元	角	分	
合　计																							

附单据　张

会计主管　　记账　　稽核　　出纳　　制单

图 2-217　记账凭证

【实训评价】

根据实际完成情况，填写实训体验评价表，如表 2-65 所示。

表 2-65　实训体验评价表

年　月　日

姓名		班级	
实训内容			
评价项目	评价标准	比重(%)	评价成绩/分
实训态度	完成实训，态度认真，遵守纪律	10	
职业规范	编写的记账凭证内容完整，书写规范，科目选择正确，金额填写正确	30	
运用学会的知识	熟练准确运用学会的知识	30	
分析问题、解决问题的能力	对变化的业务能分析出会计处理的方法	20	
按时完成实训	在规定的时间内完成实训任务	10	
合　计		100	

项目三

综合性零售企业会计

具体任务

任务一　领会综合性零售企业的特点和库存商品的核算方法

任务二　学会综合性零售企业的日常会计处理

任务三　学会综合性零售企业的期末会计处理

任务一　领会综合性零售企业的特点和库存商品的核算方法

任务目标

1. 领会综合性零售企业的经营特点
2. 领会综合性零售企业库存商品的核算方法

知识储备

一、综合性零售企业的经营特点

综合性零售企业是通过买卖方式从生产部门或其他商品流通企业购进商品，供应给城乡居民个人消费和集体消费的商品流通企业。通过零售商品流转，商品由流通领域进入消费领域，彻底实现了商品的使用价值。

想一想　你去过哪些综合性零售企业?

零售商品的供应对象主要是广大消费者，其经营的特点如下：

（1）经营品种多，规格复杂，直接为消费者服务，交易次数频繁，数量零星。

（2）交易方式主要是一手钱、一手货。除集团购买或贵重商品外，一般不需填制销货凭证。

(3) 零售企业的库存商品，除了一部分存放于仓库外，还必须在营业柜组存放一定数量的商品。同一商品无论存放在柜台还是在仓库，一般都由同一实物负责人保管。

二、综合性零售企业库存商品的核算方法

综合性零售企业库存商品的核算采用售价金额核算法。

售价金额核算法是指在建立实物负责制的基础上，库存商品的总分类账和明细分类账都只按商品的售价金额核算，而不核算商品实物数量的一种方法。其基本内容如下：

（一）建立实物负责制

根据岗位责任制的要求，按商品经营的品种和地点划分为若干柜组，并由各柜组的实物负责人对其所经营的商品数量、质量承担全部责任。

（二）售价记账，金额控制

库存商品总分类账和明细分类账一律按商品的售价反映商品的进、销、存情况，只记售价金额，不记数量。库存商品明细分类账按柜组或实物负责人设置明细账户，详细反映实物负责人所经营商品的进、销、存的售价金额情况，在总分类账的控制下，随时反映各负责人的经济责任。

（三）设置“商品进销差价”账户

由于“库存商品”账户按售价记账，而商品购进业务是按进价核算采购成本，因此，商品进价成本与售价之间的差额就必须设置“商品进销差价”账户进行核算，并定期计算和结转已销商品应分摊的进销差价。

（四）健全商品盘点制度

在售价金额核算法下，“库存商品”账户只有售价金额记账，没有数量控制，所以必须通过对库存商品的实物盘点，才能确定库存商品的实存数，检查库存商品账实是否一致，以便更好地监督检查实物负责人的经济责任。在正常情况下，企业必须定期或不定期对各实物负责人的商品进行清查盘点，只有这样才能及时发现商品储存中存在的问题，并尽快查明原因，及时做出处理。

任务实训

【实训目的】

通过对综合性零售企业的参观调研，使学生对综合性零售企业形成感性认识，了解会计知识在实际工作中的运用。通过理论学习和实践活动的结合，客观分析综合性零售企业会计核算的实际情况，并提高学生学习的热情。

【实训组织】

将班级同学分成若干个小组。组长负责本小组同学的出勤和遵章守纪情况、记录参观了解到的内容，并共同完成本次调研活动。

【实训要求】

以小组为单位，记录所了解到的综合性零售企业情况，填写综合性零售企业调研报告见表 3-1。

表 3-1　综合性零售企业调研报告

年　　月　　日

姓名		所在组别		组长	
调研时间		被调研单位名称			
序号	基本调研项目	具体调研内容			
1	调研企业名称				
2	所在地址				
3	员工人数				
4	经营业务范围				
5	主要客户				
6	设置的主要部门				
7	财会部门内部分工				
8	会计核算的主要业务内容				
9	调研体会				

【实训评价】

根据实际情况，填写实训体验评价表，见表 3-2。

表 3-2　实训体验评价表

年　月　日

姓名			班级			
训练内容						
评价指标		评价标准	比重（%）	自我评价/分	小组评价/分	训练成绩/分
专业知识技能	综合性零售企业的含义	领会	10			
	综合性零售企业的特点	领会	10			
	综合性零售企业经营的业务范围	领会	10			
	调研报告	调研报告内容填写齐全，调研体会深刻	30			
通用能力	出勤	全部出勤	10			
	遵章守纪	自觉遵守纪律，按时按要求调研	10			
	训练态度	调研积极主动，不畏难	10			
	团队分工合作	与同学团结合作，有集体观念	10			
合　　计			100			

注：实训成绩 = 自我评价分数 ×50% + 小组评价分数 ×50%。

任务二 学会综合性零售企业的日常会计处理

任务目标

1. 学会同城、异地商品购进业务的日常核算方法
2. 学会同城、异地商品销售业务的日常核算方法
3. 学会库存商品调价的会计核算方法

知识储备

一、商品购进的日常核算

（一）商品购进的一般业务程序

综合性零售企业主要从当地批发企业和生产企业采购商品，根据市场的供求和当地货源情况，也可以从外地购进商品。综合性零售企业的进货组织机构较批发企业简单，除大型集团企业以外，一般不单独设置庞大的采购及储运部门。根据企业内部的组织分工不同，有的设专职采购员负责整个企业进货；有的则交由实物负责人（门市部及营业柜组）直接进货；有的则两种形式并举，既设专职采购员进货，又让实物负责人直接进货。

综合性零售企业商品购进业务流程如图 3-1 所示。

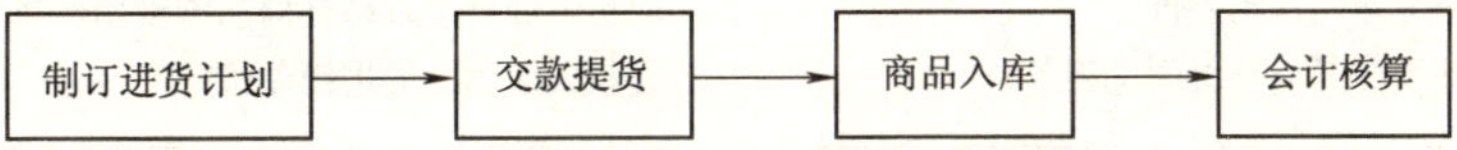

图 3-1 综合性零售企业商品购进业务流程

下面以同城商品购进业务为例，说明综合性零售企业商品购进的一般业务程序。

企业在同城采购商品，一般采用转账支票、商业汇票、银行本票等结算方式结算货款，其商品交接方式多由零售企业前往供货单位（批发企业或生产企业）指定的仓库或地点提货，少数情况下也会由供货单位送货上门。

进货时，通常由购货单位采购人员或实物负责人，根据本单位的进货计划到供货单位交款提货。商品提回后，实物负责人（或仓库）应根据取得的增值税专用发票所列商品的品种、规格、等级、数量、单价等验收商品，并填写一式多联的商品验收单，其中一联为存根，一联由验收部门登记商品账，一联交财会部门据以进行账务处理。

（二）账户设置

实行售价金额核算法的企业，进行商品购进业务的核算，除应设置“在途物资”“库存商品”账户外，还应设置“商品进销差价”账户。

1. “在途物资” 账户

该账户与按数量进价金额核算法核算时的使用方法是一致的。请参考项目二的相关内容。

2. “库存商品”账户

该账户是资产类账户，用来核算企业结存自有商品的售价金额，其账户结构如图 3-2 所示。

库存商品

借方	贷方
期初余额：上月结存商品的售价金额 验收入库商品和盘盈商品的售价金额	已销商品的售价金额及盘亏商品的售价金额
期末余额：结存商品的售价金额	

图 3-2 “库存商品”账户结构

这里所说的售价金额，是指包含按规定向购买者收取增值税税额的含税零售价。该账户一般按商品的类别、实物负责人或营业柜组等设置明细账户，进行明细核算。

3. “商品进销差价”账户

该账户是资产类账户，是“库存商品”账户的备抵账户，用来核算企业库存商品的售价与进价之间的差额。其账户结构如图 3-3 所示。

商品进销差价

借方	贷方
已销商品应分摊的进销差价 其他原因减少商品应分摊的进销差价	期初余额：上月结存商品的进销差价 验收入库商品的进销差价
	期末余额：结存商品的进销差价

图 3-3 “商品进销差价”账户结构

该账户一般按商品类别或实物负责人设置明细账，进行明细分类核算。

需要说明的是，在售价金额核算法下，“商品进销差价”账户中记载的进销差价金额一定大于实际进销差价金额。因为其中既有真正的商品进销差价，又有尚待收取的销项税额。同时依此计算的毛利率也不能真实地体现商品经营毛利率。但是到每月终了，按商品存销比例分摊商品进销差价后，就可以将商品销售成本和结存商品成本中的差价及税金予以冲销或抵消，使之均还原为不含税的进价成本，然后用不含税的收入与不含税的成本进行比较，即可计算出真正的商品经营毛利。

（三）同城商品购进业务的核算

同城商品购进一般货款结算和商品入库可以同时办理，财会部门根据实物负责人转来的商品验收单、增值税专用发票和有关的结算凭证登记入账。

【例 3-1】 天洋百货商场于 2013 年 7 月 5 日从恒阳针织品有限公司购进男式羊毛衫 30 件，单价 120 元，共计价款 3 600 元，增值税税额 612 元，价税款开出转账支票支付，商品由针织柜组验收入库。该批羊毛衫单位售价 180 元，共计含税售价 5 400 元，取得原始凭证如图 3-4、图 3-5 和表 3-3 所示。

辽宁增值税专用发票

开票日期：2013 年 7 月 5 日

购货单位	名　　称：天洋百货商场 纳税人识别号：210702498566211 地 址 、电 话：恒阳市上海路 28 号　4125802 开户行及账号：中国工商银行上海路支行　3232655			密码区	略		
货物或应税劳务名称	规格型号	单位	数量	单价	金额	税率	税额
男式羊毛衫		件	30	120	3 600	17%	612
合　计					3 600	17%	612
价税合计（大写）肆仟贰佰壹拾贰元整						（小写）¥4 212	
销货单位	名　　称：恒阳针织品有限公司 纳税人识别号：210702784569930 地 址 、电 话：恒阳市大塔区杭州街 10 号　5112877 开户行及账号：中国工商银行杭州街办事处　5211470			备注	恒阳针织品有限公司 发票专用章 210702784569930		

销货单位盖章：　　　　收款人：　　　　开票人：何芳

第三联：发票联　购货方记账凭证

图 3-4　辽宁增值税专用发票

表 3-3　商品验收单

实物负责人：针织柜组　　　　2013 年 7 月 5 日　　　　字第　　号

商品类别	品名	计量单位	购进价（不含税）			零售价（含税）			进销差价/元
			数量	单价/元	金额/元	数量	单价/元	金额/元	
针织品	男式羊毛衫	件	30	120	3 600	30	180	5 400	1 800

验收人员签章：李慧

中国工商银行

转账支票存根

XIV002513251

附加信息

出票日期 2013 年 7 月 5 日

收款人：	恒阳针织品有限公司
金　额：	¥4 212.00
用　途：	货款

单位主管　　　　会计

图 3-5　中国工商银行转账支票存根

根据上述审核无误的原始凭证，编制记账凭证如图 3-6 所示。

记账凭证

2013 年 7 月 5 日　　　　记字第　　号

摘　要	总账科目	明细科目	借方金额										贷方金额										记账
			千	百	十	万	千	百	十	元	角	分	千	百	十	万	千	百	十	元	角	分	
采购商品	库存商品	针织柜组					5	4	0	0	0	0											
	应交税费	应交增值税（进项税额）						6	1	2	0	0											
	银行存款																4	2	1	2	0	0	
	商品进销差价	针织柜组															1	8	0	0	0	0	
合　计						¥	6	0	1	2	0	0				¥	6	0	1	2	0	0	

附单据 3 张

会计主管　　　记账　　　稽核　　　出纳　　　制单　岳月

图 3-6　记账凭证

（四）异地商品购进业务的核算

异地商品购进由于采用发货制，导致商品的运输和货款的结算在两条线上，所以可能会出现以下三种情况：①结算凭证先到，商品后到；②结算凭证和商品同时到达；③商品先到，结算凭证后到。企业应针对不同情况进行相应核算。

1. 结算凭证先到，商品后到

【例 3-2】 天洋百货商场于 2013 年 7 月 7 日，从北京宏发批发公司购进女式羊绒衫 100 件，单价 500 元，共计价款 50 000 元，进项税额 8 500 元，已收到银行转来的托收凭证等，对方代垫运费 800 元，增值税 88 元。经审核无误，天洋百货商场同意付款，但商品尚未到达商场。该批羊绒衫每件售价 850 元，取得原始凭证如图 3-7～图 3-9 所示。

北京增值税专用发票

开票日期：2013 年 7 月 7 日

购货单位	名　　称：天洋百货商场 纳税人识别号：210702498566211 地 址 、电 话：恒阳市上海路 28 号　4125802 开户行及账号：中国工商银行上海路支行　3232655			密码区	略		
货物或应税劳务名称	规格型号	单位	数量	单价	金额	税率	税额
女式羊绒衫		件	100	500	50 000	17%	8 500
合　计					50 000	17%	8 500
价税合计（大写）伍万捌仟伍佰元整						（小写）¥58 500	
销货单位	名　　称：北京宏发批发公司 纳税人识别号：102485445002392 地 址 、电 话：北京市海淀区天安街 5 号　68978857 开户行及账号：中国工商银行天安街支行　78456907			备注	北京宏发批发公司 发票专用章 102485445002392		

第三联：发票联　购货方记账凭证

销货单位盖章：　　　收款人：　　　开票人：何畅

图 3-7　北京增值税专用发票

货物运输业增值税专用发票

开票日期：2013 年 7 月 7 日

承运人及纳税人识别号	北京铁路局北京站 102451020450394		密码区	略			
实际受票方及纳税人识别号	天洋百货商场 210702498566211		密码区	略			
收货人及纳税人识别号	天洋百货商场 210702498566211		发货人及纳税人识别号	北京宏发批发公司 102485445002392			
起运地、经由、到达地	北京 到 恒阳						
费用项目及金额	运费 600 元 装卸费 100 元 保险费 100 元		运输货物信息	女式羊绒衫 100 件			
合计金额	800 元	税率	11%	税额	88 元	机器编码	
价税合计（大写）捌佰捌拾捌元整						（小写）￥888	
车种车号		车船吨位		备注	北京铁路局北京站 财务专用		
主管税务机关及代码				备注			

收款人： 复核人： 开票人： 承运人：（章）

图 3-8 货物运输业增值税专用发票

委托收款凭证（付款通知）

委托日期 2013 年 7 月 7 日

付款人	全称	天洋百货商场	收款人	全称	北京宏发批发公司									
付款人	账号或地址	3232655	收款人	账号或地址	78456997									
付款人	开户银行	中国工商银行上海路支行	收款人	开户银行	中国工商银行天安街支行									
委收金额	人民币（大写）	伍万玖仟叁佰捌拾捌元整			千	百	十	万	千	百	十	元	角	分
							￥	5	9	3	8	8	0	0
款项内容	货款 运费	委托收款凭据名称	货物发票 运费发票	附寄单证张数	2									
备注：														

中国工商银行 上海路支行 2013年7月12日 转讫

图 3-9 托收凭证（付款通知）

根据上述审核无误的原始凭证，编制记账凭证如图 3-10 所示。

记账凭证

2013 年 7 月 12 日　　　　记字第　　号

摘要	总账科目	明细科目	借方金额										贷方金额										记账
			千	百	十	万	千	百	十	元	角	分	千	百	十	万	千	百	十	元	角	分	
采购商品	在途物资	北京宏发批发公司				5	0	0	0	0	0	0											
	应交税费	应交增值税（进项税额）					8	5	8	8	0	0											
	销售费用							8	0	0	0	0											
	银行存款															5	9	3	8	8	0	0	
合　计					¥	5	9	3	8	8	0	0			¥	5	9	3	8	8	0	0	

附单据3张

会计主管　　记账　　稽核　　出纳　　制单　岳月

图 3-10　记账凭证

假设上述女式羊绒衫在 17 日运到并验收入库，填制原始凭证见表 3-4。

表 3-4　商品验收单

实物负责人：针织柜组　　2013 年 7 月 17 日　　字第　　号

商品类别	品名	计量单位	购进价（不含税）			零售价（含税）			进销差价/元
			数量	单价/元	金额/元	数量	单价/元	金额/元	
针织品	女式羊绒衫	件	100	500	50 000	100	850	85 000	35 000

验收人员签章：李慧

根据审核无误的原始凭证，编制记账凭证如图 3-11 所示。

记账凭证

2013 年 7 月 17 日　　　　记字第　　号

摘要	总账科目	明细科目	借方金额										贷方金额										记账
			千	百	十	万	千	百	十	元	角	分	千	百	十	万	千	百	十	元	角	分	
商品入库	库存商品	针织柜组				8	5	0	0	0	0	0											
	在途物资	北京宏发批发公司														5	0	0	0	0	0	0	
	商品进销差价															3	5	0	0	0	0	0	
合　计					¥	8	5	0	0	0	0	0			¥	8	5	0	0	0	0	0	

附单据1张

会计主管　　记账　　稽核　　出纳　　制单　岳月

图 3-11　记账凭证

2. 结算凭证和商品同时到达

【例3-3】如果例3-2中在同一天取得上述四张原始凭证，则编制记账凭证如图3-12所示。

记账凭证

2013年7月12日　　　　　　　　　　记字第　　号

摘要	总账科目	明细科目	借方金额										贷方金额										记账
			千	百	十	万	千	百	十	元	角	分	千	百	十	万	千	百	十	元	角	分	
采购商品并入库	库存商品	针织柜组				8	5	0	0	0	0	0											
	应交税费	应交增值税（进项税额）					8	5	8	8	0	0											
	销售费用							8	0	0	0	0											
	银行存款															5	9	3	8	8	0	0	
	商品进销差价															3	5	0	0	0	0	0	
合计					¥	9	4	3	8	8	0	0			¥	9	4	3	8	8	0	0	

附单据4张

会计主管　　　　记账　　　　稽核　　　　出纳　　　　制单　岳月

图3-12　记账凭证

3. 商品先到，结算凭证后到

【例3-4】天洋百货商场于2013年7月25日，收到从内蒙古天绒纺织厂购进的女式羊毛衫150件，单价90元，共计价款13 500元。羊毛衫已经运达商场，但结算凭证尚未收到。该羊毛衫的单位售价为220元。

（1）当月暂不做账务处理，待收到银行转来结算凭证付款后，做与结算凭证和商品同时到达相同的账务处理；如果到月末，结算凭证仍然未到，则按估价33 000元入账，编制记账凭证如图3-13所示。

记账凭证

2013年7月31日　　　　　　　　　　记字第　　号

摘要	总账科目	明细科目	借方金额										贷方金额										记账
			千	百	十	万	千	百	十	元	角	分	千	百	十	万	千	百	十	元	角	分	
商品估价入账	库存商品	针织柜组				3	3	0	0	0	0	0											
	应付账款	内蒙古天绒纺织厂														1	3	5	0	0	0	0	
	商品进销差价	针织柜组														1	9	5	0	0	0	0	
合计					¥	3	3	0	0	0	0	0			¥	3	3	0	0	0	0	0	

附单据　张

会计主管　　　　记账　　　　稽核　　　　出纳　　　　制单　岳月

图3-13　记账凭证

（2）下月月初用红字冲回时，编制记账凭证如图 3-14 所示。

记账凭证

2013 年 8 月 1 日　　　　　　　　记字第　　号

摘　要	总账科目	明细科目	借方金额										贷方金额										记账
			千	百	十	万	千	百	十	元	角	分	千	百	十	万	千	百	十	元	角	分	
冲销上月月末估价入账商品	库存商品	针织柜组				3	3	0	0	0	0	0											
	应付账款	内蒙古天绒纺织厂														1	3	5	0	0	0	0	
	商品进销差价	针织柜组														1	9	5	0	0	0	0	
合　计					¥	3	3	0	0	0	0	0			¥	3	3	0	0	0	0	0	

附单据　张

会计主管　　　记账　　　稽核　　　出纳　　　制单　岳月

图 3-14　记账凭证

待收到结算凭证，承付货款时，做与结算凭证和商品同时到达相同的会计处理。

（3）8 月 3 日收到银行转来的结算凭证、运费收据、付款凭证及商品验收单，注明价款 13 500元，进项税额 2 295 元，代垫运费 700 元，增值税税额 77 元，经审核同意付款，取得原始凭证如图 3-15 ~ 图 3-17 和表 3-5 所示。

内蒙古增值税专用发票

开票日期：2013 年 7 月 22 日

购货单位	名　　称：天洋百货商场 纳税人识别号：210702498566211 地 址 、电 话：恒阳市上海路 28 号　4125802 开户行及账号：中国工商银行上海路支行　3232655			密码区	略		
货物或应税劳务名称	规格型号	单位	数量	单价	金额	税率	税额
女式羊毛衫		件	150	90	13 500	17%	2 295
合　计					13 500	17%	2 295
价税合计（大写）壹万伍仟柒佰玖拾伍元整						（小写）¥ 15 795	
销货单位	名　　称：内蒙古天绒纺织厂 纳税人识别号：850201040574133 地 址 、电 话：呼和浩特市玉泉区西茶街 94 号　7458965 开户行及账号：中国建设银行呼市支行　6332966			备注	内蒙古天绒纺织厂 发票专用章 850201040574133		

第三联：发票联　购货方记账凭证

销货单位盖章：　　　　收款人：　　　　开票人：何畅

图 3-15　内蒙古增值税专用发票

货物运输业增值税专用发票

开票日期：2013 年 7 月 22 日

承运人及 纳税人识别号	呼和浩特铁路局 850240802823021	密码区	略
实际受票方及 纳税人识别号	天洋百货商场 210702498566211		
收货人及 纳税人识别号	天洋百货商场 210702498566211	发货人及 纳税人识别号	内蒙古天绒纺织厂 850201040574133
起运地、经由、到达地	呼和浩特 到 恒阳		
费用项目及金额	运费 500 元 装卸费 150 元 保险费 50 元	运输货物信息	女式羊毛衫 150 件

合计金额	700 元	税率	11%	税额	77 元	机器编码	
价税合计（大写）柒佰柒拾柒元整						（小写）¥777	
车种车号		车船吨位		备注	呼和浩特铁路局 财务专用		
主管税务机关及代码							

收款人：　　　复核人：　　　开票人：　　　承运人：（章）

图 3-16　货物运输业增值税专用发票

托收凭证（付款通知）

委托日期 2013 年 7 月 22 日

付款人	全　　称	天洋百货商场	收款人	全　　称	内蒙古天绒纺织厂
	账号或地址	3232655		账号或地址	6332966
	开 户 银 行	中国工商银行上海路支行		开 户 银 行	中国建设银行呼市支行

			千	百	十	万	千	百	十	元	角	分
委收金额	人民币（大写）	壹万陆仟伍佰柒拾贰元整			¥	1	6	5	7	2	0	0

款项内容	货款 运费	委托收款凭据名称	货物发票 运费发票	附寄单证张数	2
备注：					

中国工商银行 上海路支行 2013年8月3日 转讫

图 3-17　托收凭证（付款通知）

表 3-5　商品验收单

实物负责人：针织柜组　　　2013 年 7 月 25 日　　　字第　　号

商品类别	品名	计量单位	购进价（不含税）			零售价（含税）			进销差价/元
			数量	单价/元	金额/元	数量	单价/元	金额/元	
针织品	女式羊毛衫	件	150	90	13 500	150	220	33 000	19 500

验收人员签章：李慧

根据上述审核无误的原始凭证，编制记账凭证如图 3-18 所示。

记账凭证

2013 年 8 月 3 日　　　　记字第　　号

摘　要	总账科目	明细科目	借方金额										贷方金额										记账
			千	百	十	万	千	百	十	元	角	分	千	百	十	万	千	百	十	元	角	分	
购进商品	库存商品	针织柜组				3	3	0	0	0	0	0											
	应交税费	应交增值税（进项税额）					2	3	7	2	0	0											
	销售费用							7	0	0	0	0											
	银行存款															1	6	5	7	2	0	0	
	商品进销差价															1	9	5	0	0	0	0	
合　计					¥	3	6	0	7	2	0	0			¥	3	6	0	7	2	0	0	

附单据 4 张

会计主管　　记账　　稽核　　出纳　　制单　岳月

图 3-18　记账凭证

（五）预付账款购进商品的核算

零售企业为了扩大货源，对于某些市场上畅销而供货单位暂时没有现货的商品，可以向供货方预付货款，定购商品。企业在预付货款时不能确认为商品购进，只有在收到供货单位发来的商品时，才能做商品购进业务的核算。

【例 3-5】 天洋百货商场按合同规定，于 2013 年 7 月 6 日向苍龙服装公司预付货款 30 000元，并已通过汇兑方式办理付款。

(1) 天洋百货商场汇款时，取得原始凭证如图 3-19 所示。

中国工商银行　电汇凭证(回单)

委托日期 2013 年 7 月 6 日

汇款人	全　称	天洋百货商场	收款人	全　称	苍龙服装公司
	账　号	3232655		账　号	6788651
	汇出地点	辽宁省恒阳市/县		汇入地点	广东省广州市/县
汇出行名称		中国工商银行上海路支行	汇入行名称		中国建设银行广州支行

金额	人民币（大写）	叁万元整	亿	千	百	十	万	千	百	十	元	角	分
						¥	3	0	0	0	0	0	0

中国工商银行
上海路支行
2013年7月6日
转
讫

支付密码

附加信息及用途：预付货款

汇出行签章　　复核：　　记账：

此联是汇出行给汇款人的付款凭证

图 3-19　中国工商银行电汇凭证（回单）

根据审核无误的原始凭证，编制记账凭证如图 3-20 所示。

记账凭证

2013 年 7 月 6 日　　　　　　　　记字第　　号

摘　要	总账科目	明细科目	借方金额										贷方金额										记账
			千	百	十	万	千	百	十	元	角	分	千	百	十	万	千	百	十	元	角	分	
预付货款	预付账款	苍龙服装公司				3	0	0	0	0	0	0											
	银行存款															3	0	0	0	0	0	0	
合　计					¥	3	0	0	0	0	0	0			¥	3	0	0	0	0	0	0	

附单据 1 张

会计主管　　　　记账　　　　稽核　　　　出纳　　　　制单　岳月

图 3-20　记账凭证

(2)7 月 20 日天洋百货商场收到苍龙服装公司发来的 100 套女装，单位进价 290 元，共计价款 29 000 元，进项税额 4 930 元，代垫运杂费 700 元，增值税税额 77 元，商品已验收入库。单位售价 450 元，取得原始凭证如图 3-21、图 3-22 和表 3-6 所示。

广东增值税专用发票

开票日期：2013 年 7 月 15 日

购货单位	名　　称：天洋百货商场 纳税人识别号：210702498566211 地 址 、电 话：恒阳市上海路 28 号　4125802 开户行及账号：中国工商银行上海路支行　3232655			密码区	略		
货物或应税劳务名称	规格型号	单位	数量	单价	金额	税率	税额
女装		套	100	290	29 000	17%	4 930
合　计					29 000	17%	4 930
价税合计（大写）叁万叁仟玖佰叁拾元整						（小写）¥33 930	
销货单位	名　　称：苍龙服装公司 纳税人识别号：760320108852177 地 址 、电 话：广州市五羊区望江路 120 号　41265222 开户行及账号：中国建设银行广州支行　6788651			备注	苍龙服装公司 发票专用章 760320108852177		

第三联：发票联　购货方记账凭证

销货单位盖章：　　　　收款人：　　　　开票人：何畅

图 3-21　广东增值税专用发票

货物运输业增值税专用发票

开票日期：2013 年 7 月 15 日

承运人及 纳税人识别号	广州铁路局广州站 760350480952069	密码区	略	
实际受票方及 纳税人识别号	天洋百货商场 210702498566211			
收货人及 纳税人识别号	天洋百货商场 210702498566211	发货人及 纳税人识别号	苍龙服装公司 760320108852177	
起运地、经由、到达地	广州 到 恒阳			
费用项目及金额	运费 600 元 装卸费 50 元 保险费 50 元	运输货物信息	女装 100 套	
合计金额 700 元	税率 11%	税额 77 元	机器编码	
价税合计（大写）柒佰柒拾柒元整			（小写）¥777	
车种车号	车船吨位	备注	广州铁路局广州站 财务专用	
主管税务机关及代码				

收款人：　　复核人：　　开票人：　　承运人：（章）

图 3-22　货物运输业增值税专用发票

表 3-6　商品验收单

实物负责人：服装柜组　　2013 年 7 月 20 日　　字第　号

商品类别	品名	计量单位	购进价（不含税）			零售价（含税）			进销差价/元
			数量	单价/元	金额/元	数量	单价/元	金额/元	
服装	女装	套	100	290	29 000	100	450	45 000	16 000

验收人员签章：李慧

根据上述审核无误的原始凭证，编制记账凭证如图 3-23 所示。

记账凭证

2013 年 7 月 20 日　　记字第　号

摘要	总账科目	明细科目	借方金额										贷方金额										记账
			千	百	十	万	千	百	十	元	角	分	千	百	十	万	千	百	十	元	角	分	
收到购入商品	库存商品	服装柜组				4	5	0	0	0	0	0											
	销售费用							7	0	0	0	0											
	应交税费	应交增值税（进项税额）					5	0	0	7	0	0											
	预付账款	苍龙服装公司														3	4	7	0	7	0	0	
	商品进销差价	服装柜组														1	6	0	0	0	0	0	
合　计					¥	5	0	7	0	7	0	0			¥	5	0	7	0	7	0	0	

附单据 3 张

会计主管　　记账　　稽核　　出纳　　制单　岳月

图 3-23　记账凭证

(3)7 月 23 日，通过汇兑方式向苍龙服装公司补付货款 4 707 元，取得原始凭证如图 3-24所示。

中国工商银行　电汇凭证(回单)

委托日期 2013 年 7 月 23 日

汇款人	全　称	天洋百货商场	收款人	全　称	苍龙服装公司
	账　号	3232655		账　号	6788651
	汇出地点	辽宁省恒阳市/县		汇入地点	广东省广州市/县
汇出行名称		中国工商银行上海路支行	汇入行名称		中国建设银行广州支行

金额	人民币（大写）	亿	千	百	十	万	千	百	十	元	角	分
	肆仟柒佰零柒元整					¥	4	7	0	7	0	0

中国工商银行 上海路支行 2013年7月23日 转讫　支付密码

附加信息及用途：预付货款

汇出行签章　　复核：　　记账：

此联是汇出行给汇款人的付款凭证

图 3-24　中国工商银行电汇凭证（回单）

根据审核无误的原始凭证，编制记账凭证如图 3-25 所示。

记账凭证

2013 年 7 月 23 日　　记字第　号

摘要	总账科目	明细科目	借方金额										贷方金额										记账
			千	百	十	万	千	百	十	元	角	分	千	百	十	万	千	百	十	元	角	分	
补付货款	预付账款	苍龙服装公司					4	7	0	7	0	0											
	银行存款																4	7	0	7	0	0	
合　计						¥	4	7	0	7	0	0				¥	4	7	0	7	0	0	

附单据 1 张

会计主管　　记账　　稽核　　出纳　　制单　岳月

图 3-25　记账凭证

（六）进货溢余短缺的核算

零售企业在组织商品购进过程中，由于自然因素，会发生自然升溢或自然损耗的现象，还有由于差错或运输途中发生责任事故等，会引起购进商品的实收数量与应收数量不符，出现溢余或短缺的情况。综合性零售企业对这一情况的核算程序与批发企业基本相同，但由于零售企业采用售价金额核算法核算库存商品，因此两者在会计处理上又有一些差别。

【例 3-6】 天洋百货商场向佳禾食品公司购进散装糖果 250kg，单价 40 元，共计价款 10 000元，增值税税额 1 700 元。

(1)7 月 10 日，收到银行转来的托收承付结算凭证，对方代垫运费 200 元，增值税税额 22 元。经审核无误同意付款，商品未到，取得原始凭证如图 3-26 ~ 图 3-28 所示。

广东增值税专用发票

开票日期：2013 年 7 月 6 日

购货单位	名　　称：天洋百货商场 纳税人识别号：210702498566211 地 址 、电 话：恒阳市上海路 28 号　4125802 开户行及账号：中国工商银行上海路支行　3232655	密码区	略

货物或应税劳务名称	规格型号	单位	数量	单价	金额	税率	税额
糖　　果		kg	250	40	10 000	17%	1 700
合　　计					10 000	17%	1 700
价税合计（大写）壹万壹仟柒佰元整						（小写）￥11 700	

销货单位	名　　称：佳禾食品公司 纳税人识别号：760345623899561 地 址 、电 话：广州市天河区观海路 21 号　3656221 开户行及账号：中国建设银行广州支行　6852321	备注	佳禾食品公司 发票专用章 760345623899561

销货单位盖章：　　　　收款人：　　　　开票人：何畅

第三联：发票联　购货方记账凭证

图 3-26　广东增值税专用发票

货物运输业增值税专用发票

开票日期：2013 年 7 月 6 日

承运人及纳税人识别号	广州铁路局广州站 760350480952069	密码区	略
实际受票方及纳税人识别号	天洋百货商场 210702498566211		
收货人及纳税人识别号	天洋百货商场 210702498566211	发货人及纳税人识别号	佳禾食品公司 760345623899561
起运地、经由、到达地	广州 到 恒阳		
费用项目及金额	运费 120 元 装卸费 50 元 保险费 30 元	运输货物信息	糖果 250kg

合计金额	200 元	税率	11%	税额	22 元	机器编码	
价税合计（大写）贰佰贰拾贰元整						（小写）￥222	
车种车号		车船吨位		备注	广州铁路局广州站 财务专用		
主管税务机关及代码							

收款人：　　　　复核人：　　　　开票人：　　　　承运人：（章）

图 3-27　货物运输业增值税专用发票

托收 凭证(付款通知)

委托日期 2013 年 7 月 6 日

付款人	全 称	天洋百货商场	收款人	全 称	佳禾食品公司
	账号或地址	3232655		账号或地址	6852321
	开 户 银 行	中国工商银行上海路支行		开 户 银 行	中国建设银行广州支行

委收金额	人民币（大写） 壹万壹仟玖佰贰拾贰元整	千	百	十	万	千	百	十	元	角	分
				¥	1	1	9	2	2	0	0

款项内容	货款 运费	委托收款凭据名称	货物发票 运费发票	附寄单证张数	2
备注：					

中国工商银行 上海路支行 2013年7月10日 转讫

图 3-28 托收凭证（付款通知）

根据上述审核无误的原始凭证，编制记账凭证如图 3-29 所示。

记账凭证

2013 年 7 月 10 日　　　　记字第　　号

摘 要	总账科目	明细科目	借方金额										贷方金额										记账
			千	百	十	万	千	百	十	元	角	分	千	百	十	万	千	百	十	元	角	分	
购进商品	在途物资	佳禾食品公司				1	0	0	0	0	0	0											
	应交税费	应交增值税（进项税额）					1	7	2	2	0	0											
	销售费用							2	0	0	0	0											
	银行存款															1	1	9	2	2	0	0	
合 计					¥	1	1	9	2	2	0	0			¥	1	1	9	2	2	0	0	

附单据 3 张

会计主管　　记账　　稽核　　出纳　　制单 岳月

图 3-29 记账凭证

(2)7 月 16 日，商品运到，糖果实收数量 260kg，溢余糖果原因待查。该糖果单位售价 70 元，取得原始凭证见表 3-7 和表 3-8。

表 3-7　商品验收单

实物负责人：食品柜组　　　　2013 年 7 月 16 日　　　　字第　　号

商品类别	品名	计量单位	购进价（不含税）			零售价（含税）			进销差价/元
			数量	单价/元	金额/元	数量	单价/元	金额/元	
食品	糖果	kg	260	40	10 400	260	70	18 200	7 800

验收人员签章：李慧

表 3-8　商品溢余（短缺）报告单

2013 年 7 月 16 日

品名	规格	计量单位	应收数量	实收数量	溢余		短缺		增或减进项税额/元
					数量	金额/元	数量	金额/元	
糖果		kg	250	260	10	400			68
原因	待查								
处理意见	领导批示		财会部门意见				经办人意见		

复核：　　　　制单：周蕊

根据上述审核无误的原始凭证，编制记账凭证如图 3-30 所示。

记账凭证

2013 年 7 月 16 日　　　　记字第　　号

摘要	总账科目	明细科目	借方金额										贷方金额										记账
			千	百	十	万	千	百	十	元	角	分	千	百	十	万	千	百	十	元	角	分	
商品验收入库	库存商品	食品柜组				1	8	2	0	0	0	0											
	在途物资	佳禾食品公司														1	0	0	0	0	0	0	
	商品进销差价	食品柜组															7	8	0	0	0	0	
	待处理财产损溢	待处理流动资产损溢																4	0	0	0	0	
合　计					¥	1	8	2	0	0	0	0			¥	1	8	2	0	0	0	0	

附单据 2 张

会计主管　　　　记账　　　　稽核　　　　出纳　　　　制单　岳月

图 3-30　记账凭证

（3）经查明，上述溢余商品是由于供货单位多发造成的，经协商同意补做购进。收到对方补来增值税专用发票时，天洋百货商场补付货款及税款，取得原始凭证如图 3-31 和图 3-32所示。

广东增值税专用发票

开票日期：2013 年 7 月 19 日

购货单位	名　　称：天洋百货商场 纳税人识别号：210702498566211 地 址 、电 话：恒阳市上海路 28 号　4125802 开户行及账号：中国工商银行上海路支行　3232655	密码区	略				
货物或应税劳务名称	规格型号	单位	数量	单价	金额	税率	税额
糖　果		kg	10	40	400	17%	68
合　计					400	17%	68
价税合计（大写）肆佰陆拾捌元整						（小写）¥468	
销货单位	名　　称：佳禾食品公司 纳税人识别号：760345623899561 地 址 、电 话：广州市天河区观海路 21 号　3656221 开户行及账号：中国建设银行广州支行　6852321	备注	佳禾食品公司 发票专用章 760345623899561				

销货单位盖章：　　收款人：　　开票人：何畅

第三联：发票联　购货方记账凭证

图 3-31　广东增值税专用发票

中国工商银行　电汇凭证（回单）

委托日期 2013 年 7 月 19 日

汇款人	全　称	天洋百货商场	收款人	全　称	佳禾食品公司
	账　号	3232655		账　号	6852321
	汇出地点	辽宁省恒阳市/县		汇入地点	广东省广州市/县
汇出行名称		中国工商银行上海路支行	汇入行名称		中国建设银行广州支行

金额	人民币（大写）	肆佰陆拾捌元整	亿	千	百	十	万	千	百	十	元	角	分
								¥	4	6	8	0	0

中国工商银行 上海路支行 2013年7月23日 转讫 汇出行签章	支付密码 附加信息及用途：预付货款 复核：　　记账：

此联是汇出行给汇款人的付款凭证

图 3-32　中国工商银行电汇凭证（回单）

根据上述审核无误的原始凭证，编制记账凭证如图 3-33 所示。

记账凭证

2013 年 7 月 23 日　　　　　　　　记字第　　号

摘　要	总账科目	明细科目	借方金额										贷方金额										记账
			千	百	十	万	千	百	十	元	角	分	千	百	十	万	千	百	十	元	角	分	
补购溢余商品	待处理财产损溢	待处理流动资产损溢						4	0	0	0	0											
	应交税费	应交增值税（进项税额）							6	8	0	0											
	银行存款																	4	6	8	0	0	
合　计							¥	4	6	8	0	0					¥	4	6	8	0	0	

附单据 2 张

会计主管　　　　记账　　　　稽核　　　　出纳　　　　制单　岳月

图 3-33　记账凭证

【例 3-7】仍以例 3-6 的资料为例，假设天洋百货商场验收时发现短缺 20kg，其他资料不变。

(1)承付货款时的会计核算同上。

(2)7 月 16 日，上述糖果实收数量 230kg，短缺糖果原因待查，取得原始凭证见表 3-9 和表 3-10。

表 3-9　商品验收单

实物负责人：食品柜组　　　　2013 年 7 月 16 日　　　　字第　　号

商品类别	品名	计量单位	购进价（不含税）			零售价（含税）			进销差价/元
			数量	单价/元	金额/元	数量	单价/元	金额/元	
食品	糖果	kg	230	40	9 200	230	70	16 100	6 900

验收人员签章：李慧

表 3-10　商品溢余（短缺）报告单

2013 年 7 月 16 日

品名	规格	计量单位	应收数量	实收数量	溢　余		短　缺		增或减进项税额/元
					数量	金额/元	数量	金额/元	
糖果		kg	250	230			20	800	136
原因	原因待查								
处理意见	领导批示		财会部门意见				经办人意见		

复核：　　　　　　　　　　　　　　制单：周蕊

根据上述审核无误的原始凭证，编制记账凭证如图 3-34 所示。

记账凭证

2013 年 7 月 16 日　　　　　　记字第　　号

摘　要	总账科目	明细科目	借方金额										贷方金额										记账
			千	百	十	万	千	百	十	元	角	分	千	百	十	万	千	百	十	元	角	分	
商品验收入库	库存商品	食品柜组				1	6	1	0	0	0	0											
	待处理财产损溢	待处理流动资产损溢						8	0	0	0	0											
	在途物资	佳禾食品公司														1	0	0	0	0	0	0	
	商品进销差价	食品柜组															6	9	0	0	0	0	
合　计					¥	1	6	9	0	0	0	0			¥	1	6	9	0	0	0	0	

附单据 2 张

会计主管　　　　记账　　　　稽核　　　　出纳　　　　制单　岳月

图 3-34　记账凭证

(3)7 月 18 日，经查明，上述短缺糖果是供货单位少发造成的，经协商对方同意补发。7 月 23 日在收到补发商品时，取得原始凭证见表 3-11 和表 3-12。

表 3-11　商品验收单

实物负责人：食品柜组　　　　2013 年 7 月 23 日　　　　字第　　号

商品类别	品名	计量单位	购进价(不含税)			零售价(含税)			进销差价/元
			数量	单价/元	金额/元	数量	单价/元	金额/元	
食品	糖果	kg	20	40	800	20	70	1 400	600

验收人员：　　　　　　　　　　签章：李慧

表 3-12　商品溢余(短缺)报告单

2013 年 7 月 23 日

品名	规格	计量单位	应收数量	实收数量	溢　余		短　缺		增或减进项税额/元
					数量	金额/元	数量	金额/元	
糖果		kg	250	230			20	800	136
原因	供货方少发，经协商，购货方同意补发								
处理意见	领导批示		财会部门意见				经办人意见		

复核：　　　　　　　　　　制单：周蕊

根据上述审核无误的原始凭证，编制记账凭证如图 3-35 所示。

记账凭证

2013 年 7 月 23 日　　　　　　　　记字第　　号

摘　要	总账科目	明细科目	借方金额										贷方金额										记账
			千	百	十	万	千	百	十	元	角	分	千	百	十	万	千	百	十	元	角	分	
商品验收入库	库存商品	食品柜组					1	4	0	0	0	0											
	待处理财产损溢	待处理流动资产损溢																8	0	0	0	0	
	商品进销差价	食品柜组																6	0	0	0	0	
合　计						¥	1	4	0	0	0	0				¥	1	4	0	0	0	0	

附单据 2 张

会计主管　　　记账　　　稽核　　　出纳　　　制单　岳月

图 3-35　记账凭证

(4)如果供货单位不同意补发商品，且同意退款，则应在未收到货款前，填制原始凭证见表 3-13。

表 3-13　商品溢余(短缺)报告单

2013 年 7 月 23 日

品名	规格	计量单位	应收数量	实收数量	溢　余		短　缺		增或减进项税额/元
					数量	金额/元	数量	金额/元	
糖果		kg	250	230			20	800	136
原因	供货方少发，经协商购货方同意退回短缺部分货款								
处理意见	领导批示		财会部门意见				经办人意见		

复核：　　　　　　　　　　　　　　　　制单：周蕊

根据审核无误的原始凭证，编制记账凭证如图 3-36 所示。

记账凭证

2013 年 7 月 23 日　　　　　　　　记字第　　号

摘　要	总账科目	明细科目	借方金额										贷方金额										记账
			千	百	十	万	千	百	十	元	角	分	千	百	十	万	千	百	十	元	角	分	
短缺商品对方同意退款	应付账款	佳禾食品公司						9	3	6	0	0											
	待处理财产损溢	待处理流动资产损溢																8	0	0	0	0	
	应交税费	应交增值税(进项税额转出)																1	3	6	0	0	
合　计							¥	9	3	6	0	0					¥	9	3	6	0	0	

附单据 1 张

会计主管　　　记账　　　稽核　　　出纳　　　制单　岳月

图 3-36　记账凭证

(5)如果经查明，上述短缺糖果是运输单位责任造成的，应由运输单位赔偿，在未收到赔偿之前，填制原始凭证见表3-14。

表3-14　商品溢余(短缺)报告单

2013年7月23日

品名	规格	计量单位	应收数量	实收数量	溢余		短缺		增或减进项税额/元
					数量	金额/元	数量	金额/元	
糖果		kg	250	230			20	800	136
原因	运输单位责任由其赔偿								
处理意见	领导批示		财会部门意见				经办人意见		

复核：　　　　　　　　　　　　　　　　　　　　　　　　　　　　制单：周蕊

根据审核无误的原始凭证，编制记账凭证如图3-37所示。

记账凭证

2013年7月23日　　　　　　　　　　记字第　　号

摘要	总账科目	明细科目	借方金额										贷方金额										记账
			千	百	十	万	千	百	十	元	角	分	千	百	十	万	千	百	十	元	角	分	
短缺商品运输单位赔偿	其他应收款	运输单位						9	3	6	0	0											
	待处理财产损溢	待处理流动资产损溢																8	0	0	0	0	
	应交税费	应交增值税（进项税额转出）																1	3	6	0	0	
合计							¥	9	3	6	0	0					¥	9	3	6	0	0	

附单据1张

会计主管　　　　记账　　　　稽核　　　　出纳　　　　制单　岳月

图3-37　记账凭证

另外，购进短缺还可能是意外事故造成的，这种情况的处理方式在第二章商品购进业务的核算中已做过详细介绍，可进行比照处理。

企业购进的商品、库存商品发生非正常损失以及购进物资改变用途时，其购进时支付的进项税额应当转出。

二、商品销售的日常核算

(一) 商品销售业务的一般程序

综合性零售企业主要通过设立门市部销售自己所经营的商品。常用的销货方式是现货交易，所收取的货款主要是现金，也有少数是通过银行转账结算的，如支票结算方式和信用卡结算方式。商品销售业务流程如图3-38所示。

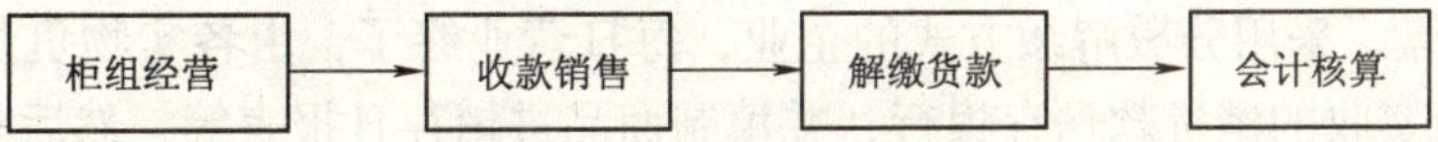

图3-38　商品销售业务流程

1. 销货收款

综合性零售企业销货中主要采用两种收款方式：一种是营业员直接收款。这种方式手续简便、交易迅速，一旦出现差错，不易及时发现，难以分清责任；另一种是设立收银台集中收款。营业员只管销货不管收款，销货时先逐笔填写销售单证或商品计数卡，然后传递给收银员集中收款。这种方式收款和销货分开，责任分明，但手续较烦琐，成交速度比较慢。总之，两种收款方式各有其优缺点。一般来说，前者适宜价值较低的商品销售，后者适宜价值较高的商品销售。

2. 送存银行

无论采取哪种收款方式，每天收入的销货款必须及时送存银行。企业销货款送存银行有集中解缴和分散解缴两种方式。

(1)集中解缴。采用集中解缴方式的企业，每日营业终了，由各实物负责人根据本日销货收款情况，填制内部缴款单(格式见表 3-15)和商品进销存日报表(格式见表 3-16)连同当日销货款，一并送交企业财会部门，由出纳员集中送存银行。出纳员向银行集中缴款时，应填制现金缴款单。内部缴款单、商品进销存日报表和现金缴款单等是企业财会部门进行核算的依据。

表 3-15 内部缴款单

缴款单位： 年 月 日 字第 号

项 目	张 数	金 额
1. 现金 2. 支票 3. 其他		
合计（大写）	万 仟 佰 拾 元 角 分	

表 3-16 商品进销存日报表

年 月 日

项 目		金 额	项 目		金 额
昨日结存			今日减少	销售	
今日增加	购进			调出	
	调入			调价减值	
	调价增值			削价	
	盘点溢余			盘点短缺	
	合计			合计	
			今日结存		
本月销售计划			本月销售累计		

(2)分散解缴。采用分散解缴方式的企业，每日营业终了，由各实物负责人填写现金缴款单，将各柜组实收的销货款送存银行，并填制商品进销存日报表等，然后将所填凭证转交财会部门，经审核无误后，凭以记账。

（二）账户设置

1. “主营业务收入”账户

该账户是损益类账户，用来核算企业在销售商品等业务中形成的收入。其账户结构如图3-39所示。

主营业务收入

借方	贷方
定期或月末计算结转的销项税额 期末转入“本年利润”账户的数额	取得的含税收入数额
	结转后账户没有余额

图3-39 “主营业务收入”账户结构

该账户按商品大类或实物负责人设置明细账户，进行明细核算。

2. “主营业务成本”账户

该账户是损益类账户，用来核算企业在销售商品等业务中产生的成本。其账户结构如图3-40所示。

主营业务成本

借方	贷方
月末结转已销商品的含税售价	月末结转已销商品的进销差价 期末转入“本年利润”账户的数额
	结转后账户没有余额

图3-40 “主营业务成本”账户结构

该账户按商品大类或实物负责人设置明细账户，进行明细核算。

（三）门市销售业务的核算

门市销售是指在门市部、商店等零售部门进行商品销售的业务。为了适应零售企业库存商品按含税售价进行核算的要求，需要正确核算商品销售收入和销项税额，正确计算已销商品的进价成本，并简化核算手续，综合性零售企业的门市销售业务一般采用下列做法：

1. 平时按已销商品的含税售价，同时记录主营业务收入和主营业务成本，并注销实物负责人经管的库存商品。

2. 月末进行价税分解，将含税的主营业务收入分解为不含税的主营业务收入和应交税费——应交增值税（销项税额）两部分。计算已销商品应分摊的进销差价，将含税的主营业务成本调整为不含税的成本。

【例3-8】 天洋百货商场下设三个柜组。2013年7月10日，财会部门收到各柜组交来当日销货款23 400元。其中百货柜组8 190元，针织柜组9 360元，服装柜组5 850元，会计人员根据各柜组交来的内部缴款单，汇总编制商品销售收入汇总表，原始凭证见表3-17。

表 3-17 商品销售收入汇总表

2013 年 7 月 10 日 （单位：元）

柜 组	销售金额	现金收入	银行卡签购单	转账支票	现金溢缺
百货柜组	8 190	6 190		2 000	
针织柜组	9 360	5 710	3 650		
服装柜组	5 850	4 680	1 170		
合 计	23 400	16 580	4 820	2 000	

根据审核无误的原始凭证，编制记账凭证如图 3-41 所示。

记账凭证

2013 年 7 月 10 日 记字第 号

摘 要	总账科目	明细科目	借方金额										贷方金额										记账
			千	百	十	万	千	百	十	元	角	分	千	百	十	万	千	百	十	元	角	分	
收到销售款	库存现金					1	6	5	8	0	0	0											
	银行存款						6	8	2	0	0	0											
	主营业务收入															2	3	4	0	0	0	0	
合 计					¥	2	3	4	0	0	0	0			¥	2	3	4	0	0	0	0	

附单据 1 张

会计主管 记账 稽核 出纳 制单 岳月

图 3-41 记账凭证

出纳员将现金存入银行，取得现金缴款单回单，原始凭证如图 3-42 所示。

中国工商银行 现金缴款单

缴款日期：2013 年 7 月 10 日

缴款单位	全 称	天洋百货商场	账 号	3232655									
	开户银行	中国工商银行上海路支行											
款项来源	销货款			百	十	万	千	百	十	元	角	分	
人民币（大写）壹万陆仟伍佰捌拾元整					¥	1	6	5	8	0	0	0	
现金收讫		复核员 复核员	出纳收款员 记 账 员										

中国工商银行 上海路支行 2013年7月10日 收讫

图 3-42 中国工商银行现金缴款单

根据审核无误的原始凭证，编制记账凭证如图 3-43 所示。

记账凭证

2013 年 7 月 10 日　　　　记字第　　号

摘　要	总账科目	明细科目	借方金额										贷方金额										记账
			千	百	十	万	千	百	十	元	角	分	千	百	十	万	千	百	十	元	角	分	
现金存入银行	银行存款					1	6	5	8	0	0	0											
	库存现金															1	6	5	8	0	0	0	
合　计					¥	1	6	5	8	0	0	0			¥	1	6	5	8	0	0	0	

附单据 1 张

会计主管　　记账　　稽核　　出纳　　制单　岳月

图 3-43　记账凭证

同时注销各实物负责人的库存商品，根据表 3-17，编制记账凭证如图 3-44 所示。

记账凭证

2013 年 7 月 10 日　　　　记字第　　号

摘　要	总账科目	明细科目	借方金额										贷方金额										记账
			千	百	十	万	千	百	十	元	角	分	千	百	十	万	千	百	十	元	角	分	
注销本日实物负责人的库存商品	主营业务成本					2	3	4	0	0	0	0											
	库存商品	百货柜组															8	1	9	0	0	0	
		针织柜组															9	3	6	0	0	0	
		服装柜组															5	8	5	0	0	0	
合　计					¥	2	3	4	0	0	0	0			¥	2	3	4	0	0	0	0	

附单据 1 张

会计主管　　记账　　稽核　　出纳　　制单　岳月

图 3-44　记账凭证

（四）销售长短款的核算

> **想一想**
>
> 
>
> 如果企业在同一天发生长款和短款，能相互抵消吗？

综合性零售企业商品交易频繁，可能会因为工作差错或其他原因，发生实收销货款与应收销货款不符的情况，即发生销售长款或销售短款。每天营业终了，要求收款员将销货凭证与所收销货款相核对，以检查实收销货款与应收销货款是否相符，是否存在长短款，以明确经济责任。如果发生长款或短款，则应在长短款报告单上注明应收金额、实收金额以及长短款金额。长短款在未查明原因之前，先通过“待处理财产损溢”账户核算，待查明原因后，再根据不同情况再进行会计处理。

【例 3-9】 7 月 15 日，天洋百货商场的百货柜组应收销货款 8 307 元，实收销货款 8 360 元，发生长款 53 元，原因待查，填制原始凭证见表 3-18。

表 3-18　长短款报告单

实物负责人：百货柜组　　　　2013 年 7 月 15 日　　　　字第　　号

应收金额	8 307 元	实收金额	8 360 元	长款金额	53 元	短款金额	
原　因	待查						
领导批示							

根据审核无误的原始凭证，编制记账凭证如图 3-45 所示。

记账凭证

2013 年 7 月 15 日　　　　记字第　　号

摘　要	总账科目	明细科目	借方金额										贷方金额										记账
			千	百	十	万	千	百	十	元	角	分	千	百	十	万	千	百	十	元	角	分	
发生销售长款金额	库存现金								5	3	0	0											
	待处理财产损溢	待处理流动资产损溢																	5	3	0	0	
合　计								¥	5	3	0	0						¥	5	3	0	0	

附单据 1 张

会计主管　　　　记账　　　　稽核　　　　出纳　　　　制单　岳月

图 3-45　记账凭证

长款原因无法查明，经批准，转入“营业外收入”账户，批准后的长短款报告单，见表 3-19。

表 3-19　长短款报告单

实物负责人：百货柜组　　　　2013 年 7 月 15 日　　　　字第　　号

应收金额	8 307 元	实收金额	8 360 元	长款金额	53 元	短款金额	
原　因	无法查明原因						
领导批示	转入“营业外收入”账户						

根据审核无误的原始凭证，编制记账凭证如图 3-46 所示。

记账凭证

2013 年 7 月 18 日　　　　记字第　　号

摘　要	总账科目	明细科目	借方金额										贷方金额										记账
			千	百	十	万	千	百	十	元	角	分	千	百	十	万	千	百	十	元	角	分	
转销销售长款	待处理财产损溢	待处理流动资产损溢							5	3	0	0											
	营业外收入																		5	3	0	0	
合　计								¥	5	3	0	0						¥	5	3	0	0	

附单据 1 张

会计主管　　　　记账　　　　稽核　　　　出纳　　　　制单　岳月

图 3-46　记账凭证

【例3-10】7 月 24 日，天洋百货商场的针织柜组应收销货款9 126 元，实收销货款9 026 元，发生短款金额100 元，原因待查，填制原始凭证见表3-20。

表3-20　长短款报告单

实物负责人：针织柜组　　　　2013 年7 月24 日　　　　字第　　号

应收金额	9 126 元	实收金额	9 026 元	长款金额		短款金额	100 元
原　因	待查						
领导批示							

根据审核无误的原始凭证，编制记账凭证如图3-47 所示。

记账凭证

2013 年7 月24 日　　　　记字第　　号

摘　要	总账科目	明细科目	借方金额										贷方金额										记账
			千	百	十	万	千	百	十	元	角	分	千	百	十	万	千	百	十	元	角	分	
发生销售短款金额	待处理财产损溢	待处理流动资产损溢						1	0	0	0	0											
	库存现金																	1	0	0	0	0	
合　计							¥	1	0	0	0	0					¥	1	0	0	0	0	

附单据1张

会计主管　　　　记账　　　　稽核　　　　出纳　　　　制单　岳月

图3-47　记账凭证

经查明，短款原因是收款员张静工作中的差错，应由其赔偿。审批后的长短款报告单，见表3-21。

表3-21　长短款报告单

实物负责人：针织柜组　　　　2013 年7 月24 日　　　　字第　　号

应收金额	9 126 元	实收金额	9 026 元	长款金额		短款金额	100 元
原　因	收款员张静工作差错						
领导批示	由收款员赔偿						

根据审核无误的原始凭证，编制记账凭证如图3-48 所示。

记账凭证

2013 年 7 月 26 日　　　　　　　　　　　　记字第　　号

摘　要	总账科目	明细科目	借方金额										贷方金额										记账
			千	百	十	万	千	百	十	元	角	分	千	百	十	万	千	百	十	元	角	分	
转销销售短款	其他应收款	张静						1	0	0	0	0											
	待处理财产损溢	待处理流动资产损溢																1	0	0	0	0	
合　计							¥	1	0	0	0	0					¥	1	0	0	0	0	

附单据 1 张

会计主管　　　　　　记账　　　　　　稽核　　　　　　出纳　　　　　　制单　岳月

图 3-48　记账凭证

（五）商业折扣的核算

商业企业常常通过增加销售量来提高销售收入，进而增加利润，所以经常开展一些促销活动，如打折、降价等。综合性零售企业的这种折扣实质上就是商业折扣，因为它是在商品销售环节发生的，发票等凭证上记录的价格是折扣后的价格，所以并不影响企业收入的确认，其发生的折扣只减少企业的销售毛利。发生折扣时，应按实际结算价格确认主营业务收入，同时结转主营业务成本，并按原入账价格注销库存商品，折扣金额同时也减少商品进销差价。

【例 3-11】 天洋百货商场将库存的 50 件女式羊毛衫七折销售，原单位售价 220 元，当日全部销售完毕，共取得销货款 7 700 元。填制内部缴款单，见表 3-22。

表 3-22　内部缴款单

缴款单位：针织柜组　　　　　2013 年 7 月 12 日　　　　　字第　　号

项　目	张　数	金　额
1. 现金 2. 支票 3. 其他		7 700 元(商业折扣商品价款)
合　计(大写)	柒仟柒佰元整	

根据审核无误的原始凭证，编制记账凭证如图 3-49 所示。

记账凭证

2013 年 7 月 12 日　　　　　　　　　　记字第　　号

摘　要	总账科目	明细科目	借方金额										贷方金额										记账
			千	百	十	万	千	百	十	元	角	分	千	百	十	万	千	百	十	元	角	分	
销售商品	库存现金						7	7	0	0	0	0											
	主营业务收入	针织柜组															7	7	0	0	0	0	
合　计						¥	7	7	0	0	0	0				¥	7	7	0	0	0	0	

附单据 1 张

会计主管　　　　记账　　　　稽核　　　　出纳　　　　制单 岳月

图 3-49　记账凭证

同时结转成本，根据表 3-23，编制记账凭证如图 3-50 所示。

表 3-23　商品促销报告单

2013 年 7 月 12 日

品名	计量单位	数量	原售价		新售价		售价差额/元
			单价/元	总价/元	单价/元	总价/元	
女式羊毛衫	件	50	220	11 000	154	7 700	3 300

记账凭证

2013 年 7 月 12 日　　　　　　　　　　记字第　　号

摘　要	总账科目	明细科目	借方金额										贷方金额										记账
			千	百	十	万	千	百	十	元	角	分	千	百	十	万	千	百	十	元	角	分	
结转成本	主营业务成本						7	7	0	0	0	0											
	商品进销差价						3	3	0	0	0	0											
	库存商品	针织柜组														1	1	0	0	0	0	0	
合　计					¥	1	1	0	0	0	0	0			¥	1	1	0	0	0	0	0	

附单据 1 张

会计主管　　　　记账　　　　稽核　　　　出纳　　　　制单 岳月

图 3-50　记账凭证

三、商品调价的会计处理

商品流通企业根据有关政策、市场供求状况，有时需要对某些商品进行适当调价。综合性零售企业商品按售价核算，商品销售价格的变动直接影响库存商品的金额。因此，对于因调价而增加或减少的金额要在“库存商品”账户做增减记录，商品调价时，应填制调价商品差价调整表，并分送至有关部门。财会部门接到差价调整表后，经审核无误后，做出会计处理。

（一）调低售价

当商品售价调低时，根据调低售价金额减少“库存商品”账户金额，同时调整减少“商品进销差价”账户金额。

【例 3-12】 天洋百货商场根据市场供求关系变化，经研究决定对服装组的一款女套装，从 7 月 1 日起调低零售价，每套售价由 450 元调为 380 元。女套装每套进价 320 元，结存数量 40 套。填写调价商品差价调整表，见表 3-24。

表 3-24　调价商品差价调整表

实物负责柜组：服装柜组　　2013 年 7 月 1 日　　调价通知日期：2013 年 6 月 30 日

品名	规格	单位	盘存数量	原售价		新售价		库存商品	
				单价/元	金额/元	单价/元	金额/元	增加金额/元	减少金额/元
女套装		件	40	450	18 000	380	15 200		2 800
合计			40		18 000		15 200		2 800

根据审核无误的原始凭证，编制记账凭证如图 3-51 所示。

记账凭证

2013 年 7 月 1 日　　记字第　　号

摘要	总账科目	明细科目	借方金额 千	百	十	万	千	百	十	元	角	分	贷方金额 千	百	十	万	千	百	十	元	角	分	记账
调低售价	商品进销差价	服装柜组					2	8	0	0	0	0											
	库存商品	服装柜组															2	8	0	0	0	0	
合　计						¥	2	8	0	0	0	0				¥	2	8	0	0	0	0	

附单据 1 张

会计主管　　记账　　稽核　　出纳　　制单　岳月

图 3-51　记账凭证

（二）调高售价

当商品售价调高时，根据调高售价金额增加“库存商品”账户金额，同时调整增加“商品进销差价”账户金额。

【例 3-13】天洋百货商场经研究决定对针织柜组的女式羊毛衫从 7 月 1 日起调高零售价，每件售价由 600 元调为 650 元。该羊毛衫每件进价 450 元，结存数量 30 件。编制调价商品差价调整表，见表 3-25。

表 3-25　调价商品差价调整表

实物负责柜组：针织柜组　　　　2013 年 7 月 1 日　　　　调价通知日期：2013 年 6 月 30 日

品名	规格	单位	盘存数量	原售价		新售价		库存商品	
				单价/元	金额/元	单价/元	金额/元	增加金额/元	减少金额/元
女式羊毛衫		件	30	600	18 000	650	19 500	1 500	
合计			30		18 000		19 500	1 500	

根据审核无误的原始凭证，编制记账凭证如图 3-52 所示。

记账凭证

2013 年 7 月 1 日　　　　记字第　　号

摘要	总账科目	明细科目	借方金额										贷方金额										记账
			千	百	十	万	千	百	十	元	角	分	千	百	十	万	千	百	十	元	角	分	
调高售价	库存商品	针织柜组					1	5	0	0	0	0											
	商品进销差价	针织柜组															1	5	0	0	0	0	
合计						¥	1	5	0	0	0	0				¥	1	5	0	0	0	0	

附单据 1 张

会计主管　　　　记账　　　　稽核　　　　出纳　　　　制单　岳月

图 3-52　记账凭证

在商品进价一定的情况下，商品进销差价与商品售价成正比，售价增加，商品进销差价增加；售价减少，商品进销差价减少。

任务实训一

【实训目的】

学会综合性零售企业商品购进一般业务的核算。

【实训资料】

嘉嘉百货公司 8 月份发生部分业务如下：

（1）3 日，从本市弛风电器制造公司购进电视机 20 台，单价 1 500 元，共计价款 30 000 元，增值税税额 5 100 元，签发转账支票付款，商品由家电柜组验收入库，该电视机单位售价2 200元，共计售价 44 000 元，取得并填制原始凭证如图 3-53、图 3-54 和表 3-26 所示。

辽宁增值税专用发票

开票日期：2013 年 8 月 3 日

购货单位	名　　称：嘉嘉百货公司 纳税人识别号：210701058630123 地 址 、电 话：锦华市北京街 21 号　6320305 开户行及账号：中国工商银行北京街支行 412360258				密码区	略		
货物或应税劳务名称	规格型号	单位	数量	单价	金额	税率	税额	
电视机		台	20	1 500	30 000	17%	5 100	
合　计					30 000	17%	5 100	
价税合计(大写)叁万伍仟壹佰元整						(小写) ¥35 100		
销货单位	名　　称：弛风电器制造公司 纳税人识别号：210702235060891 地 址 、电 话：锦华市新浪区山西路 30 号　3562014 开户行及账号：中国建设银行山西路办事处　5211470				备注	弛风电器制造公司 发票专用章 210702235060891		

第三联：发票联　购货方记账凭证

销货单位盖章：　　　　收款人：　　　　开票人：邢璐

图 3-53　辽宁增值税专用发票

表 3-26　商品验收单

实物负责人：　　　　年　月　日　　　　字第　　号

商品类别	品名	计量单位	购进价(不含税)			零售价(含税)			进销差价
			数量	单价	金额	数量	单价	金额	

验收人员签章：

中国工商银行

转账支票存根

XIV0025145871013

附加信息

____

____

____

出票日期 2013 年 8 月 3 日

收款人：弛风电器制造公司

金　额：¥35 100.00

用　途：货款

单位主管　　　　会计

图 3-54　中国工商银行转账支票存根

（2）6 日，向红光电器经销公司购进微波炉 50 台，单价 300 元，共计价款 15 000 元，增值税税额 2 550 元，企业已签发转账支票付款，商品尚未收到，取得原始凭证如图 3-55 和图 3-56所示。

辽宁增值税专用发票

开票日期：2013 年 8 月 6 日

购货单位	名　　称：嘉嘉百货公司 纳税人识别号：210701058630123 地 址 、电 话：锦华市北京街 21 号　6320305 开户行及账号：中国工商银行北京街支行 412360258			密码区	略		
货物或应税劳务名称	规格型号	单位	数量	单价	金额	税率	税额
微波炉		台	50	300	15 000	17%	2 550
合　计					15 000	17%	2 550
价税合计（大写）壹万柒仟伍佰伍拾元整						（小写）¥17 550	
销货单位	名　　称：红光电器经销公司 纳税人识别号：210702360895425 地 址 、电 话：锦华市兴隆区万寿街 32 号　5690253 开户行及账号：中国工商银行桥西支行　478965458			备注	红光电器经销公司 发票专用章 210702360895425		

销货单位盖章：　　　　收款人：　　　　开票人：李雷

第三联：发票联　购货方记账凭证

图 3-55　辽宁增值税专用发票

中国工商银行

转账支票存根

XIV00251458723

附加信息

出票日期 2013 年 8 月 6 日

收款人：	红光电器经销公司
金　额：	¥17 550.00
用　途：	货款

单位主管　　　　会计

图 3-56　中国工商银行转账支票存根

（3）8 日，按合同规定，通过汇兑方式汇给嘉兴美购物资批发站 15 000 元，预付购买电饭锅的货款，取得原始凭证如图 3-57 所示。

中国工商银行　电汇凭证(回单)

委托日期 2013 年 8 月 8 日

付款人	全　称	嘉嘉百货公司	收款人	全　称	嘉兴美购物资批发站
	账　号	412360258		账　号	52130250
	汇出地点	辽宁省 锦华市/县		汇入地点	浙江省嘉兴市/县
汇出行名称		中国工商银行北京街支行	汇入行名称		中国建设银行南湖路支行

金额	人民币(大写)	壹万伍仟元整	亿	千	百	十	万	千	百	十	元	角	分
						¥	1	5	0	0	0	0	0

中国工商银行 北京街支行 2013年8月8日 转讫

支付密码

附加信息及用途：预付货款

汇出行签章　　复核：　　记账：

此联是汇出行给汇款人的付款凭证

图 3-57　中国工商银行电汇凭证（回单）

（4）9 日，嘉嘉百货公司的家电柜组转来收货单，6 日购入的微波炉 50 台已验收入库，单位售价 420 元，填制原始凭证见表 3-27。

表 3-27　商品验收单

实物负责人：　　　　年　月　日　　　　字第　　号

商品类别	品名	计量单位	购进价(不含税)			零售价(含税)			进销差价
			数量	单价	金额	数量	单价	金额	

验收人员签章：

（5）10 日，嘉嘉百货公司收到银行转来北京杨帆贸易公司的托收凭证及发票等，发票上列明购入空调 30 台，单价1 200元，共计价款 36 000 元，进项税额 6 120 元，代垫运费 600 元，增值税税额 66 元。经审核无误，同意付款，取得原始凭证如图 3-58 ~ 图 3-60 所示。

北京增值税专用发票

开票日期：2013 年 8 月 7 日

购货单位	名　　称：嘉嘉百货公司 纳税人识别号：210701058630123 地 址 、电 话：锦华市北京街 21 号　6320305 开户行及账号：中国工商银行北京街支行 412360258			密码区	略		
货物或应税劳务名称	规格型号	单位	数量	单价	金额	税率	税额
空调		台	30	1 200	36 000	17%	6 120
合　计					36 000	17%	6 120
价税合计(大写)肆万贰仟壹佰贰拾元整					(小写) ¥42 120		
销货单位	名　　称：北京杨帆贸易公司 纳税人识别号：102056841023602 地 址 、电 话：北京市海淀区东湾街 31 号　8740112 开户行及账号：中国建设银行东湾街支行　2213125825			备注			

北京杨帆贸易公司 发票专用章 102056841023602

销货单位盖章：　　收款人：　　开票人：王丹

第三联：发票联　购货方记账凭证

图 3-58　北京增值税专用发票

货物运输业增值税专用发票

开票日期：2013 年 8 月 7 日

承运人及 纳税人识别号	北京天鸿物流公司 102047895125801	密码区	略
实际受票方及 纳税人识别号	嘉嘉百货公司 210701058630123		
收货人及 纳税人识别号	嘉嘉百货公司 210701058630123	发货人及 纳税人识别号	北京杨帆贸易公司 102056841023602
起运地、经由、到达地	北京 到 锦华		
费用项目及金额	运费 500 元 装卸费 70 元 保险费 30 元	运输货物信息	空调 30 台

合计金额	600 元	税率	11%	税额	66 元	机器编码	
价税合计（大写）陆佰陆拾陆元整						（小写）¥666	
车种车号		车船吨位		备注			
主管税务机关及代码							

北京天鸿物流公司 财务专用

收款人： 复核人： 开票人： 承运人：（章）

图 3-59 货物运输业增值税专用发票

托收凭证（付款通知）

委托日期 2013 年 8 月 7 日

付款人	全 称	嘉嘉百货公司	收款人	全 称	北京杨帆贸易公司
	账号或地址	412360258		账号或地址	2213125825
	开 户 银 行	中国工商银行北京街支行		开 户 银 行	中国建设银行东湾街支行

委收金额	人民币（大写）	肆万贰仟柒佰捌拾陆元整	千	百	十	万	千	百	十	元	角	分
					¥	4	2	7	8	6	0	0

款项内容	货款 运费	委托收款凭据名称	货物发票 运费发票	附寄单证张数	2
备注：					

中国工商银行 北京街支行 2013年7月10日 转讫

图 3-60 托收凭证（付款通知）

（6）15 日，收到北京杨帆贸易公司发来的空调 30 台，交家电柜组验收入库，单位售价

1 800元，填制原始凭证见表3-28。

表3-28　商品验收单

实物负责人：　　　　　　　　　　　年　月　日　　　　　　　　　　　　字第　　号

商品类别	品名	计量单位	购进价（不含税）			零售价（含税）			进销差价
			数量	单价	金额	数量	单价	金额	

验收人员签章：

（7）18日，收到上海电器批发公司发来的电磁炉40台，单位售价350元，已由家电柜组验收入库，但结算凭证未到，填制原始凭证如表3-29所示。

表3-29　商品验收单

实物负责人：　　　　　　　　　　　年　月　日　　　　　　　　　　　　字第　　号

商品类别	品名	计量单位	购进价（不含税）			零售价（含税）			进销差价
			数量	单价	金额	数量	单价	金额	

验收人员签章：

（8）20日，收到银行转来的上海电器批发公司的结算凭证及发票等，注明购入电磁炉40台，单价210元，共计价款8 400元，进项税额1 428元，代垫运费500元，增值税税额55元，经审核无误，与上海电器批发公司联系，决定一个月后付款，对方已经同意。电磁炉单位售价350元，取得原始凭证如图3-61和图3-62所示。

上海增值税专用发票

开票日期：2013年8月16日

<table>
<tr><td>购货单位</td><td colspan="4">名　　称：嘉嘉百货公司
纳税人识别号：210701058630123
地 址 、电 话：锦华市北京街21号　6320305
开户行及账号：中国工商银行北京街支行
412360258</td><td>密码区</td><td colspan="3">略</td></tr>
<tr><td colspan="2">货物或应税劳务名称</td><td>规格型号</td><td>单位</td><td>数量</td><td>单价</td><td>金额</td><td>税率</td><td>税额</td></tr>
<tr><td colspan="2">电磁炉</td><td></td><td>台</td><td>40</td><td>210</td><td>8 4 00</td><td>17%</td><td>1 428</td></tr>
<tr><td colspan="2">合　计</td><td></td><td></td><td></td><td></td><td>8 400</td><td>17%</td><td>1 428</td></tr>
<tr><td colspan="7">价税合计（大写）玖仟捌佰贰拾捌元整</td><td colspan="2">（小写）¥9 828</td></tr>
<tr><td>销货单位</td><td colspan="4">名　　称：上海电器批发公司
纳税人识别号：502356920140250
地 址 、电 话：上海市徐汇区莲花路23号　74512025
开户行及账号：中国工商银行莲花路办事处　2213125835</td><td>备注</td><td colspan="3">上海电器批发公司 发票专用章 502356920140250</td></tr>
</table>

第三联：发票联　购货方记账凭证

销货单位盖章：　　　　　　　　　收款人：　　　　　　　　　开票人：王丹

图3-61　上海增值税专用发票

货物运输业增值税专用发票

开票日期：2013 年 8 月 16 日

承运人及 纳税人识别号	上海浦江鸿运物流公司 502358201305697	密 码 区	略	
实际受票方及 纳税人识别号	嘉嘉百货公司 210701058630123			
收货人及 纳税人识别号	嘉嘉百货公司 210701058630123	发货人及 纳税人识别号	上海电器批发公司 502356920140250	
起运地、经由、到达地	上海 到 锦华			
费用项目及金额	运费 410 元 装卸费 50 元 保险费 40 元	运输货物信息	电磁炉 40 台	

合计金额	500 元	税率	11%	税额	55 元	机器编码		
价税合计（大写）伍佰伍拾伍元整							（小写）¥555	
车种车号		车船吨位		备注	上海浦江鸿运物流公司 财务专用			
主管税务机关及代码								

收款人： 复核人： 开票人： 承运人：（章）

图 3-62 货物运输业增值税专用发票

（9）25 日，收到北京电器贸易商行发来的微波炉 40 台，单位售价 600 元，结算凭证未到，填制原始凭证见表 3-30。

表 3-30 商品验收单

实物负责人： 年 月 日 字第 号

商品类别	品名	计量单位	购进价（不含税）			零售价（含税）			进销差价
			数量	单价	金额	数量	单价	金额	

验收人员签章：

（10）28 日，收到嘉兴美购物资批发站发来电饭锅 120 个及其发票等凭证，注明单价 150 元，共计价款 18 000 元，进项税额 3 060 元，代垫运费 400 元，增值税税额 44 元。商品交家电柜组验收入库，当即通过汇兑方式补付差价款。电饭锅单位售价 260 元，取得或填制原始凭证如图 3-63 ~ 图 3-65 和表 3-31 所示。

浙江增值税专用发票

开票日期：2013 年 8 月 23 日

购货单位			密码区				
名 称：嘉嘉百货公司 纳税人识别号：210701058630123 地 址、电 话：锦华市北京街 21 号 6302305 开户行及账号：中国工商银行北京街支行 412360258			略				
货物或应税劳务名称	规格型号	单位	数量	单价	金额	税率	税额
电饭锅		个	120	150	18 000	17%	3 060
合 计					18 000	17%	3 060
价税合计（大写）贰万壹仟零陆拾元整						（小写）¥21 060	
销货单位	名 称：嘉兴美购物资批发站 纳税人识别号：602058432014522 地 址、电 话：南京市秦淮区南湖路 34 号 4125930 开户行及账号：中国建设银行南湖路支行 52130250		备注				

第三联：发票联 购货方记账凭证

销货单位盖章： 收款人： 开票人：吴迪

图 3-63 浙江增值税专用发票

货物运输业增值税专用发票

开票日期：2013 年 8 月 23 日

承运人及纳税人识别号	嘉兴迅驰物流公司 602054123028901	密码区	略
实际受票方及纳税人识别号	嘉嘉百货公司 210701058630123		
收货人及纳税人识别号	嘉嘉百货公司 210701058630123	发货人及纳税人识别号	嘉兴美购物资批发站 602058432014522
起运地、经由、到达地	嘉兴 到 锦华		
费用项目及金额	运费 320 元 装卸费 50 元 保险费 30 元	运输货物信息	电饭锅 120 个

合计金额	400 元	税率	11%	税额	44 元	机器编码	
价税合计（大写）肆佰肆拾肆元整						（小写）¥444	
车种车号		车船吨位		备注			
主管税务机关及代码							

收款人： 复核人： 开票人： 承运人：（章）

图 3-64 货物运输业增值税专用发票

表 3-31 商品验收单

实物负责人： 年 月 日 字第 号

商品类别	品名	计量单位	购进价（不含税）			零售价（含税）			进销差价
			数量	单价	金额	数量	单价	金额	

验收人员签章：

中国工商银行 电汇凭证（回单）

委托日期 2013 年 8 月 28 日

付款人	全　称	嘉嘉百货公司	收款人	全　称	嘉兴美购物资批发站
	账　号	412360258		账　号	52130250
	汇出地点	辽宁省锦华市/县		汇入地点	浙江省嘉兴市/县
汇出行名称		中国工商银行北京街支行	汇入行名称		中国建设银行南湖路支行

金额	人民币（大写）	亿	千	百	十	万	千	百	十	元	角	分
	陆仟伍佰零肆元整					¥	6	5	0	4	0	0

中国工商银行 北京街支行 2013年8月28日 转讫

支付密码

附加信息及用途：预付货款

汇出行签章 复核： 记账：

此联是汇出行给汇款人的付款凭证

图 3-65 中国工商银行电汇凭证（回单）

（11）31 日，25 日收到的微波炉的结算凭证仍然未到，估计单位进价 300 元，单位售价 600 元。

【实训要求】

1. 填写上述业务的部分原始凭证。
2. 根据上述业务编制记账凭证，如图 3-66 ~ 图 3-75 所示。

记账凭证

年 月 日 记字第 号

摘　要	总账科目	明细科目	借方金额										贷方金额										记账
			千	百	十	万	千	百	十	元	角	分	千	百	十	万	千	百	十	元	角	分	
合　计																							

附单据 张

会计主管 记账 稽核 出纳 制单

图 3-66 记账凭证

记账凭证

年 月 日　　　　记字第 号

摘要	总账科目	明细科目	借方金额										贷方金额										记账
			千	百	十	万	千	百	十	元	角	分	千	百	十	万	千	百	十	元	角	分	
合计																							

附单据 张

会计主管　　记账　　稽核　　出纳　　制单

图 3-67　记账凭证

记账凭证

年 月 日　　　　记字第 号

摘要	总账科目	明细科目	借方金额										贷方金额										记账
			千	百	十	万	千	百	十	元	角	分	千	百	十	万	千	百	十	元	角	分	
合计																							

附单据 张

会计主管　　记账　　稽核　　出纳　　制单

图 3-68　记账凭证

记账凭证

年 月 日　　　　记字第 号

摘要	总账科目	明细科目	借方金额										贷方金额										记账
			千	百	十	万	千	百	十	元	角	分	千	百	十	万	千	百	十	元	角	分	
合计																							

附单据 张

会计主管　　记账　　稽核　　出纳　　制单

图 3-69　记账凭证

记账凭证

年 月 日 记字第 号

摘要	总账科目	明细科目	借方金额										贷方金额										记账
			千	百	十	万	千	百	十	元	角	分	千	百	十	万	千	百	十	元	角	分	
合计																							

附单据 张

会计主管 记账 稽核 出纳 制单

图 3-70 记账凭证

记账凭证

年 月 日 记字第 号

摘要	总账科目	明细科目	借方金额										贷方金额										记账
			千	百	十	万	千	百	十	元	角	分	千	百	十	万	千	百	十	元	角	分	
合计																							

附单据 张

会计主管 记账 稽核 出纳 制单

图 3-71 记账凭证

记账凭证

年 月 日 记字第 号

摘要	总账科目	明细科目	借方金额										贷方金额										记账
			千	百	十	万	千	百	十	元	角	分	千	百	十	万	千	百	十	元	角	分	
合计																							

附单据 张

会计主管 记账 稽核 出纳 制单

图 3-72 记账凭证

记账凭证

年　月　日　　　　　　　　记字第　　号

摘　要	总账科目	明细科目	借方金额										贷方金额										记账
			千	百	十	万	千	百	十	元	角	分	千	百	十	万	千	百	十	元	角	分	
合　计																							

附单据　张

会计主管　　　　记账　　　　稽核　　　　出纳　　　　制单

图 3-73　记账凭证

记账凭证

年　月　日　　　　　　　　记字第　　号

摘　要	总账科目	明细科目	借方金额										贷方金额										记账
			千	百	十	万	千	百	十	元	角	分	千	百	十	万	千	百	十	元	角	分	
合　计																							

附单据　张

会计主管　　　　记账　　　　稽核　　　　出纳　　　　制单

图 3-74　记账凭证

记账凭证

年　月　日　　　　　　　　记字第　　号

摘　要	总账科目	明细科目	借方金额										贷方金额										记账
			千	百	十	万	千	百	十	元	角	分	千	百	十	万	千	百	十	元	角	分	
合　计																							

附单据　张

会计主管　　　　记账　　　　稽核　　　　出纳　　　　制单

图 3-75　记账凭证

【实训评价】

根据实际完成情况，填写实训体验评价表，见表 3-32。

表 3-32　实训体验评价表

年　月　日

姓名		班级	
实训内容			
评价项目	评价标准	比重(%)	评价成绩/分
实训态度	完成实训，态度认真，遵守纪律	10	
职业规范	编写的记账凭证内容完整，书写规范，科目选择正确，金额填写正确	30	
运用学会的知识	熟练准确运用学会的知识	30	
分析问题、解决问题的能力	对变化的业务能分析出会计处理的方法	20	
按时完成实训	在规定的时间内完成实训任务	10	
	合　计	100	

任务实训二

【实训目的】

领会综合性零售企业商品购进异常业务的核算。

【实训资料】

嘉嘉百货公司 2013 年 8 月份发生下列部分业务：

(1) 5 日，收到银行转来云南糖业烟酒公司的托收凭证及发票等，发票注明购入白糖 4 000kg，单价 2. 50 元，共计价款 10 000 元，进项税额 1 700 元，代垫运费 300 元，增值税税额 33 元，经审核结算凭证无误，同意付款，商品未到，取得原始凭证如图 3-76 ~ 图 3-78 所示。

云南增值税专用发票

开票日期：2013 年 8 月 1 日

购货单位	名　　称：嘉嘉百货公司 纳税人识别号：210701058630123 地 址 、电 话：锦华市北京街 21 号　4171719 开户行及账号：中国工商银行北京街支行 412360258			密码区	略		
货物或应税劳务名称	规格型号	单位	数量	单价	金额	税率	税额
白糖		kg	4 000	2. 50	10 000	17%	1 700
合　计					10 000	17%	1 700
价税合计(大写)壹万壹仟柒佰元整						(小写) ¥11 700	
销货单位	名　　称：云南糖业烟酒公司 纳税人识别号：802045632108945 地 址 、电 话：大理市仙桥区佳人路 17 号　5321412 开户行及账号：中国建设银行大理仙桥办事处　62305680214			备注			

云南糖业烟酒公司 发票专用章 802045632108945

第三联：发票联　购货方记账凭证

销货单位盖章：　　收款人：　　开票人：王美美

图 3-76　云南增值税专用发票

货物运输业增值税专用发票

开票日期：2013 年 8 月 4 日

承运人及 纳税人识别号	云南大理安达物流公司 802045823169211			密码区	略		
实际受票方及 纳税人识别号	嘉嘉百货公司 210701058630123						
收货人及 纳税人识别号	嘉嘉百货公司 210701058630123			发货人及 纳税人识别号	云南糖业烟酒公司 802045632108945		
起运地、经由、到达地			大理 到 锦华				
费用项目及金额	运费 250 元 装卸费 30 元 保险费 20 元				运输货物信息	白糖 1 000kg	
合计金额	300 元	税率	11%	税额	33 元	机器编码	
价税合计（大写）叁佰叁拾叁元整						（小写）¥333	
车种车号		车船吨位		备注	云南大理安达物流公司 财务专用		
主管税务机关 及代码							

收款人：　　复核人：　　开票人：　　承运人：（章）

图 3-77　货物运输业增值税专用发票

托收凭证（付款通知）

委托日期 2013 年 8 月 1 日

付款人	全　　称	嘉嘉百货公司	收款人	全　　称：云南糖业烟酒公司
	账号或地址	412360258		账号或地址：62305680214
	开 户 银 行	中国工商银行北京街支行		开 户 银 行：中国建设银行大理仙桥办事处

委收金额	人民币（大写）	千	百	十	万	千	百	十	元	角	分
	壹万贰仟零叁拾叁元整			¥	1	2	0	3	3	0	0

款项内容	货款 运费	委托收款凭据名称	货物发票 运费发票	附寄单证张数	2
备注：		中国工商银行 北京街支行 2013年8月5日 转讫			

图 3-78　托收凭证（付款通知）

（2）8 日，嘉嘉百货公司上月付款的从内蒙古购进的羊毛衫运到，应收数量 500 件，实收数量 400 件，该羊毛衫单位进价 80 元，单位售价 150 元，短缺原因待查，填制原始凭证见表 3-33 和表 3-34。

表 3-33　收　货　单

年　月　日

商品编号	品 名	规 格	计量单位	应收数量	实收数量	单 价	金 额

收货人：　　供货单位：　　发票号码：　　验收日期：　　制单：

表 3-34　商品溢余(短缺)报告单

年　月　日

品名	规格	计量单位	应收数量	实收数量	溢　余		短　缺		增或减进项税额
					数量	金额	数量	金额	
原因									
处理意见	领导批示			财会部门意见				经办人意见	

复核：　　制单：

（3）19 日，收到云南糖业烟酒公司发来的白糖，经副食柜组验收入库，实收数量 4 050kg。填制原始凭证见表 3-35 和表 3-36。

表 3-35　收　货　单

年　月　日

商品编号	品 名	规 格	计量单位	应收数量	实收数量	单 价	金 额

收货人：　　供货单位：　　发票号码：　　验收日期：　　制单：

表 3-36　商品溢余(短缺)报告单

年　月　日

品名	规格	计量单位	应收数量	实收数量	溢　余		短　缺		增或减进项税额
					数量	金额	数量	金额	
原因									
处理意见	领导批示			财会部门意见				经办人意见	

复核：　　制单：

（4）22 日，上述白糖溢余属于自然升溢，经批准减少管理费用，填制原始凭证见表3-37。

表3-37 商品溢余(短缺)报告单

年 月 日

品名	规格	计量单位	应收数量	实收数量	溢余		短缺		增或减进项税额
					数量	金额	数量	金额	
原因									
处理意见	领导批示			财会部门意见				经办人意见	

复核： 制单：

(5) 26日，经查明上述羊毛衫短缺是供货单位少发的原因造成的，经与对方协商，对方同意补发，但补发商品尚未收到，填制原始凭证见表3-38。

表3-38 商品溢余(短缺)报告单

年 月 日

品名	规格	计量单位	应收数量	实收数量	溢余		短缺		增或减进项税额
					数量	金额	数量	金额	
原因									
处理意见	领导批示			财会部门意见				经办人意见	

复核： 制单：

【实训要求】

1. 填写上述经济业务中的部分自制原始凭证。
2. 根据上述经济业务，编制记账凭证如图3-79～图3-85所示。

<u>记账凭证</u>

年 月 日 记字第 号

摘要	总账科目	明细科目	借方金额										贷方金额										记账
			千	百	十	万	千	百	十	元	角	分	千	百	十	万	千	百	十	元	角	分	
合计																							

附单据 张

会计主管 记账 稽核 出纳 制单

图3-79 记账凭证

记账凭证

年　月　日　　　　　　　　记字第　　号

摘　　要	总账科目	明细科目	借方金额										贷方金额										记账
			千	百	十	万	千	百	十	元	角	分	千	百	十	万	千	百	十	元	角	分	
合　　计																							

附单据　张

会计主管　　　　记账　　　　稽核　　　　出纳　　　　制单

图 3-80　记账凭证

记账凭证

年　月　日　　　　　　　　记字第　　号

摘　　要	总账科目	明细科目	借方金额										贷方金额										记账
			千	百	十	万	千	百	十	元	角	分	千	百	十	万	千	百	十	元	角	分	
合　　计																							

附单据　张

会计主管　　　　记账　　　　稽核　　　　出纳　　　　制单

图 3-81　记账凭证

记账凭证

年　月　日　　　　　　　　记字第　　号

摘　　要	总账科目	明细科目	借方金额										贷方金额										记账
			千	百	十	万	千	百	十	元	角	分	千	百	十	万	千	百	十	元	角	分	
合　　计																							

附单据　张

会计主管　　　　记账　　　　稽核　　　　出纳　　　　制单

图 3-82　记账凭证

记账凭证

年　月　日　　　　　　　　记字第　　号

摘　要	总账科目	明细科目	借方金额										贷方金额										记账
			千	百	十	万	千	百	十	元	角	分	千	百	十	万	千	百	十	元	角	分	
合　计																							

附单据　张

会计主管　　　记账　　　稽核　　　出纳　　　制单

图 3-83　记账凭证

记账凭证

年　月　日　　　　　　　　记字第　　号

摘　要	总账科目	明细科目	借方金额										贷方金额										记账
			千	百	十	万	千	百	十	元	角	分	千	百	十	万	千	百	十	元	角	分	
合　计																							

附单据　张

会计主管　　　记账　　　稽核　　　出纳　　　制单

图 3-84　记账凭证

记账凭证

年　月　日　　　　　　　　记字第　　号

摘　要	总账科目	明细科目	借方金额										贷方金额										记账
			千	百	十	万	千	百	十	元	角	分	千	百	十	万	千	百	十	元	角	分	
合　计																							

附单据　张

会计主管　　　记账　　　稽核　　　出纳　　　制单

图 3-85　记账凭证

【实训评价】

根据实际完成情况，填写实训体验评价表，见表 3-39。

表 3-39 实训体验评价表

年 月 日

姓名		班级	
实训内容			
评价项目	评价标准	比重(%)	评价成绩/分
实训态度	完成实训，态度认真，遵守纪律	10	
职业规范	编写的记账凭证内容完整，书写规范，科目选择正确，金额填写正确	30	
运用学会的知识	熟练准确运用学会的知识	30	
分析问题、解决问题的能力	对变化的业务能分析出会计处理的方法	20	
按时完成实训	在规定的时间内完成实训任务	10	
合 计		100	

任务实训三

【实训目的】

学会综合性零售企业商品销售业务的核算。

【实训资料】

嘉嘉百货公司 2013 年 8 月份发生下列部分业务：

(1) 5 日，嘉嘉百货公司部分营业柜组销售情况为：百货柜组销货收入 72 540 元，鞋帽柜组销售收入 59 670 元，服装柜组销货收入 97 110 元。所收现金当日送存银行，填制原始凭证见表 3-40 和图 3-86 所示。

表 3-40 商品销售收入缴款单汇总表

2013 年 8 月 5 日 （单位：元）

柜组	销售金额	现金收入	银行卡签购单	转账支票	现金溢缺
百货柜组	72 540	67 860		4 680	
鞋帽柜组	59 670	52 650	7 020		
服装柜组	97 110	85 410	11 700		
合计	229 320	205 920	18 720	4 680	

中国工商银行 现金缴款单

缴款日期：2013 年 8 月 5 日

缴款单位	全 称	嘉嘉百货公司	账 号	412360258									
	开户银行	中国工商银行北京街支行											
款项来源	销货款			百	十	万	千	百	十	元	角	分	
人民币（大写）贰拾万伍仟玖佰贰拾元整				¥	2	0	5	9	2	0	0	0	
现金收讫		复核员 复核员	出纳收款员 记 账 员										

中国工商银行北京街支行 2013年8月5日 收讫

图 3-86 中国工商银行现金缴款单

（2）8 日，百货柜组销货收入 84 240 元，实收现金 84 040 元，发生短款 200 元，短款原因待查，销货款存入银行，取得原始凭证如图 3-87 和表 3-41 所示。

中国工商银行　现金缴款单

缴款日期：2013 年 8 月 8 日

缴款单位	全　称	嘉嘉百货公司	账　号	412360258								
	开户银行	中国工商银行北京街支行										
款项来源	销货款			百	十	万	千	百	十	元	角	分
人民币(大写)捌万肆仟零肆拾元整					¥	8	4	0	4	0	0	0
现金收讫		复核员 复核员	出纳收款员 记　账　员									

中国工商银行 北京街支行 2013年8月8日 收讫

图 3-87　中国工商银行现金缴款单

表 3-41　长短款报告单

实物负责人：　　　　年　月　日　　　　字第　　号

应收金额		实收金额		长款金额		短款金额
原　因						
领导批示						

（3）12 日，服装柜组对童装 50 套进行八折销售，原单位售价 234 元，折扣后单位售价 187.20 元，当日全部销售完毕，销货款 9 360 元存入银行，取得原始凭证见表 3-42 和图 3-88。

表 3-42　内部缴款单

缴款单位：　　　　2013 年 8 月 12 日　　　　字第　　号

项　目	张　数	金　额
1. 现金 2. 支票 3. 其他		9 360 元（折扣商品部分）
合计（大写）	玖仟叁佰陆拾元整	

中国工商银行　现金缴款单

缴款日期：2013 年 8 月 12 日

缴款单位	全　称	嘉嘉百货公司	账　号	412360258								
	开户银行	中国工商银行北京街支行										
款项来源	销货款			百	十	万	千	百	十	元	角	分
人民币(大写)玖仟叁佰陆拾元整						¥	9	3	6	0	0	0
现金收讫		复核员 复核员	出纳收款员 记　账　员									

中国工商银行 北京街支行 2013年8月12日 收讫

图 3-88　中国工商银行现金缴款单

（4）15 日，嘉嘉百货公司 8 日发生的短款 200 元，经查是出纳员郑童责任造成的，应由其赔偿，填制原始凭证见表 3-43。

表 3-43 长短款报告单

实物负责人： 年 月 日 字第 号

应收金额		实收金额		长款金额		短款金额	
原 因							
领导批示							

（5）19 日，服装柜组销货收入 83 070 元，实收货款 83 170 元，发生长款 100 元，原因待查，销货款存入银行，填制原始凭证如表 3-44 和图 3-89 所示。

表 3-44 长短款报告单

实物负责人： 年 月 日 字第 号

应收金额		实收金额		长款金额		短款金额	
原 因							
领导批示							

中国工商银行 现金缴款单

缴款日期：2013 年 8 月 19 日

缴款单位	全 称	嘉嘉百货公司	账 号	412360258							
	开户银行	中国工商银行北京街支行									
款项来源	销货款		百	十	万	千	百	十	元	角	分
人民币（大写）捌万叁仟壹佰柒拾元整				¥	8	3	1	7	0	0	0
现金收讫		复核员 出纳收款员 复核员 记 账 员									

中国工商银行 北京街支行 2013年8月19日 收讫

图 3-89 中国工商银行现金缴款单

（6）25 日，服装柜组 19 日发生的长款 100 元，原因无法查明，经批准转入“营业外收入”账户，填制原始凭证见表 3-45。

表 3-45 长短款报告单

实物负责人： 年 月 日 字第 号

应收金额		实收金额		长款金额		短款金额	
原 因							
领导批示							

【实训要求】

1. 根据上述经济业务，填写有关部分自制原始凭证。
2. 根据上述经济业务，编制记账凭证如图 3-90 ~ 图 3-96 所示。

记账凭证

年　月　日　　　　　　　　　　　　记字第　号

摘　要	总账科目	明细科目	借方金额										贷方金额										记账
			千	百	十	万	千	百	十	元	角	分	千	百	十	万	千	百	十	元	角	分	
合　计																							

附单据　张

会计主管　　　　记账　　　　稽核　　　　出纳　　　　制单

图 3-90　记账凭证

记账凭证

年　月　日　　　　　　　　　　　　记字第　号

摘　要	总账科目	明细科目	借方金额										贷方金额										记账
			千	百	十	万	千	百	十	元	角	分	千	百	十	万	千	百	十	元	角	分	
合　计																							

附单据　张

会计主管　　　　记账　　　　稽核　　　　出纳　　　　制单

图 3-91　记账凭证

记账凭证

年　月　日　　　　　　　　　　　　记字第　号

摘　要	总账科目	明细科目	借方金额										贷方金额										记账
			千	百	十	万	千	百	十	元	角	分	千	百	十	万	千	百	十	元	角	分	
合　计																							

附单据　张

会计主管　　　　记账　　　　稽核　　　　出纳　　　　制单

图 3-92　记账凭证

记账凭证

年　月　日　　　　　　　　　记字第　　号

摘要	总账科目	明细科目	借方金额										贷方金额										记账
			千	百	十	万	千	百	十	元	角	分	千	百	十	万	千	百	十	元	角	分	
合计																							

附单据　张

会计主管　　　记账　　　稽核　　　出纳　　　制单

图 3-93　记账凭证

记账凭证

年　月　日　　　　　　　　　记字第　　号

摘要	总账科目	明细科目	借方金额										贷方金额										记账
			千	百	十	万	千	百	十	元	角	分	千	百	十	万	千	百	十	元	角	分	
合计																							

附单据　张

会计主管　　　记账　　　稽核　　　出纳　　　制单

图 3-94　记账凭证

记账凭证

年　月　日　　　　　　　　　记字第　　号

摘要	总账科目	明细科目	借方金额										贷方金额										记账
			千	百	十	万	千	百	十	元	角	分	千	百	十	万	千	百	十	元	角	分	
合计																							

附单据　张

会计主管　　　记账　　　稽核　　　出纳　　　制单

图 3-95　记账凭证

记账凭证

年　月　日　　　　　　　　　　　　记字第　　号

摘　要	总账科目	明细科目	借方金额										贷方金额										记账
			千	百	十	万	千	百	十	元	角	分	千	百	十	万	千	百	十	元	角	分	
合　计																							

附单据　张

会计主管　　　　记账　　　　稽核　　　　出纳　　　　制单

图 3-96　记账凭证

【实训评价】

根据实际完成情况，填写实训体验评价表，见表 3-46。

表 3-46　实训体验评价表

年　月　日

姓名		班级	
实训内容			
评价项目	评价标准	比重(%)	评价成绩/分
实训态度	完成实训，态度认真，遵守纪律	10	
职业规范	编写的记账凭证内容完整，书写规范，科目选择正确，金额填写正确	30	
运用学会的知识	熟练准确运用学会的知识	30	
分析问题、解决问题的能力	对变化的业务能分析出会计处理的方法	20	
按时完成实训	在规定的时间内完成实训任务	10	
合　计		100	

任务三　学会综合性零售企业的期末会计处理

任务目标

1. 学会调整销售收入的会计处理方法
2. 学会调整销售成本的会计处理方法
3. 学会库存商品的清查方法和清查结果的会计处理方法

知识储备

一、调整销售收入

在日常会计核算中，“主营业务收入”账户中核算的是含税销售额，因此月末需要进行调整，将含税收入调整为不含税销售额。需将收入中的销项税额分解出来，使“主营业务收入”账户反映企业实际的销售收入。

月末调整销售收入的会计处理流程如图 3-97 所示。

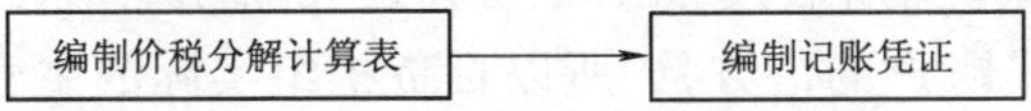

图 3-97 调整销售收入会计处理流程

1. 编制价税分解计算表

价税分解计算表是将含税销售额分解为不含税销售额和销项税额两部分。

销项税额 = 含税销售额 − 不含税销售额 = 不含税销售额 × 增值税税率

不含税销售额 = 含税销售额 ÷ (1 + 增值税税率)

价税分解计算表是自制原始凭证，应当反映各营业柜组的收入、销项税额等情况。

2. 编制记账凭证

根据价税分解计算表编制记账凭证，一方面，反映销项税额；另一方面，减少主营业务收入。

【例 3-14】 7 月月末，天洋百货商场“主营业务收入”账户的部分明细账户汇总的含税销售额为 236 457 元，其中百货柜组销售额为 65 520 元，针织柜组销售额为 71 370 元，服装柜组销售额为 99 567 元，编制原始凭证如图 3-98 所示。

不含税销售额 = 含税销售额 ÷ (1 + 增值税税率)

百货柜组销售额 = 65 520 ÷ (1 + 17%) = 56 000(元)

针织柜组销售额 = 71 370 ÷ (1 + 17%) = 61 000(元)

服装柜组销售额 = 99 567 ÷ (1 + 17%) = 85 100(元)

销项税额 = 不含税销售额 × 增值税税率

百货柜组销项税额 = 56 000 × 17% = 9 520(元)

针织柜组销项税额 = 61 000 × 17% = 10 370(元)

服装柜组销项税额 = 85 100 × 17% = 14 467(元)

图 3-98 各柜组价税分解计算过程

根据审核无误的原始凭证，编制记账凭证如图 3-99 所示。

记账凭证

2013 年 7 月 31 日 记字第 号

摘要	总账科目	明细科目	借方金额										贷方金额										记账
			千	百	十	万	千	百	十	元	角	分	千	百	十	万	千	百	十	元	角	分	
月末价税分解	主营业务收入	百货柜组					9	5	2	0	0	0											
		针织柜组				1	0	3	7	0	0	0											
		服装柜组				1	4	4	6	7	0	0											
	应交税费	应交增值税（销项税额）														3	4	3	5	7	0	0	
合计					¥	3	4	3	5	7	0	0			¥	3	4	3	5	7	0	0	

附单据 1 张

会计主管 记账 稽核 出纳 制单 岳月

图 3-99 记账凭证

经过价税分解并进行会计处理后，将“主营业务收入”账户的含税金额调整为不含税金额。这时，“主营业务收入”账户的金额就是实际销售收入。例如，百货柜组本月的含税收入为65 520元(记入“主营业务收入”账户的贷方)，价税分解时计算出的销项税额为9 520元(记入“主营业务收入”账户的借方)，所以百货柜组实际的主营业务收入为56 000元(65 520－9 520)。

二、调整销售成本

企业在日常核算中，“主营业务成本”账户是按商品零售价结转的。因此，平时“主营业务成本”账户的借方发生额，并不是已销商品的进价成本而是商品的售价金额。已销商品的进价与售价之间的差额，反映在“商品进销差价”账户中，这样每到月末，就需要运用一定的方法计算和结转已销商品应分摊的进销差价。

月末调整销售成本的会计处理流程如图3-100所示。

图3-100　月末调整销售成本会计处理流程

计算已销商品应分摊的进销差价，必须结合各企业的具体情况，选择适当的计算方法。下面介绍三种常用的方法。

(一) 综合差价率计算法

综合差价率计算法是根据企业经营的全部商品的存销比例，平均分摊进销差价的一种方法，其计算步骤如下：

(1) 计算综合差价率，其计算公式如下：

$$商品综合差价率=\frac{期末分摊前“商品进销差价”账户余额}{“库存商品”账户余额+本期“主营业务收入”账户贷方发生额}$$

如果企业有委托代销商品业务，则商品综合差价率计算公式的分母中还应包括“委托代销商品”账户余额。

(2) 计算已销商品应分摊的进销差价，其计算公式如下：

本期已销商品应分摊的进销差价＝本期商品销售收入×商品综合差价率

(3) 根据计算出已销商品应分摊的进销差价，需借记“商品进销差价”账户；贷记“主营业务成本”账户。

由于商品进销差价中包含增值税，则在分摊结转已销商品进销差价后，企业平时结转的含税售价成本就被调整为不含税实际成本，仍然是传统意义上的主营业务成本。

【例3-15】天洋百货商场7月月末，“商品进销差价”账户余额为583 800元，月末“库存商品”账户余额为728 000元，本月“主营业务收入”账户的贷方发生额和“主营业务成本”账户的借方发生额均为2 202 000元。根据以上资料计算已销商品应分摊的进销差价，其计算过程如图3-101所示。

综合差价率＝583 800÷(728 000＋2 202 000)×100%＝20%

本期已销商品应分摊的进销差价＝2 202 000×20%＝440 400(元)

图3-101　本期已销商品应分摊的进销差价计算过程

根据审核无误的原始凭证，编制记账凭证如图 3-102 所示。

记账凭证

2013 年 7 月 31 日　　　　记字第　　号

摘要	总账科目	明细科目	借方金额										贷方金额										记账
			千	百	十	万	千	百	十	元	角	分	千	百	十	万	千	百	十	元	角	分	
结转进销差价	商品进销差价				4	4	0	4	0	0	0	0											
	主营业务成本														4	4	0	4	0	0	0	0	
合计				¥	4	4	0	4	0	0	0	0		¥	4	4	0	4	0	0	0	0	

附单据1张

会计主管　　　记账　　　稽核　　　出纳　　　制单　岳月

图 3-102　记账凭证

经过上述调整后，“商品进销差价”账户的余额为 143 400 元(583 800 − 440 400)，是企业期末库存商品应负担的进销差价，即库存商品的实际成本为 584 600 元(728 000 − 143 400)。“主营业务成本”账户的金额也由原来的售价金额 2 202 000 元(原记入“主营业务成本”账户的借方)调整为实际成本 1 761 600 元(2 202 000 − 440 400)。

企业的商品进销差价如果各月之间比较均衡，也可以采用上月的差价率计算。但为了真实反映库存商品和已销商品应分摊的进销差价，正确核算企业盈亏，年末应对商品的进销差价进行一次核实调整。

采用综合差价率计算已销商品的进销差价，虽然计算手续简便，但不适用于经营品种繁多的企业。并且采用这种计算方法，因各种商品的进销差价不同，每期各种商品的销售比重也不完全相同，使得计算结果不够准确。

(二) 分类(或柜组)差价率计算法

分类差价率是按照各类(或柜组)商品的存销比例，平均分摊本月已销商品应负担的进销差价的方法。

【例 3-16】天洋百货商场 7 月月末，各柜组有关商品进销差价计算资料见表 3-47。

表 3-47　商品进销差价计算资料

2013 年 7 月 31 日　　　　(单位：元)

营业柜组	月末分摊前“商品进销差价”账户余额	月末“库存商品”账户余额	本期“主营业务收入”账户贷方发生额
百货柜组	52 500	68 000	182 000
针织柜组	183 300	176 000	764 000
服装柜组	348 000	484 000	1 256 000
合　计	583 800	728 000	2 202 000

财会部门根据上述资料编制已销商品进销差价计算表，并计算各柜组本月已销商品应分摊的进销差价，见表 3-48。

表 3-48　已销商品进销差价计算表

2013 年 7 月 31 日

（单位：元）

营业柜组	月末“商品进销差价”账户余额	月末“库存商品”账户余额	本月“主营业务收入”账户贷方发生额	分类差价率	商品进销差价	
					已销商品	库存商品
百货柜组	52 500	68 000	182 000	21%	38 220	14 280
针织柜组	183 300	176 000	764 000	19．5%	148 980	34 320
服装柜组	348 000	484 000	1 256 000	20%	251 200	96 800
合计	583 800	728 000	2 202 000		438 400	145 400

根据已销商品进销差价计算表，结转各实物负责人本月已销商品应分摊的进销差价，编制记账凭证如图 3-103 所示。

记账凭证

2013 年 7 月 31 日　　　　记字第　　号

摘要	总账科目	明细科目	借方金额										贷方金额										记账
			千	百	十	万	千	百	十	元	角	分	千	百	十	万	千	百	十	元	角	分	
结转进销差价	商品进销差价	百货柜组				3	8	2	2	0	0	0											
		针织柜组			1	4	8	9	8	0	0	0											
		服装柜组			2	5	1	2	0	0	0	0											
	主营业务成本	百货柜组														3	8	2	2	0	0	0	
		针织柜组													1	4	8	9	8	0	0	0	
		服装组													2	5	1	2	0	0	0	0	
合计				¥	4	3	8	4	0	0	0	0		¥	4	3	8	4	0	0	0	0	

附单据 1 张

会计主管　　记账　　稽核　　出纳　　制单　岳月

图 3-103　记账凭证

采用分类差价率计算的已销商品，应分摊的进销差价为 438 400 元，采用综合差价率计算的已销商品，应分摊的进销差价为 440 400 元，两者相差 2 000 元。采用分类差价率计算的已销商品应分摊的进销差价，把计算范围缩小到商品大类或柜组，大类内的商品差价率比较接近，计算的结果要比综合差价率准确。

（三）实际差价计算法

综合性零售企业对已销商品进销差价的计算，由于每种商品的进销差价率不同，类内每种商品的比重也不完全一样，因此企业无论是采用综合差价率还是分类差价率，其计算结果与实际情况并不完全一致。为了真实反映库存商品和已销商品应分摊的进销差价，并能正确核算企业的经营成果，在年终决算前，对各种商品应运用实际差价计算法，对库存商品的进销差价进行一次全面的核实调整。所谓实际差价计算法，又称盘存商品进销差价法，是根据期末库存商品盘点数量，逐一计算盘存商品的进销差价，进而逆算出已销商品进销差价的一种方法。该方法的计算程序如下：

（1）期末各营业柜组通过实地盘点，确定各种库存商品的期末盘存数量，并分别乘以各种商品的实际进价或最后一次进价，求得期末库存商品的进价总额。

（2）将各种商品的实际库存数量乘以各种商品的售价，求得期末库存商品的售价总额。

（3）将期末库存商品的售价总额减去期末库存商品的进价总额，计算出期末库存商品应分摊的进销差价。

（4）用期末“商品进销差价”账户的期末余额，减去期末库存商品应分摊的进销差价，计算出已销商品应分摊的进销差价。

其计算公式如下：

库存商品应保留的进销差价 = 期末库存商品售价总额 − 期末库存商品进价总额

已销商品应分摊的进销差价 = 期末“商品进销差价”账户余额 − 库存商品应保留的进销差价

【例 3-17】 天洋百货商场 2013 年年末盘点库存商品，按售价计算库存商品总额为 120 000元，按各种商品最后进价，计算出库存商品进价总额为 88 000 元，结转前“商品进销差价”账户的余额为 170 000 元，则已销商品应分摊的进销差价计算过程如图 3-104 所示。

库存商品应保留的进销差价 = 120 000 − 88 000 = 32 000（元）

已销商品应分摊的进销差价 = 170 000 − 32 000 = 138 000（元）

图 3-104　已销商品应分摊的进销差价计算过程

根据审核无误的原始凭证，编制记账凭证如图 3-105 所示。

记账凭证

2013 年 12 月 31 日　　　　记字第　　号

摘要	总账科目	明细科目	借方金额										贷方金额										记账
			千	百	十	万	千	百	十	元	角	分	千	百	十	万	千	百	十	元	角	分	
结转进销差价	商品进销差价				1	3	8	0	0	0	0	0											
	主营业务成本														1	3	8	0	0	0	0	0	
合　计				¥	1	3	8	0	0	0	0	0		¥	1	3	8	0	0	0	0	0	

附单据 1 张

会计主管　　记账　　稽核　　出纳　　制单 岳月

图 3-105　记账凭证

如果核实的进销差价大于“商品进销差价”账户的金额，则说明平时多转了进销差价，少计了成本，应借记“主营业务成本”账户，贷记“商品进销差价”账户，调整已结转的商品进销差价数额。

实际差价计算法不受已销商品中各种不同差价率商品所占比重的影响，计算结果比较准确，但计算工作量较大，要对全部库存商品进行逐一盘点、计价。因此，该方法一般适用于经营商品品种不多的企业。在实际工作中，为了既简化核算手续，又准确计算已销商品的进销差价，通常在平时采用分类(或柜组)差价率计算法，到年度终了，应用实际差价计算法对全年进销差价进行核实。

三、清查库存商品

综合性零售企业的库存商品按售价金额核算，库存商品的明细分类账平时只反映商品进销存的售价金额，不反映数量变化情况。因此，应定期对库存商品进行盘点，由各实物负责人将所经营的商品按品种、规格、数量、零售单价等逐项填入商品盘存单(见表3-49)，计算出各种商品的售价总金额和实物负责小组所经营商品的售价总金额，然后再与“库存商品”账户的余额进行核对，以了解和控制商品的实存数量，确保账实相符。

表3-49　商品盘存单

实物负责柜组：　　　　年　月　日

商品编号	品名	单位	库存数量	实存售价金额		库存商品账面余额	溢余（售价）	短缺（售价）
				单价	金额			
备注								

库存商品盘点结果处理流程，如图3-106所示。

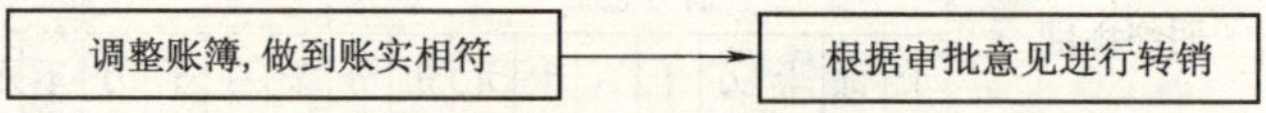

图3-106　库存商品盘点结果处理流程

（一）库存商品盘点溢余的核算

库存商品盘点溢余是指库存商品的盘存金额大于账面结存金额的差额。造成商品溢余的主要原因包括商品自然升溢和多收、少付商品的差错等。在未查明原因之前，为做到账实相符，要先调整“库存商品”账户的账面金额。按溢余商品的售价金额记入“库存商品”账户的借方，按计算的进销差价记入“商品进销差价”账户的贷方，按库存商品的实际成本记入“待处理财产损溢”账户的贷方。待查明原因后，再从“待处理财产损溢”账户转入有关账户。

【例3-18】天洋百货商场8月月末对食品柜组进行盘点，实际库存金额为56 100元，账面库存金额为55 600元，溢余500元。按上月月末分类差价率21%计算的进销差价为105元，原因待查。编制商品盘点溢余短缺报告单，见表3-50。

表 3-50 商品盘点溢余短缺报告单

部门：食品柜组　　2013 年 8 月 31 日　　（单位：元）

账面金额	实存金额	溢余金额	短缺金额	溢余商品差价	短缺商品差价	溢余商品进价	短缺商品进价
55 600	56 100	500		105		395	
上月本柜组差价率	21%	溢余或短缺原因	待查	财会部门意见		领导批复	

根据审核无误的原始凭证，编制记账凭证如图 3-107 所示。

记账凭证

2013 年 8 月 31 日　　记字第　　号

摘　要	总账科目	明细科目	借方金额										贷方金额										记账
			千	百	十	万	千	百	十	元	角	分	千	百	十	万	千	百	十	元	角	分	
商品盘盈	库存商品	食品柜组						5	0	0	0	0											
	待处理财产损溢	待处理流动资产损溢																3	9	5	0	0	
	商品进销差价	食品柜组																1	0	5	0	0	
合　计							¥	5	0	0	0	0					¥	5	0	0	0	0	

附单据 1 张

会计主管　　记账　　稽核　　出纳　　制单　岳月

图 3-107 记账凭证

经查明，上述商品溢余属于自然升溢。经批准，冲减管理费用。审批后的商品盘点溢余短缺报告单，见表 3-51。

表 3-51 商品盘点溢余短缺报告单

部门：食品柜组　　2013 年 8 月 31 日　　（单位：元）

账面金额	实存金额	溢余金额	短缺金额	溢余商品差价	短缺商品差价	溢余商品进价	短缺商品进价
55 600	56 100	500		105		395	
上月本柜组差价率	21%	溢余或短缺原因	自然升溢	财会部门意见	冲减管理费用	领导批复	同意

根据审核无误的原始凭证，编制记账凭证如图 3-108 所示。

记账凭证

2013 年 8 月 31 日　　　　记字第　　号

摘　要	总账科目	明细科目	借方金额										贷方金额										记账
			千	百	十	万	千	百	十	元	角	分	千	百	十	万	千	百	十	元	角	分	
转销商品盘盈	待处理财产损溢	待处理流动资产损溢						3	9	5	0	0											
	管理费用																	3	9	5	0	0	
合　计							¥	3	9	5	0	0					¥	3	9	5	0	0	

附单据 1 张

会计主管　　　记账　　　稽核　　　出纳　　　制单　岳月

图 3-108　记账凭证

（二）库存商品盘点短缺的核算

库存商品盘点短缺是指库存商品的盘存金额小于账面结存金额的差额。造成商品短缺的主要原因有商品自然损耗、少收、多付商品的差错，以及贪污、盗窃等。在未查明原因之前，为做到账实相符，要先调整“库存商品”账户的账面金额。按短缺商品的售价记入“库存商品”账户的贷方，按计算的进销差价记入“商品进销差价”账户的借方，按库存商品的实际成本记入“待处理财产损溢”账户的借方。待查明原因后，再从“待处理财产损溢”账户转入有关账户。

【例 3-19】 天洋百货商场 8 月月末对服装柜组进行盘点，实际库存金额为 466 100 元，账面库存金额为 466 900 元，短缺 800 元。按上月月末分类差价率 20% 计算的进销差价为 160 元，原因待查。编制商品盘点溢余短缺报告表，见表 3-52。

表 3-52　商品盘点溢余短缺报告单

部门：服装柜组　　　2013 年 8 月 31 日　　　（单位：元）

账面金额	实存金额	溢余金额	短缺金额	溢余商品差价	短缺商品差价	溢余商品进价	短缺商品进价
466 900	466 100		800		160		640
上月本柜组差价率	20%	溢余或短缺原因	待查	财会部门意见		领导批复	

根据审核无误的原始凭证，编制记账凭证如图 3-109 所示。

记账凭证

2013 年 8 月 31 日　　　　记字第　　号

摘　要	总账科目	明细科目	借方金额										贷方金额										记账
			千	百	十	万	千	百	十	元	角	分	千	百	十	万	千	百	十	元	角	分	
商品盘亏	待处理财产损溢	待处理流动资产损溢						6	4	0	0	0											
	商品进销差价	服装柜组						1	6	0	0	0											
	库存商品																	8	0	0	0	0	
合　计							¥	8	0	0	0	0					¥	8	0	0	0	0	

附单据1张

会计主管　　记账　　稽核　　出纳　　制单　岳月

图 3-109　记账凭证

经查明，上述商品短缺是实物保管员王亮责任造成的，商品进价连同增值税税额(进项税额)由其赔偿。审批后的商品盘点溢余短缺报告表，见表 3-53。

表 3-53　商品盘点溢余短缺报告单

部门：服装组　　2013 年 8 月 31 日　　(单位：元)

账面金额	实存金额	溢余金额	短缺金额	溢余商品差价	短缺商品差价	溢余商品进价	短缺商品进价
466 900	466 100		800		160		640
上月本柜组差价率	20%	溢余或短缺原因	保管员责任	财会部门意见	由保管员赔偿价税款	领导批复	同意

根据审核无误的原始凭证，编制记账凭证如图 3-110 所示。

记账凭证

2013 年 8 月 31 日　　　　记字第　　号

摘　要	总账科目	明细科目	借方金额										贷方金额										记账
			千	百	十	万	千	百	十	元	角	分	千	百	十	万	千	百	十	元	角	分	
转销商品盘亏	其他应收款	王亮						7	4	8	8	0											
	待处理财产损溢	待处理流动资产损溢																6	4	0	0	0	
	应交税费	应交增值税（进项税额转出）																1	0	8	8	0	
合　计							¥	7	4	8	8	0					¥	7	4	8	8	0	

附单据1张

会计主管　　记账　　稽核　　出纳　　制单　岳月

图 3-110　记账凭证

如果商品短缺属于自然损耗，则经批准后，将其转入“管理费用”账户处理；如果短缺商品是属于自然灾害造成的损失，则在扣除残料价值和应由保险公司赔偿部分后，将其净损失转入“营业外支出——非常损失”账户处理。

任务实训一

【实训目的】

学会期末调整销售收入业务的核算。

【实训资料】

2013 年 8 月月末，嘉嘉百货商场百货柜组的收入总额为 292 500 元，服装柜组的收入总额为 216 450 元。

【实训要求】

1. 编制价税分解计算表(见图 3-111)。

百货柜组销售额＝
服装柜组销售额＝
百货柜组销项税额＝
服装柜组销项税额＝

图 3-111　价税分解计算过程

2. 根据审核无误的原始凭证，编制记账凭证如图 3-112 所示。

记账凭证

年　月　日　　　　记字第　　号

摘　要	总账科目	明细科目	借方金额										贷方金额										记账
			千	百	十	万	千	百	十	元	角	分	千	百	十	万	千	百	十	元	角	分	
合　计																							

附单据　张

会计主管　　记账　　稽核　　出纳　　制单

图 3-112　记账凭证

【实训评价】

根据实际完成情况，填写实训体验评价表，见表 3-54。

表 3-54　实训体验评价表

年　月　日

姓名		班级	
实训内容			
评价项目	评价标准	比重(%)	评价成绩/分
实训态度	完成实训，态度认真，遵守纪律	10	
职业规范	编写的记账凭证内容完整，书写规范，科目选择正确，金额填写正确	30	

（续）

评价项目	评价标准	比重（%）	评价成绩/分
运用学会的知识	熟练准确运用学会的知识	30	
分析问题、解决问题的能力	对变化的业务能分析出会计处理的方法	20	
按时完成实训	在规定的时间内完成实训任务	10	
合　计		100	

任务实训二

【实训目的】

学会期末调整主营业务成本的方法。

【实训资料】

建安商厦6月30日有关部分资料如下：

（1）有关账户的期末余额见表3-55。

表3-55　营业柜组期末余额

（单位：元）

营业柜组	月末调整前“商品进销差价”账户余额	月末“库存商品”账户余额	本月“主营业务收入”账户贷方发生额
百货柜组	36 000	84 000	156 000
文具柜组	46 800	126 000	234 000
合　计	82 800	210 000	390 000

（2）各营业柜组编制商品盘存表，分别计算出实际结存库存商品的进价金额，百货柜组为8 100元，文具柜组为18 000元。

【实训要求】

1. 分别采用综合差价率法、分类差价率法和实际差价计算法，计算已销商品应分摊的进销差价。

（1）采用综合差价率法计算已销商品应分摊的进销差价，填写原始凭证如图3-113所示。

综合差价率 = 本期已销商品应分摊的进销差价 =

图3-113　已销商品应分摊的进销差价计算过程

（2）采用分类差价率法计算已销商品应分摊的进销差价，填写原始凭证见表3-56。

表 3-56　已销商品进销差价计算表

年　月　日

营业柜组	月末“商品进销差价”账户余额	月末“库存商品”账户余额	本月“主营业务收入”账户贷方发生额	分类差价率	商品进销差价	
					已销商品	库存商品
百货柜组						
文具柜组						
合计						

(3)采用实际差价计算法计算已销商品应分摊的进销差价，填写原始凭证如图 3-114 所示。

库存商品应保留的进销差价 =
已销商品应分摊的进销差价 =

图 3-114　已销商品应分摊的进销差价计算过程

2. 分别依据上述原始凭证，编制记账凭证如图 3-115 ~ 图 3-117 所示。

记账凭证

年　月　日　　　　　　　　　　记字第　　号

摘　要	总账科目	明细科目	借方金额										贷方金额										记账
			千	百	十	万	千	百	十	元	角	分	千	百	十	万	千	百	十	元	角	分	
合　计																							

附单据　张

会计主管　　　记账　　　稽核　　　出纳　　　制单

图 3-115　记账凭证

记账凭证

年　月　日　　　　　　　　　　记字第　　号

摘　要	总账科目	明细科目	借方金额										贷方金额										记账
			千	百	十	万	千	百	十	元	角	分	千	百	十	万	千	百	十	元	角	分	
合　计																							

附单据　张

会计主管　　　记账　　　稽核　　　出纳　　　制单

图 3-116　记账凭证

记账凭证

年 月 日　　　　　　　　　　　　记字第 号

摘　要	总账科目	明细科目	借方金额										贷方金额										记账
			千	百	十	万	千	百	十	元	角	分	千	百	十	万	千	百	十	元	角	分	
合　计																							

附单据　张

会计主管　　　　记账　　　　稽核　　　　出纳　　　　制单

图 3-117　记账凭证

【实训评价】

根据实际完成情况填写实训体验评价表，见表 3-57。

表 3-57　实训体验评价表

年 月 日

姓名		班级	
实训内容			
评价项目	评价标准	比重(%)	评价成绩/分
实训态度	完成实训，态度认真，遵守纪律	10	
职业规范	编写的记账凭证内容完整，书写规范，科目选择正确，金额填写正确	30	
运用学会的知识	熟练准确运用学会的知识	30	
分析问题、解决问题的能力	对变化的业务能分析出会计处理的方法	20	
按时完成实训	在规定的时间内完成实训任务	10	
合　计		100	

任务实训三

【实训目的】

练习商品调价及清查的核算。

【实训资料】

建安商厦 7 月 31 日有关资料如下：

(1) 7 月 31 日，两个营业柜组商品盘点资料，见表 3-58。

表 3-58　商品盘点溢余短缺报告单

2013 年 7 月 31 日

营业柜组	品名	单位	库存数量	实存售价金额		库存商品账面余额/元	溢余（售价）/元	短缺（售价）/元
				单价/元	金额/元			
百货柜组					85 830	85 890		60
文具柜组					132 620	132 510	110	
备注	原因待查							

上月百货柜组的分类差价率为 15%，文具柜组的分类差价率为 13%。

（2）31 日，接到物价部门通知，从 8 月 1 日起，对针织柜组的毛巾零售价从 20 元调整为 22 元，该毛巾每条进价 17 元，结存数量 80 条；对文具柜组碳素笔零售价从 9 元调整为 8 元，该碳素笔每支进价 6.50 元，结存数量 200 支。原始凭证见表 3-59 和表 3-60。

表 3-59　调价商品差价调整表

柜组：针织柜组　　2013 年 8 月 1 日　　调价通知日期：2013 年 7 月 31 日

商品名称	品名规格	单位	盘存数量	原售价		新售价		库存商品	
				单价/元	金额/元	单价/元	金额/元	增加金额/元	减少金额/元
毛巾		条	80	20	1 600	22	1 760	160	
合计			80	20	1 600	22	1 760	160	

表 3-60　调价商品差价调整表

柜组：文具柜组　　2013 年 8 月 1 日　　调价通知日期：2013 年 7 月 31 日

商品名称	品名规格	单位	盘存数量	原售价		新售价		库存商品	
				单价/元	金额/元	单价/元	金额/元	增加金额/元	减少金额/元
碳素笔		支	200	9	1 800	8	1 600		200
合计			200	9	1 800	8	1 600		200

（3）有关部门转来对盘点溢余和短缺商品的处理意见，溢余商品是定额范围内的差错，应冲减管理费用；短缺商品是实物负责人的责任，应由其赔偿，但尚未收到赔款，原始凭证见表 3-61。

表 3-61　商品盘点溢余短缺报告单

2013 年 7 月 31 日

营业柜组	品名	单位	库存数量	实存售价金额		库存商品账面余额/元	溢余（售价）/元	短缺（售价）/元
				单价/元	金额/元			
百货柜组					85 830	85 890		60
文具柜组					132 620	132 510	110	
备注	溢余商品应冲减管理费用，短缺商品由实物负责人王迪赔偿。							

【实训要求】

根据上述资料，编制记账凭证如图 3-118 ~ 图 3-123 所示。

记账凭证

年　月　日　　　　　　　　记字第　　号

摘　　要	总账科目	明细科目	借方金额										贷方金额										记账
			千	百	十	万	千	百	十	元	角	分	千	百	十	万	千	百	十	元	角	分	
合　　计																							

附单据　张

会计主管　　　　记账　　　　稽核　　　　出纳　　　　制单

图 3-118　记账凭证

记账凭证

年　月　日　　　　　　　　记字第　　号

摘　　要	总账科目	明细科目	借方金额										贷方金额										记账
			千	百	十	万	千	百	十	元	角	分	千	百	十	万	千	百	十	元	角	分	
合　　计																							

附单据　张

会计主管　　　　记账　　　　稽核　　　　出纳　　　　制单

图 3-119　记账凭证

记账凭证

年　月　日　　　　　　　　记字第　　号

摘　　要	总账科目	明细科目	借方金额										贷方金额										记账
			千	百	十	万	千	百	十	元	角	分	千	百	十	万	千	百	十	元	角	分	
合　　计																							

附单据　张

会计主管　　　　记账　　　　稽核　　　　出纳　　　　制单

图 3-120　记账凭证

记账凭证

年 月 日　　　　　　　　　　　　记字第 号

摘要	总账科目	明细科目	借方金额										贷方金额										记账
			千	百	十	万	千	百	十	元	角	分	千	百	十	万	千	百	十	元	角	分	
合计																							

附单据 张

会计主管　　　　记账　　　　稽核　　　　出纳　　　　制单

图 3-121　记账凭证

记账凭证

年 月 日　　　　　　　　　　　　记字第 号

摘要	总账科目	明细科目	借方金额										贷方金额										记账
			千	百	十	万	千	百	十	元	角	分	千	百	十	万	千	百	十	元	角	分	
合计																							

附单据 张

会计主管　　　　记账　　　　稽核　　　　出纳　　　　制单

图 3-122　记账凭证

记账凭证

年 月 日　　　　　　　　　　　　记字第 号

摘要	总账科目	明细科目	借方金额										贷方金额										记账
			千	百	十	万	千	百	十	元	角	分	千	百	十	万	千	百	十	元	角	分	
合计																							

附单据 张

会计主管　　　　记账　　　　稽核　　　　出纳　　　　制单

图 3-123　记账凭证

【实训评价】

根据实际完成情况，填写实训体验评价表，见表3-62。

表3-62　实训体验评价表

年　月　日

姓名		班级	
实训内容			
评价项目	评价标准	比重(%)	评价成绩/分
实训态度	完成实训，态度认真，遵守纪律	10	
职业规范	编写的记账凭证内容完整，书写规范，科目选择正确，金额填写正确	30	
运用学会的知识	熟练准确运用学会的知识	30	
分析问题、解决问题的能力	对变化的业务，能分析出会计处理的方法	20	
按时完成实训	在规定的时间内完成实训任务	10	
合　计		100	

项目四 专业性零售企业会计

具体任务

任务一　领会专业性零售企业的特点和库存商品的核算方法

任务二　学会专业性零售企业的日常会计处理

任务三　学会专业性零售企业的期末会计处理

任务一　领会专业性零售企业的特点和库存商品的核算方法

任务目标

1. 领会专业性零售企业的经营特点
2. 领会专业性零售企业库存商品的核算方法

知识储备

想一想　你去过哪些专业性零售企业?

一、专业性零售企业的经营特点

专业性零售企业的经营有如下特点:

(1) 经营商品类别少，如钟表店、眼镜店、汽车配件零售店、家用电器商店、照相器材专卖店、金银首饰店、鞋店等。

(2) 经营商品的规格、型号、复杂程度差别较大。有的企业经营的商品规格型号单一或很少，如品牌计算机专卖店、品牌电器商店等；有的企业经营的商品规格型号繁多，如汽车配件专营店、服装店等。

(3) 经营商品的价格差异较大。有的专业性零售企业经营商品的价格昂贵，如高档钟表店等；有的价格比较低廉，如鞋店等。

二、专业性零售企业库存商品的核算方法

专业性零售企业根据其经营商品的具体情况，可以选择数量进价金额核算法、售价金额核算法和数量售价金额核算法。

（一）选择核算方法依据的原则

（1）经营的商品规格、型号单一或者较少的专业性零售企业，为满足管理的需要，应采用能够反映商品数量和金额的核算方法，即数量进价金额核算法或数量售价金额核算法。

（2）经营的商品规格型号复杂，单位价值较低的专业性零售企业，一般可只反映金额情况，通常采用售价金额核算法。

（3）经营的商品规格型号复杂，单位价值很高的专业性零售企业，如金银首饰店等，应采用数量进价金额核算法或数量售价金额核算法。而从简化会计核算、加强商品管理角度来看，应采取数量售价金额核算法。

这里主要介绍数量售价金额核算法。

（二）数量售价金额核算法的主要内容

（1）建立实物负责制。一般按商品类别划分营业柜组，确定实物负责人。

（2）库存商品总分类账和明细分类账均按售价记账。库存商品总分类账反映售价金额，库存商品明细分类账按商品的品名、规格设置，反映数量、单价和售价金额。

（3）设置“商品进销差价”账户，核算商品进价成本与商品售价之间的差额。

（4）月末调整主营业务收入和主营业务成本。一般采用实际差价计算法，计算结转已销商品应分摊的进销差价。

数量售价金额核算法，一方面具有售价金额核算法的优点，可以控制商品的售价；另一方面又具有数量进价金额核算法的优点，可以控制商品的数量，在账账之间、账实之间相互控制，但是这种方法工作量比较大。

任务实训

【实训目的】

通过对专业性零售企业的参观调研，使学生对专业性零售企业形成感性认识，了解会计知识在实际工作中的运用。通过理论学习和实践活动的结合，客观分析专业性零售企业会计核算的实际情况，并提高学生学习的热情。

【实训组织】

将班级同学分成若干个小组。组长负责本小组同学的出勤和遵章守纪情况、记录参观了解到的内容，并共同完成本次调研活动。

【实训要求】

以小组为单位，记录所了解到的专业性零售企业情况，填写专业性零售企业调研报表，见表4-1。

表4-1　专业性零售企业调研报告

年　月　日

姓名		所在组别		组长	
调研时间		被调研单位名称			
序号	基本调研项目	具体调研内容			
1	调研企业名称				
2	所在地址				

（续）

姓名		所在组别		组长	
调研时间		被调研单位名称			
序号	基本调研项目	具体调研内容			
3	员工人数				
4	经营业务范围				
5	经营特点				
6	库存商品核算方法				
7	财会部门人员的分工				
8	会计核算的主要业务内容				
9	调研体会				

【实训评价】

根据实际情况，填写实训体验评价表，见表4-2。

表4-2　实训体验评价表

年　　月　　日

姓名			班级			
训练内容						
评价指标		评价标准	比重（%）	自我评价/分	小组评价/分	训练成绩/分
专业知识技能	专业性零售企业含义	领会	10			
	专业性零售企业特点	领会	10			
	专业性零售企业的业务范围	领会	10			
	调研报告	调研报告内容填写齐全，调研体会深刻	30			
通用能力	出勤	全部出勤	10			
	遵章守纪	自觉遵守纪律，按时按要求调研	10			
	训练态度	调研积极主动，不畏难	10			
	团队分工合作	与同学团结合作，有集体观念	10			
合　计			100			

注：训练成绩 = 自我评价分数 ×50% ＋小组评价 ×分数 50%。

任务二 学会专业性零售企业的日常会计处理

任务目标

1. 领会专业性零售企业日常会计处理的主要内容
2. 学会商品购进日常业务的会计处理方法
3. 学会商品销售日常业务的会计处理方法

知识储备

一、商品购进的日常核算

（一）商品采购业务流程

专业性零售企业的供货商一般比较固定，购销双方经过长期合作，建立了良好的信用关系。因此在货款的结算方面，可以采用预付货款、货到付款、赊购定期结算方式，也可以采用采购员直接到购货单位付款提货方式。

（二）商品采购业务核算

商品采购业务核算，设置的账户主要有“在途物资”“库存商品”“商品进销差价”账户，各账户核算的内容与售价金额核算法基本相同。

商品采购业务核算的重点有两方面：一是收到发票等原始凭证时，审核购货凭证，及时结算货款并核算商品采购成本；二是商品验收后，审核收货单，计算商品进销差价，做出商品入库的日常会计处理。

【例 4-1】 2013 年 5 月 24 日，锦华市海员钟表店购进申亚牌钻石女表 50 块，取得原始凭证如图 4-1 和图 4-2 所示。

广东增值税专用发票

开票日期：2013 年 5 月 24 日

<table>
<tr><td>购货单位</td><td colspan="4">名　　称：锦华市海员钟表店
纳税人识别号：210703456258321
地 址、电 话：锦华市南京路 32 号　3339977
开户行及账号：中国工商银行南京路支行　111151235</td><td>密码区</td><td colspan="2">略</td></tr>
<tr><td>货物或应税劳务名称</td><td>规格型号</td><td>单位</td><td>数量</td><td>单价</td><td>金额</td><td>税率</td><td>税额</td></tr>
<tr><td>申亚牌钻石女表</td><td></td><td>块</td><td>50</td><td>1 000</td><td>50 000</td><td>17%</td><td>8 500</td></tr>
<tr><td></td><td></td><td></td><td></td><td></td><td></td><td></td><td></td></tr>
<tr><td>合 计</td><td></td><td></td><td></td><td></td><td>50 000</td><td></td><td>8 500</td></tr>
<tr><td colspan="8">价税合计（大写）伍万捌仟伍佰元整　　　　（小写）¥58 500</td></tr>
<tr><td>销货单位</td><td colspan="4">名　　称：深圳表业制造公司
纳税人识别号：760304562020500
地 址、电 话：深圳市罗湖区育才路 109 号　32562351
开户行及账号：中国建设银行新雅支行　47546522</td><td>备注</td><td colspan="2">深圳表业制造公司 发票专用章 760304562020500</td></tr>
</table>

第三联：发票联　购货方记账凭证

图 4-1　广东增值税专用发票

委托收款凭证(付款通知)

委托日期 2013 年 5 月 24 日

付款人	全　　称	锦华市海员钟表店		收款人	全　　称	深圳表业制造公司								
	账　　号	111151235			账　　号	47546522								
	开户银行	中国工商银行南京路支行			开户银行	中国建设银行新雅支行								
委托金额	人民币（大写）	伍万捌仟伍佰元整			千	百	十	万	千	百	十	元	角	分
							¥	5	8	5	0	0	0	0
款项内容	销售商品	委托收款凭证名称	发票											
备注	委托收款日期　年　月　日			收款开户银行盖章　年　月　日										

中国工商银行
南京路支行
2013 年 5 月 24 日
转讫

此联是付款人开户行给付款人的付款通知

图 4-2　委托收款凭证(付款通知)

根据上述审核无误的原始凭证，编制记账凭证如图 4-3 所示。

记 账 凭 证

2013 年 5 月 24 日　　　　记字第　　号

摘要	总账科目	明细科目	借方千	借方百	借方十	借方万	借方千	借方百	借方十	借方元	借方角	借方分	贷方千	贷方百	贷方十	贷方万	贷方千	贷方百	贷方十	贷方元	贷方角	贷方分	记账
采购商品	在途物资	深圳表业制造公司				5	0	0	0	0	0	0											
	应交税费	应交增值税(进项税额)					8	5	0	0	0	0											
	银行存款															5	8	5	0	0	0	0	
合　计					¥	5	8	5	0	0	0	0			¥	5	8	5	0	0	0	0	

附单据 2 张

会计主管　　　记账　　　稽核　　　出纳　　　制单　王浩

图 4-3　记账凭证

【**例 4-2**】5 月 28 日，锦华市海员钟表店购入的钻石女表验收入库，单位售价 2 000 元，财会部门收到收货单，见表 4-3。

表 4-3　收　货　单

供货单位：深圳表业制造公司　　　2013 年 5 月 28 日　　　字第　　号

商品类别	品名	计量单位	购进价(不含税)			零售价(含税)			进销差价/元
			数量	单价/元	金额/元	数量	单价/元	金额/元	
钻石女表	申亚	块	50	1 000	50 000	50	2 000	100 000	50 000

验收人员签章：赵毅

根据审核无误的原始凭证，编制记账凭证如图 4-4 所示。

记 账 凭 证

2013 年 5 月 28 日　　　　　　记字第　　号

摘要	总账科目	明细科目	借方金额										贷方金额										记账
			千	百	十	万	千	百	十	元	角	分	千	百	十	万	千	百	十	元	角	分	
商品验收入库	库存商品	申亚牌钻石女表			1	0	0	0	0	0	0	0											
	在途物资	深圳表业制造公司														5	0	0	0	0	0	0	
	商品进销差价	申亚牌钻石女表														5	0	0	0	0	0	0	
合　计				¥	1	0	0	0	0	0	0	0		¥	1	0	0	0	0	0	0	0	

附单据 1 张

会计主管　　　　记账　　　　稽核　　　　出纳　　　　制单　王浩

图 4-4　记账凭证

二、商品销售的日常核算

（一）商品销售业务流程

专业性零售企业销售收款的方式、业务流程与其他零售企业相似：一是分散收款，一手交钱、一手交货；二是集中收款、货款分管。

与其他零售企业相比，专业性零售企业具有以下特点：

（1）商品的单位售价比较高，购货方通常需要发票，因此企业在销售收款后，需要开具增值税普通发票。

（2）在数量售价金额核算法下，要随时反映每种商品的增减变动情况，因此在每天营业结束后，要根据实收销货款，填写内部缴款单和商品销售日报表，作为登记“库存商品”明细分类账的依据。

（3）专业性零售企业所经营的商品，一般单位价值较高，因此多采用集中收款、货款分管的收款方式。

（二）商品销售的业务核算

商品销售业务核算设置“主营业务收入”“主营业务成本”账户，各账户核算的内容与售价金额核算法基本相同。

【例 4-3】2013 年 6 月 5 日，锦华市海员钟表店发生下列业务：

1. 财会部门收到商品销售收入缴款单、销售日报表，原始凭证见表 4-4 和表 4-5。

表 4-4　商品销售收入缴款单

交款部门：表柜　　　　2013 年 6 月 5 日　　　　（单位:元）

现　金	张　数	金　额	信用卡	金　额
合计		42 000	合计	6 000
合　计	（大写）肆万捌仟元整		（小写）¥48 000	

表 4-5　商品销售日报表

2013 年 6 月 5 日

品　名	单　位	数　量	单　价/元	金　额/元
申亚牌钻石女表	块	7	2 000	14 000
新飞牌镀金女表	块	10	1 640	16 400
申亚牌钻石男表	块	8	2 200	17 600
合　计		25		48 000

根据上述审核无误的原始凭证，编制记账凭证如图 4-5 所示。

记 账 凭 证

2013 年 6 月 5 日　　　　记字第　　号

摘　要	总账科目	明细科目	借方金额										贷方金额										记账
			千	百	十	万	千	百	十	元	角	分	千	百	十	万	千	百	十	元	角	分	
销售商品	库存现金					4	2	0	0	0	0	0											
	银行存款						6	0	0	0	0	0											
	主营业务收入															4	8	0	0	0	0	0	
合　计					¥	4	8	0	0	0	0	0			¥	4	8	0	0	0	0	0	

附单据 2 张

会计主管　　记账　　稽核　　出纳　　制单　王浩

图 4-5　记账凭证

2. 将现金存入银行，填写现金缴款单，并取得缴款单回单，如图 4-6 所示。

中国工商银行　现金缴款单

缴款日期：2013 年 6 月 5 日

缴款单位	全　称	锦华市海员钟表店	账　号	111151235
	开户银行	中国工商银行南京路支行		
款项来源	销货款			百 十 万 千 百 十 元 角 分
人民币（大写）	肆万贰仟元整			¥ 4 2 0 0 0 0 0
现金收讫		复核员　出纳收款员 复核员　记　账　员		

中国工商银行
南京路支行
2013 年 6 月 5 日
收讫

图 4-6　中国工商银行现金缴款单

根据审核无误的原始凭证，编制记账凭证如图 4-7 所示。

记账凭证

2013 年 6 月 5 日　　　　　　　　　　记字第　　号

摘　要	总账科目	明细科目	借方金额										贷方金额										记账
			千	百	十	万	千	百	十	元	角	分	千	百	十	万	千	百	十	元	角	分	
现金存入银行	银行存款					4	2	0	0	0	0	0											
	库存现金															4	2	0	0	0	0	0	
合　计					¥	4	2	0	0	0	0	0			¥	4	2	0	0	0	0	0	

附单据1张

会计主管　　　　记账　　　　稽核　　　　出纳　　　　制单 王浩

图 4-7　记账凭证

3. 同时按商品售价结转成本，根据表 4-5，编制记账凭证如图 4-8 所示。

记账凭证

2013 年 6 月 5 日　　　　　　　　　　记字第　　号

摘　要	总账科目	明细科目	借方金额										贷方金额										记账
			千	百	十	万	千	百	十	元	角	分	千	百	十	万	千	百	十	元	角	分	
结转销售成本	主营业务成本					4	8	0	0	0	0	0											
	库存商品															4	8	0	0	0	0	0	
合　计					¥	4	8	0	0	0	0	0			¥	4	8	0	0	0	0	0	

附单据1张

会计主管　　　　记账　　　　稽核　　　　出纳　　　　制单 王浩

图 4-8　记账凭证

任务实训

【实训目的】

学会专业性零售企业日常购进、销售业务的会计核算。

【实训资料】

新雅飞钟表店 2013 年 7 月份发生下列业务：

(1) 5 日，向上海表业股份有限公司购进宏达镀金女表 60 块，商品未到，取得原始凭证如图 4-9 和图 4-10 所示。

上海增值税专用发票

开票日期：2013 年 7 月 1 日

购货单位	名　　称：新雅飞钟表店 纳税人识别号：210701478958478 地 址、电 话：锦华市云飞街 102 号　3467234 开户行及账号：中国工商银行南京路支行　54525625				密码区	略		
货物或应税劳务名称	规格型号	单位	数量	单价	金额	税率	税额	
宏达牌镀金女表		块	60	800	48 000	17%	8 160	
合 计					48 000	17%	8 160	
价税合计（大写）伍万陆仟壹佰陆拾元整						（小写）¥56 160		
销货单位	名　　称：上海表业股份有限公司 纳税人识别号：502387410145255 地 址、电 话：上海市松江区长桥南街 79 号　5879636 开户行及账号：中国建设银行桥西支行　5845652				备注			

第三联：发票联　购货方记账凭证

上海表业股份有限公司 发票专用章 502387410145255

图 4-9　上海增值税专用发票

中国工商银行　电汇凭证（回单）

委托日期 2013 年 7 月 5 日

汇款人	全　称	新雅飞钟表店	收款人	全　称	上海表业股份有限公司
	账　号	54525625		账　号	5845652
	汇出地点	辽宁省　锦阳市/县		汇入地点	上海虹口
汇出行名称		中国工商银行南京路支行	汇入行名称		中国建设银行桥西支行
金额	人民币（大写）	伍万陆仟壹佰陆拾元整		亿千百十万千百十元角分	¥ 5 6 1 6 0 0 0
		汇出行签章	支付密码 附加信息及用途：支付货款 复核：　　记账：		

中国工商银行 南京路支行 2013 年 7 月 5 日 转讫

图 4-10　中国工商银行电汇凭证（回单）

(2) 15 日，上述商品已验收入库，填写收货单，见表 4-6。

表 4-6　收　货　单

供货单位：上海表业股份有限公司　　2013 年 7 月 15 日　　字第　　号

商品类别	品名	计量单位	购进价（不含税）			零售价（含税）			进销差价/元
			数量	单价/元	金额/元	数量	单价/元	金额/元	
镀金女表	宏达	块	60	800	48 000	60	1 500	90 000	42 000

验收人员签章：刘娜娜

（3）20 日，财会部门收到销售收入缴款单和商品销售日报表，见表 4-7 和表 4-8。

表 4-7 商品销售收入缴款单

交款部门：表柜　　　　2013 年 7 月 20 日　　　　（单位:元）

现 金	张 数	金 额	信用卡	金 额
合计		28 100	合计	3 300

表 4-8 商品销售日报表

2013 年 7 月 20 日

品 名	单 位	数 量	单 价/元	金 额/元
宏达牌镀金女表	块	6	1 500	9 000
宏达牌女表	块	10	800	8 000
惜月牌镀金男表	块	8	1 800	14 400
合 计		24		31 400

（4）20 日，把现金存入银行，并取得现金缴款单回单，如图 4-11 所示。

中国工商银行 现金缴款单(回单)

缴款日期：2013 年 7 月 20 日

缴款单位	全 称	新雅飞钟表店	账 号	54525625
	开户银行	中国工商银行南京路支行		

款项来源	销货款	百	十	万	千	百	十	元	角	分
人民币（大写）	贰万捌仟壹佰元整		¥	2	8	1	0	0	0	0
现金收讫	复核员 出纳收款员 复核员 记 账 员									

（印章：中国工商银行 南京路支行 2013 年 7 月 20 日 收讫）

图 4-11 中国工商银行现金缴款单(回单)

【实训要求】

根据上述资料，编制记账凭证如图 4-12 ~ 图 4-16 所示。

记 账 凭 证

年　　月　　日　　　　　　　　记字第　　号

摘　要	总账科目	明细科目	借方金额										贷方金额										记账
			千	百	十	万	千	百	十	元	角	分	千	百	十	万	千	百	十	元	角	分	
合　计																							

附单据　张

会计主管　　　　记账　　　　稽核　　　　出纳　　　　制单

图 4-12　记账凭证

记 账 凭 证

年　　月　　日　　　　　　　　记字第　　号

摘　要	总账科目	明细科目	借方金额										贷方金额										记账
			千	百	十	万	千	百	十	元	角	分	千	百	十	万	千	百	十	元	角	分	
合　计																							

附单据　张

会计主管　　　　记账　　　　稽核　　　　出纳　　　　制单

图 4-13　记账凭证

记 账 凭 证

年　　月　　日　　　　　　　　记字第　　号

摘　要	总账科目	明细科目	借方金额										贷方金额										记账
			千	百	十	万	千	百	十	元	角	分	千	百	十	万	千	百	十	元	角	分	
合　计																							

附单据　张

会计主管　　　　记账　　　　稽核　　　　出纳　　　　制单

图 4-14　记账凭证

记 账 凭 证

年 月 日 记字第 号

摘要	总账科目	明细科目	借方金额										贷方金额										记账
			千	百	十	万	千	百	十	元	角	分	千	百	十	万	千	百	十	元	角	分	
合计																							

附单据 张

会计主管 记账 稽核 出纳 制单

图 4-15 记账凭证

记 账 凭 证

年 月 日 记字第 号

摘要	总账科目	明细科目	借方金额										贷方金额										记账
			千	百	十	万	千	百	十	元	角	分	千	百	十	万	千	百	十	元	角	分	
合计																							

附单据 张

会计主管 记账 稽核 出纳 制单

图 4-16 记账凭证

【实训评价】

根据实训情况填写实训体验评价表，见表 4-9。

表 4-9 实训体验评价表

年 月 日

姓名		班级	
实训内容			
评价项目	评价标准	比重(%)	评价成绩/分
实训态度	完成实训，态度认真，遵守纪律	10	
职业规范	编写的记账凭证内容完整，书写规范，科目选择正确，金额填写正确	30	
运用学会的知识	熟练准确运用学会的知识	30	
分析问题、解决问题的能力	对变化的业务能分析出会计处理的方法	20	
按时完成实训	在规定的时间内完成实训任务	10	
合计		100	

任务三　学会专业性零售企业的期末会计处理

任务目标

1. 领会专业性零售企业期末会计处理的主要内容
2. 学会期末调整销售收入的会计处理方法
3. 学会期末调整销售成本的会计处理方法

知识储备

一、调整销售收入

由于平时“主营业务收入”账户核算的金额是商品含税售价，所以月末应将“主营业务收入”账户中的销项税额分解出来。

【例 4-4】锦华市海员钟表店 2013 年 6 月月末的“主营业务收入”账户部分明细账户汇总的含税销售额为 826 400 元，其中申亚牌钻石女表 400 000 元，新飞牌镀金女表 426 400 元。进行价税分解，编制原始凭证如图 4-17 所示。

不含税销售额 = 含税销售额 ÷ (1 + 增值税税率)

申亚牌钻石女表销售额 = 400 000 ÷ (1 + 17%) = 341 880. 34(元)

新飞牌镀金女表销售额 = 426 400 ÷ (1 + 17%) = 364 444. 44(元)

销项税额 = 不含税销售额 × 增值税税率

申亚牌钻石女表销项税额 = 341 880. 34 × 17% = 58 119. 66(元)

新飞牌镀金女表销项税额 = 364 444. 44 × 17% = 61 955. 56(元)

图 4-17　价税分解计算过程

根据审核无误的原始凭证，编制记账凭证如图 4-18 所示。

记 账 凭 证

2013 年 6 月 30 日　　　　记字第　　号

摘　要	总账科目	明细科目	借方金额										贷方金额										记账
			千	百	十	万	千	百	十	元	角	分	千	百	十	万	千	百	十	元	角	分	
月末价税分解	主营业务收入	申亚牌钻石女表				5	8	1	1	9	6	6											
		新飞牌镀金女表				6	1	9	5	5	5	6											
	应交税费	应交增值税（销项税额）													1	2	0	0	7	5	2	2	
合　计				¥	1	2	0	0	7	5	2	2		¥	1	2	0	0	7	5	2	2	

附单据 1 张

会计主管　　记账　　稽核　　出纳　　制单　王浩

图 4-18　记账凭证

二、调整销售成本

由于平时“主营业务成本”账户核算的金额是商品含税售价，所以月末应将其调整为进价成本。已销商品进价与售价之间的差额，反映在“商品进销差价”账户中，专业性零售企业一般在月末采用实际差价计算法，计算结转已销商品应分摊的进销差价。

【例4-5】锦华市海员钟表店于2013年6月30日进行盘点，填制商品进销存月报表，见表4-10。

表4-10 商品进销存月报表

2013年6月30日

品名	单位	数量			本月结存				
		上月结存	本月购进	本月销售	数量	售价		成本(或进价)	
						单价/元	金额/元	单价/元	金额/元
申亚牌钻石女表	块	30	260	260	30	2 000	60 000	1 000	30 000
新飞牌镀金女表	块	15	300	280	35	1 640	57 400	900	31 500
申亚牌钻石男表	块	20	280	290	10	2 200	22 000	1 200	12 000
合　计							139 400		73 500

月末分摊前，商品进销差价账户余额为745 000元。

月末根据商品进销存月报表和商品进销差价账户余额，编制原始凭证如图4-19所示。

已销商品分摊进销差价 = 745 000 − (139 400 − 73 500) = 679 100(元)

图4-19 已销商品分摊进销差价计算过程

根据审核无误的原始凭证，编制记账凭证如图4-20所示。

记 账 凭 证

2013年6月30日　　　　记字第　　号

摘　要	总账科目	明细科目	借方金额										贷方金额										记账
			千	百	十	万	千	百	十	元	角	分	千	百	十	万	千	百	十	元	角	分	
分摊已销商品的进销差价	商品进销差价				6	7	9	1	0	0	0	0											
	主营业务成本														6	7	9	1	0	0	0	0	
合　计				¥	6	7	9	1	0	0	0	0		¥	6	7	9	1	0	0	0	0	

附单据2张

会计主管　　记账　　稽核　　出纳　　制单 王浩

图4-20 记账凭证

任务实训

【实训目的】

学会专业性零售企业的期末会计处理。

【实训资料】

新雅飞钟表店于2013年7月份，发生下列部分业务：

（1）7月月末，“主营业务收入”账户部分明细分类账户汇总的含税销售额为900 000元，其中宏达牌镀金女表300 000元，宏达牌女表240 000元，惜月牌镀金男表360 000元。进行价税分解，编制原始凭证如图4-21所示。

宏达牌镀金女表销售额＝
宏达牌女表销售额＝
惜月牌镀金男表销售额＝
宏达牌镀金女表销项税额＝
宏达牌女表销项税额＝
惜月牌镀金男表销项税额＝

图4-21　价税分解计算过程

（2）7月30日进行盘点，填制商品进销存月报表，见表4-11。

表4-11　商品进销存月报表

2013年7月31日

品名	单位	数量			本月结存				
		上月结存	本月购进	本月销售	数量	售价		成本（或进价）	
						单价/元	金额/元	单价/元	金额/元
宏达牌镀金女表	块	40	200	200	40	1 500	60 000	800	32 000
宏达牌女表	块	30	300	300	30	800	24 000	500	15 000
惜月牌镀金男表	块	20	220	200	40	1 800	72 000	1 000	40 000
合计							156 000		87 000

（3）月末分摊前，“商品进销差价”账户余额为685 000元，根据商品进销存月报表和商品进销差价账户余额，编制原始凭证如图4-22所示。

已销商品分摊进销差价＝

图4-22　已销商品分摊进销差价计算过程

【实训要求】

1. 填写上述经济业务中的部分自制原始凭证。
2. 根据上述经济业务，编制记账凭证如图4-23和图4-24所示。

记 账 凭 证

年　　月　　日　　　　记字第　　号

摘　要	总账科目	明细科目	借方金额										贷方金额										记账
			千	百	十	万	千	百	十	元	角	分	千	百	十	万	千	百	十	元	角	分	
合　计																							

附单据　张

会计主管　　记账　　稽核　　出纳　　制单

图 4-23　记账凭证

记 账 凭 证

年　　月　　日　　　　记字第　　号

摘　要	总账科目	明细科目	借方金额										贷方金额										记账
			千	百	十	万	千	百	十	元	角	分	千	百	十	万	千	百	十	元	角	分	
合　计																							

附单据　张

会计主管　　记账　　稽核　　出纳　　制单

图 4-24　记账凭证

【实训评价】

根据实训情况，填写实训体验评价表，见表 4-12。

表 4-12　实训体验评价表

年　月　日

姓名		班级	
实训内容			
评价项目	评价标准	比重(%)	评价成绩/分
实训态度	完成实训，态度认真，遵守纪律	10	
职业规范	编写的记账凭证内容完整，书写规范，科目选择正确，金额填写正确	30	
运用学会的知识	熟练准确运用学会的知识	30	
分析问题、解决问题的能力	对变化的业务能分析出会计处理的方法	20	
按时完成实训	在规定的时间内完成实训任务	10	
合　计		100	

项目五 鲜活商品零售企业会计

具体任务

任务一　领会鲜活商品零售企业的特点和库存商品的核算方法
任务二　学会鲜活商品零售企业的日常会计处理
任务三　学会鲜活商品零售企业的期末会计处理

任务一　领会鲜活商品零售企业的特点和库存商品的核算方法

任务目标

1. 领会鲜活商品零售企业的特点
2. 领会进价金额核算法的核算原理和适用条件

知识储备

一、鲜活商品零售企业的经营特点

鲜活商品零售企业是指经营鲜活商品的零售企业。鲜活商品包括鸡、鸭、鱼、肉、蛋、水果和蔬菜等。鲜活商品有以下特点：

想一想　你去过哪些鲜活商品零售企业？

（1）商品新鲜，极易腐烂变质，损耗量大。

（2）需要经过挑选整理，分等分级，按质论价。

（3）一般采购商品的批量小，随进随销，不会长期储存。

（4）随着商品鲜活程度的变化，需要随时调整零售价格，从而会产生早、中、晚不同的时价。

（5）商品交易次数频繁，并且数量零星。

二、鲜活商品零售企业库存商品的核算方法

因为鲜活商品有其自身的特点，无法按售价记账，所以经营鲜活商品的零售企业一般采用进价金额核算法(也叫进价记账,盘存计销)。进价金额核算法的具体核算内容如下：

（1）“库存商品”总分类账和明细分类账只登记商品进价，不登记商品实物数量。同时“库存商品”明细分类账按实物负责人、柜组或者商品大类设置。

（2）商品销售后，由实物负责人将销货款送交财会人员，财会人员按实际取得的含税销售收入，每日或定期记账，平时不结转销售成本。

（3）月末进行价税分解，计算并结转商品销售成本。月末计算结转销售成本时，采用实地盘点法来确定库存商品的实存数量，然后乘以最后一次商品进价，确定期末库存商品的进价金额，再倒挤出已销商品的成本。其计算公式如下：

本期商品销售成本 = 期初结存库存商品的进价金额 + 本期购进商品的进价金额 − 期末盘点结存商品的进价金额

任务实训

【实训目的】

通过对鲜活商品零售企业的参观调研，使学生对鲜活商品零售企业形成感性认识，了解会计知识在实际工作中的运用。通过理论学习和实践活动的结合，客观分析鲜活商品零售会计核算的实际情况，并提高学生学习的热情。

【实训组织】

将班级同学分成若干个小组。组长负责本小组同学的出勤和遵章守纪情况、记录参观了解到的内容，并共同完成本次调研活动。

【实训要求】

以小组为单位，记录了解到的鲜活商品零售企业情况，填写鲜活商品零售企业调研报告见表 5-1。

表 5-1　鲜活商品零售企业调研报告

年　月　日

姓名		所在组别		组长	
调研时间		被调研单位名称			
序号	基本调研项目	具体调研内容			
1	调研企业名称				
2	所在地址				
3	员工人数				
4	经营业务范围				
5	主要客户				
6	设置的主要部门				
7	财会部门内部分工				

（续）

序号	基本调研项目	具体调研内容
8	会计核算的主要业务内容	
9	调研体会	

【实训评价】

根据实际情况，填写实训体验评价表，见表5-2。

表5-2　实训体验评价表

年　月　日

姓名			班级			
训练内容						
评价指标		评价标准	比重（%）	自我评价/分	小组评价/分	训练成绩/分
专业知识技能	鲜活商品零售企业的含义	领会	10			
	鲜活商品零售的特点	领会	10			
	鲜活商品零售企业经营的业务范围	领会	10			
	调研报告	调研报告内容填写齐全，调研体会深刻	30			
通用能力	出勤	按时出勤，无迟到早退	10			
	遵章守纪	自觉遵守纪律，按时按要求调研	10			
	训练态度	调研积极主动，不畏难	10			
	团队分工合作	与同学团结合作，有集体观念	10			
合　计			100			

注：实训成绩＝自我评价分数×50%＋小组评价分数×50%。

任务二　学会鲜活商品零售企业的日常会计处理

任务目标

1. 学会进价金额核算法下鲜活商品购进的会计处理方法
2. 学会进价金额核算法下鲜活商品销售的会计处理方法

知识储备

一、商品购进的日常核算

（一）鲜活商品采购的业务流程

鲜活商品的采购来源主要分为两类：批发部门采购和产地采购。

向当地鲜活批发部门购进商品，一般由采购员持转账支票或现金到供货单位采购，选中货物后当即付款，由供货单位开具增值税专用发票。在采用提货制的情况下，采购员付款取得发票后，当场验货并提回货物，交给实物负责人，实物负责人按发票中记载的内容对商品进行验收，验收后填制收货单，收货单一式两联，一联留存，另一联连同发票送交财会人员，财会人员收到凭证审核无误后，连同出纳开出的结算凭证进行采购商品的会计处理。

如果采用送货制，则可以根据购销合同的约定，由销售方送达货物，验收合格后付款。

产地采购主要是直接向农村承包户、专业户或农民专业合作社采购商品。

（二）商品购进的日常核算

财会人员根据当天收到的购货发票、收货单以及结算凭证，经审核无误后，编制记账凭证，并登记相关的总分类账和明细分类账。

【例 5-1】 2013 年 8 月 4 日，晋江市上海路水果超市从晋江市桥西水果批发公司，购入水果一批，当日财会人员收到单证如图 5-1、图 5-2 和表 5-3 所示。

辽宁增值税专用发票

开票日期：2013 年 8 月 4 日

<table>
<tr><td>购货单位</td><td colspan="4">名　　称：晋江市上海路水果超市
纳税人识别号：210702567898423
地 址 、电 话：晋江市上海路 72 号　3649087
开户行及账号：中国工商银行上海路支行办事处　1958344</td><td>密码区</td><td colspan="3">略</td></tr>
<tr><td>货物或应税劳务名称</td><td>规格型号</td><td>单位</td><td>数量</td><td>单价</td><td>金额</td><td>税率</td><td>税额</td></tr>
<tr><td>水　果</td><td></td><td>kg</td><td></td><td></td><td>12 300</td><td>13%</td><td>1 599</td></tr>
<tr><td>合　计</td><td></td><td></td><td></td><td></td><td>12 300</td><td>13%</td><td>1 599</td></tr>
<tr><td colspan="6">价税合计（大写）壹万叁仟捌佰玖拾玖元整</td><td colspan="2">（小写）¥13 899</td></tr>
<tr><td>销货单位</td><td colspan="4">名　　称：晋江市桥西水果批发公司
纳税人识别号：210702896009677
地 址 、电 话：晋江市陕西街 78 号　8753999
开户行及账号：中国建设银行晋江分行洛阳路支行　609828</td><td>备注</td><td colspan="2"></td></tr>
</table>

晋江市桥西水果批发公司　发票专用章　210702896009677

第三联：发票联　购货方记账凭证

图 5-1　辽宁增值税专用发票

表 5-3　收　货　单

收货人：赵强　　　　2013 年 8 月 4 日

商品名称	计量单位	应收数量	实收数量	单价/元	金额/元	溢余金额/元	短缺金额/元	处理意见
苹 果	kg	500	500	8	4 000			
橘 子	kg	300	300	6	1 800			

（续）

商品名称	计量单位	应收数量	实收数量	单价/元	金额/元	溢余金额/元	短缺金额/元	处理意见
葡萄	kg	50	50	10	500			
提子	kg	50	50	40	2 000			
白梨	kg	500	500	8	4 000			
合计					12 300			

采购员：王宝来　　　　　　　　　　　　　　　　　　　　实物负责人：赵　强

中国工商银行

转账支票存根

XIV0068479

附加信息

出票日期 2013 年 8 月 4 日

收款人：	晋江市桥西水果批发公司
金　额：	¥13 899.00
用　途：	货款

单位主管　　　　会计

图 5-2　中国工商银行转账支票存根

根据上述审核无误的原始凭证，编制记账凭证如图 5-3 所示。

记账凭证

2013 年 8 月 4 日　　　　　　　　记字第　　号

摘　要	总账科目	明细科目	借方金额										贷方金额										记账
			千	百	十	万	千	百	十	元	角	分	千	百	十	万	千	百	十	元	角	分	
采购水果	库存商品	赵强				1	2	3	0	0	0	0											
	应交税费	应交增值税（进项税额）					1	5	9	9	0	0											
	银行存款															1	3	8	9	9	0	0	
合　计					¥	1	3	8	9	9	0	0			¥	1	3	8	9	9	0	0	

附单据 3 张

会计主管　　　　记账　　　　稽核　　　　出纳　　　　制单　黄超

图 5-3　记账凭证

二、商品销售的日常核算

经营鲜活商品的零售企业，在销售商品的业务流程中，主要采用现金交易和信用卡签单的销售方式，收款方式是分散收款或集中收款并集中解缴。当天营业结束后，各个实物负责人或营业柜组需填制商品销售收入缴款单，连同当天的销货款一并交财会人员，财会人员点验现金，并将现金缴存银行，同时做相应的账务处理。

【例5-2】2013 年 8 月 4 日，晋江市上海路水果超市销售水果共收到现金 8 600 元。赵强填制商品销售收入缴款单，并交予财会人员，财会人员填写现金缴款单，将现金存入银行，取得原始凭证如表 5-4 和图 5-4 所示。

表 5-4　商品销售收入缴款单

交款部门(人)：赵强　　　　2013 年 8 月 4 日　　　　（单位：元）

现　金	张　数	金　额	信用卡	金　额
合　计		8 600		
合　计(大写)	捌仟陆佰元整			

中国工商银行　现金缴款单

缴款日期：2013 年 8 月 4 日

缴款单位	全　称	晋江市上海路水果超市	账　号	1958344								
	开户银行	中国工商银行上海路支行办事处										
款项来源	销货款		百	十	万	千	百	十	元	角	分	
人民币（大写）捌仟陆佰元整					¥	8	6	0	0	0	0	
现金收讫		复核员　　出纳收款员 复核员　　记　账　员										

中国工商银行 上海路支行 2013年8月4日 收讫

图 5-4　中国工商银行现金缴款单

根据上述审核无误的原始凭证，编制记账凭证如图 5-5 和图 5-6 所示。

记账凭证

2013 年 8 月 4 日　　　　　　　　记字第　　号

摘　要	总账科目	明细科目	借方金额										贷方金额										记账
			千	百	十	万	千	百	十	元	角	分	千	百	十	万	千	百	十	元	角	分	
销售水果	库存现金						8	6	0	0	0	0											
	主营业务收入																8	6	0	0	0	0	
合　　计						¥	8	6	0	0	0	0				¥	8	6	0	0	0	0	

附单据1张

会计主管　　　　记账　　　　稽核　　　　出纳　　　　制单　黄超

图 5-5　记账凭证

记账凭证

2013 年 8 月 4 日　　　　　　　　记字第　　号

摘　要	总账科目	明细科目	借方金额										贷方金额										记账
			千	百	十	万	千	百	十	元	角	分	千	百	十	万	千	百	十	元	角	分	
销售水果	银行存款						8	6	0	0	0	0											
	库存现金																8	6	0	0	0	0	
合　　计						¥	8	6	0	0	0	0				¥	8	6	0	0	0	0	

附单据1张

会计主管　　　　记账　　　　稽核　　　　出纳　　　　制单　黄超

图 5-6　记账凭证

任务实训

【实训目的】

学会鲜活商品零售企业购进的日常会计核算。

【实训资料】

晋江市新鲜水产超市 2013 年 8 月发生下列业务：

(1) 8 月 9 日，向晋江市海洋水产批发公司购进水产品一批，取得有关原始凭证如图 5-7、图 5-8 和表 5-5 所示。

辽宁增值税专用发票

开票日期：2013 年 8 月 9 日

<table>
<tr><td rowspan="2">购货单位</td><td colspan="4">名　　　　称：晋江市新鲜水产超市
纳税人识别号：210702732413125
地 址 、电 话：晋江市山西街路22 号　4168964
开户行及账号：中国建设银行山西街支行
4467882</td><td>密码区</td><td colspan="3">略</td></tr>
</table>

货物或应税劳务名称	规格型号	单位	数量	单价	金额	税率	税额
水产品		kg			6 720	13%	873. 60
合　计					6 720	13%	873. 60
价税合计(大写)柒仟伍佰玖拾叁元陆角整						(小写) ¥7 593. 60	

<table>
<tr><td>销货单位</td><td>名　　　　称：晋江市海洋水产批发公司
纳税人识别号：210702756323156
地 址 、电 话：晋江市山西街69 号　562323
开户行及账号：中国建设银行晋江支凌河办事处　3623574</td><td>备注</td><td></td></tr>
</table>

（印章：晋江市海洋水产批发公司 发票专用章 210702756323156）

第三联：发票联　购货方记账凭证

图 5-7　辽宁增值税专用发票

表 5-5　收 货 单

收货人：李萍　　　　2013 年 8 月 9 日

商品名称	计量单位	应收数量	实收数量	单价/元	金额/元	溢余金额/元	短缺金额/元	处理意见
带　鱼	kg	100	100	16	1 600			
黄　鱼	kg	100	100	20	2 000			
虾	kg	100	100	20	2 000			
燕　鱼	kg	200	200	5. 6	1 120			
合　计					6 720			

中国工商银行
转账支票存根
XIV0056151

附加信息

____
____
____

出票日期 2013 年 8 月 9 日

收款人：	晋江市海洋水产批发公司
金　额：	¥7 593. 60
用　途：	货款

单位主管　　　　会计

图 5-8　中国工商银行转账支票存根

（2）8月9日，共实现收入7 800元，于当日送存银行，取得原始凭证如表5-6和图5-9所示。

表5-6　商品销售收入缴款单

交款部门(人)　　　　　　　　2013年8月9日　　　　　　　　(单位：元)

现　金	张　数	金　额	信用卡	金　额
合　计		7 800		
合计(大写)	柴仟捌佰元整			

中国建设银行　现金缴款单

缴款日期：2013年8月9日

缴款单位	全　称	锦江市新鲜水产超市		账　号	4467882								
	开户银行	中国建设银行山西街支行											
款项来源	销货款		百	十	万	千	百	十	元	角	分		
人民币（大写）	柴仟捌佰元整				¥	7	8	0	0	0	0		
现金收讫		复核员 复核员	出纳收款员 记　账　员										

中国建设银行山西街支行 2013年8月9日 收讫

图5-9　中国建设银行现金缴款单

【实训要求】

根据上述经济业务，编制记账凭证如图5-10～图5-12所示。

记账凭证

年　月　日　　　　　　　　记字第　　号

摘　要	总账科目	明细科目	借方金额										贷方金额										记账
			千	百	十	万	千	百	十	元	角	分	千	百	十	万	千	百	十	元	角	分	
合　计																							

附单据　张

会计主管　　　　记账　　　　稽核　　　　出纳　　　　制单

图5-10　记账凭证

记账凭证

年　月　日　　　　　　　　记字第　　号

摘　要	总账科目	明细科目	借方金额										贷方金额										记账
			千	百	十	万	千	百	十	元	角	分	千	百	十	万	千	百	十	元	角	分	
合　计																							

附单据　张

会计主管　　　　记账　　　　稽核　　　　出纳　　　　制单

图5-11　记账凭证

记账凭证

年　月　日　　　　　　　　记字第　　号

摘　要	总账科目	明细科目	借方金额										贷方金额										记账
			千	百	十	万	千	百	十	元	角	分	千	百	十	万	千	百	十	元	角	分	
合　计																							

附单据　张

会计主管　　　　记账　　　　稽核　　　　出纳　　　　制单

图5-12　记账凭证

【实训评价】

根据实训情况，填写实训体验评价表，见表5-7。

表5-7　实训体验评价表

年　月　日

姓名		班级	
实训内容			
评价项目	评价标准	比重（%）	评价成绩/分
实训态度	完成实训，态度认真，遵守纪律	10	
职业规范	编写的记账凭证内容完整，书写规范，科目选择正确，金额填写正确	30	
运用学会的知识	熟练准确运用学会的知识	30	
分析问题、解决问题的能力	对变化的业务能分析出会计处理的方法	20	
按时完成实训	在规定的时间内完成实训任务	10	
合　计		100	

任务三　学会鲜活商品零售企业的期末会计处理

任务目标

1. 领会进价金额核算法下期末会计工作的内容
2. 学会进价金额核算法下的期末会计处理方法

知识储备

一、调整主营业务收入

月末将“主营业务收入”账户的含税金额调整为不含税金额，同时计算销项税额。

不含税销售收入＝含税销售收入÷(1＋增值税税率)

销项税额＝不含税销售收入×增值税税率

根据计算结果，调整“主营业务收入”账户。

【例5-3】晋江市上海路水果超市8月累计主营业务收入为339 000元，编制原始凭证如图5-13所示。

不含税销售收入＝339 000÷(1＋13%)＝300 000(元)

销项税额＝300 000×13%＝39 000(元)

图5-13　价税分解计算过程

根据审核无误的原始凭证，编制记账凭证如图5-14所示。

记账凭证

2013年8月31日　　　　　　　　记字第　　号

摘要	总账科目	明细科目	借方金额										贷方金额										记账
			千	百	十	万	千	百	十	元	角	分	千	百	十	万	千	百	十	元	角	分	
月末调整收入	主营业务收入					3	9	0	0	0	0	0											
	应交税费	应交增值税（销项税额）														3	9	0	0	0	0	0	
合　计					¥	3	9	0	0	0	0	0			¥	3	9	0	0	0	0	0	

附单据1张

会计主管　　　记账　　　稽核　　　出纳　　　制单　黄超

图5-14　记账凭证

二、结转销售成本

在进价金额核算法下，鲜活商品储存过程中发生损耗、调价、削价等情况，不进行账务处理，月末体现在商品销售成本内。因此，鲜活商品零售企业在期末会计处理中，不存在库存商品清查的会计处理。其结转销售成本业务流程如图 5-15 所示。

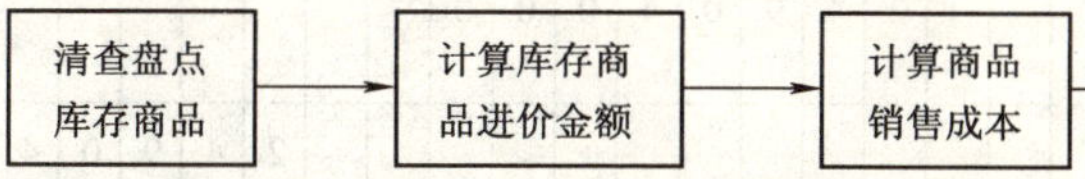

图 5-15　结转销售成本业务流程

【例 5-4】 晋江市上海路水果超市于 8 月 31 日对库存商品进行清查，根据清查结果，填写库存商品盘存表，见表 5-8。

表 5-8　库存商品盘存表

实物负责人：赵强　　　　2013 年 8 月 31 日

商品名称	盘存数量/kg	本月最后一次单价/元	金额/元
苹　果	50	9	450
橘　子	30	7	210
葡　萄	20	10	200
提　子	30	50	1 500
白　梨	100	8	800
合　计	230		3 160

填制商品销售成本计算表，见表 5-9。

表 5-9　商品销售成本计算表

2013 年 8 月 31 日　　　　（单位：元）

商品名称	月初结存	本月购入	期末商品结存	本期商品销售成本
苹　果	500	80 000	450	500 + 80 000 − 450 = 80 050
橘　子	300	60 000	210	300 + 60 000 − 210 = 60 090
葡　萄	0	10 000	200	10 000 − 200 = 9 800
提　子	1 000	60 000	1 500	1 000 + 60 000 − 1 500 = 59 500
白　梨	400	40 000	800	400 + 40 000 − 800 = 39 600
合　计	2 200	250 000	3 160	249 040

根据审核无误的原始凭证，编制记账凭证如图 5-16 所示。

记账凭证

2013 年 8 月 31 日　　　　　　　　记字第　　号

摘要	总账科目	明细科目	借方金额 千	百	十	万	千	百	十	元	角	分	贷方金额 千	百	十	万	千	百	十	元	角	分	记账
月末结转销售成本	主营业务成本				2	4	9	0	4	0	0	0											
	库存商品	赵强													2	4	9	0	4	0	0	0	
合计				¥	2	4	9	0	4	0	0	0		¥	2	4	9	0	4	0	0	0	

附单据2张

会计主管　　　　记账　　　　稽核　　　　出纳　　　　制单　黄超

图 5-16　记账凭证

任务实训

【实训目的】

学会鲜活商品零售企业的期末会计处理方法。

【实训资料】

晋江市新鲜水产超市于 2013 年 8 月发生下列部分业务：

（1）本月累计实现收入 292 500 元。编制原始凭证如图 5-17 所示。

不含税销售收入 = 销项税额 =

图 5-17　价税分解计算过程

（2）月末对库存商品进行实地盘点，并填写库存商品盘存表，见表 5-10。

表 5-10　库存商品盘存表

2013 年 8 月 31 日

商品名称	盘存数量/kg	本月最后一次进货单价/元	月末结存/元
带　鱼	100	16	
黄　鱼	120	20	
对　虾	70	20	
燕　鱼	180	10	
合　计			

（3）月末商品销售成本计算表见表5-11。

表5-11　商品销售成本计算表

2013年8月　　　　　　　　　　　　　　　　　　　　　　　　（单位：元）

商品名称	月初结存	本月购入	月末结存	本期商品销售成本
带　鱼	2 000	46 800		
黄　鱼	2 500	35 000		
对　虾	1 500	43 200		
燕　鱼	1 660	60 000		
合　计	7 660	185 000		

【实训要求】

1. 填写上述经济业务中的部分自制原始凭证。
2. 根据上述经济业务，编制记账凭证如图5-18和图5-19所示。

记账凭证

年　月　日　　　　　　　　　　记字第　　号

摘　　要	总账科目	明细科目	借方金额										贷方金额										记账
			千	百	十	万	千	百	十	元	角	分	千	百	十	万	千	百	十	元	角	分	
合　　计																							

附单据　张

会计主管　　　　记账　　　　稽核　　　　出纳　　　　制单

图5-18　记账凭证

记账凭证

年　月　日　　　　　　　　　　记字第　　号

摘　　要	总账科目	明细科目	借方金额										贷方金额										记账
			千	百	十	万	千	百	十	元	角	分	千	百	十	万	千	百	十	元	角	分	
合　　计																							

附单据　张

会计主管　　　　记账　　　　稽核　　　　出纳　　　　制单

图5-19　记账凭证

【实训评价】

根据实训情况，填写实训体验评价表，见表5-12。

表5-12　实训体验评价表

年　月　日

姓名		班级	
实训内容			
评价项目	评价标准	比重（%）	评价成绩/分
实训态度	完成实训，态度认真，遵守纪律	10	
职业规范	计算准确，记账凭证书写规范，数字书写符合会计基本技能的要求	40	
运用学会的知识	熟练准确运用学会的知识	20	
分析问题、解决问题的能力	对变化的业务能分析出会计处理的方法	20	
按时完成实训	在规定的时间内完成实训任务	10	
合　计		100	

项目六
连锁商店会计

具体任务

任务一　领会连锁商店的特点和库存商品的核算方法

任务二　学会连锁商店的会计处理

任务一　领会连锁商店的特点和库存商品的核算方法

任务目标

1. 领会连锁商店的特点
2. 领会连锁商店库存商品的核算方法

知识储备

一、连锁商店的经营特点和形式

（一）连锁商店的经营特点

连锁商店是指经营同类商品和使用统一商号的若干门店，在总部的管理下，实现规模效益的经营组织形式。其特点如下：

想一想　你身边有哪些连锁商店？

1. 组织形式的联合化

连锁商店是由一个总部和众多门店构成的一种企业联合体，这些被纳入连锁经营体系的商店，如同一条锁链相互连接在一起，所以被称为连锁商店。

2. 经营方式规模化

连锁经营的主要目的是通过规模经营获取规模效益，主要表现在：①通过集中采购，获得低价进货优势；②通过总部集中配送，可以选择最有利的运输路线，实现合理库存；③通过多个连锁商店分散经营，扩大市场占有率，实现利润最大化。

3. 管理方式规范化

连锁经营的实质是把现代化大生产原理有效地应用到传统商业中，采用统一经营、统一管理的经营方式。

（二）连锁商店的组织机构

连锁商店由总部、门店和配送中心构成。其职能分别如下：

1. 总部的职能

总部是连锁商店经营管理的核心，需要具备的职能是采购、配送、财务管理、经营指导、市场调研、商品开发、促销策划、教育培训等。

2. 门店的职能

门店是连锁商店的基础，主要职责是按照总部的指示和服务规范要求，承担日常销售业务。

3. 配送中心的职能

配送中心是连锁商店的物流机构，承担着各门店所需商品的进货、库存、分货、加工、集配、运输、送货等业务。配送中心主要为本连锁经营企业服务，也可面向社会其他企业。

（三）连锁经营的形式

连锁经营主要有以下三种形式：

1. 直营连锁经营

直营连锁经营企业的门店均由总部全资或控股开设，在总部的直接领导下统一经营。其特点如下：

（1）必须是同一资本开设门店，这也是直营连锁与特许连锁和自愿连锁最大的区别。

（2）经营管理高度集中统一。

（3）由总部统一核算制度。

2. 自愿连锁经营

自愿连锁经营的门店均为独立的法人并且各自的资产所有权关系不变，在总部的指导下共同经营。其特点如下：

（1）成员店拥有独立的所有权、经营权和核算权。

（2）总部与成员店之间的关系是协商与服务的关系。

（3）由总部统一采购、统一配送。

3. 特许连锁经营

特许连锁经营的门店与总部签订合同，取得使用总部的商标、商号、经营技术及销售总部开发商品的特许权，经营权集中在总部。风靡世界的肯德基和麦当劳都是特许连锁经营的典型代表。其特点如下：

（1）特许连锁经营的核心是特许权的转让，加盟店要为此支付一定费用。

（2）总部与加盟店之间的关系是通过签订特许合约而形成的纵向关系。

（3）特许连锁经营的所有权是分散的，但经营权高度集中，对外形成一致形象。

自愿连锁经营和特许连锁经营的各个门店均实行独立核算，其实质是独立的经营主体，也是独立的会计核算主体，也就是说每一个门店就是一个商品流通企业，其会计核算采用何种核算方法，需要根据门店自身经营的特点决定。直营连锁经营模式下，由总部、各门店组成的经营联合体是会计核算主体，其会计核算的方法应根据联合体的特点确定。

本书中的连锁商店是指直营连锁商店。

二、连锁商店库存商品的核算方法

连锁商店的商品采购环节和商品配送环节的商品数量比较多，具有批发企业的特征，而门店销售则属于零售企业性质，所以连锁商店的商品流通业务实现了批发、零售一体化。因此财会部门应当结合上述特点，恰当地选择会计核算方法。对于采购和配送环节的商品，一般选择数量进价金额核算法；对门店的商品，应当选择适宜零售企业的核算方法，同时考虑门店所经营商品的特点，以确定最佳的核算方法。一般来说，门店可选择的核算方法有：

（1）对于经营商品种类繁多的门店，应当采用售价金额核算法。

（2）经营商品的专业性比较强，商品种类、规格较少，或者经营贵重商品的门店，一般采用数量进价金额核算法或数量售价金额核算法。

（3）经营鲜活商品的门店，应当采用进价金额核算法。

任务实训

【实训目的】

通过对连锁商店的参观调研，使学生对连锁商店形成感性认识，了解会计知识在实际工作中的运用。通过理论学习和实践活动的结合，客观分析连锁商店会计核算实际情况，并提高学生学习的热情。

【实训组织】

将班级同学分成若干个小组。组长负责本小组同学的出勤和遵章守纪情况、记录参观了解到的内容，并共同完成本次调研活动。

【实训要求】

以小组为单位，记录所了解到的连锁商店情况，填写连锁商店调研报告见表6-1。

表 6-1　连锁商店调研报告

年　月　日

姓名		所在组别		组长	
调研时间		被调研单位名称			
序号	基本调研项目	具体调研内容			
1	调研企业名称				
2	所在地址				
3	员工人数				
4	经营业务范围				
5	门店的数量				
6	总部库存商品核算方法				
7	门店库存商品核算方法				
8	会计核算的主要业务内容				
9	调研体会				

【实训评价】

根据实际情况填写实训体验评价表，见表6-2。

表6-2　实训体验评价表

年　月　日

姓名			班级			
训练内容						
评价指标		评价标准	比重（%）	自我评价/分	小组评价/分	训练成绩/分
专业知识技能	连锁商店的含义	领会	10			
	连锁商店的特点	领会	10			
	连锁商店经营的业务范围	领会	10			
	调研报告	调研报告内容填写齐全，调研体会深刻	30			
通用能力	出勤	全部出勤	10			
	遵章守纪	自觉遵守纪律，按时按要求调研	10			
	训练态度	调研积极主动，不畏难	10			
	团队分工合作	与同学团结合作，有集体观念	10			
合　计			100			

注：训练成绩 = 自我评价分数 × 50% + 小组评价分数 × 50%。

任务二　学会连锁商店的会计处理

任务目标

1. 学会商品购进日常业务的核算方法
2. 学会配送中心送货业务的核算方法
3. 学会商品销售日常业务的核算方法
4. 学会连锁商店的期末会计处理方法

知识储备

一、商品购进的日常核算

连锁商店一般采购大批量商品，因此其采购业务流程与批发企业相同，商品采购业务的核算方法也相同，即商品采购业务采用数量进价金额核算法，进货费用一般计入采购成本。

【例6-1】 美妙电器连锁商店由总部、配送中心和下属安心、安宁、安达三个分店组成，主要经营美妙电视机。总部财会部门采用的核算方法是：配送中心采用数量进价金额核算法，各分店采用售价金额核算法。

(1)6月10日，向深圳美妙电视制造公司购进美妙电视机一批，签发商业汇票付款，商品未到，取得原始凭证如图6-1和图6-2所示。

广东增值税专用发票

开票日期：2013 年 6 月 8 日

购货单位	名　　称：美妙电器连锁商店 纳税人识别号：210702589633232 纳税人识别号：210702567898423 地 址 、电 话：富安市人民路 10 号　23548956 开户行及账号：中国工商银行人民路支行 21203263			密码区	略		
货物或应税劳务名称	规格型号	单位	数量	单价	金额	税率	税额
电视机（见清单　略）					426 000	17%	72 420
合　计					426 000	17%	72 420
价税合计（大写）肆拾玖万捌仟肆佰贰拾元整						（小写）¥498 420	
销货单位	名　　称：深圳美妙电视制造公司 纳税人识别号：760341213232522 地 址 、电 话：深圳市福田区深南大道6006号　41212152 开户行及账号：中国建设银行新雅支行　25263236						

第三联：发票联　购货方原始凭证

图 6-1　广东增值税专用发票

商业承兑汇票

出票日期（大写）贰零壹叁年陆月壹拾日

付款人	全　称	美妙电器连锁商店	收款人	全　称	深圳美妙电视制造公司									
	账　号	21203263		账　号	25263236									
	开户银行	中国工商银行人民路支行		开户银行	中国建设银行新雅支行									
汇票金额 人民币（大写）		肆拾玖万捌仟肆佰贰拾元整				百	十	万	千	百	十	元	角	分
						¥	4	9	8	4	2	0	0	0
汇票到期日　2013 年 9 月 10 日			交易合同号码											
本汇票已经本单位承兑，到期日无条件支付票款。此致 －－－－－－－－－－－－－收款人 付款人盖章 年　月　日 负责　　经办			汇票签发人盖章 负责　　经办											

图 6-2　商业承兑汇票

根据上述审核无误的原始凭证，编制记账凭证如图 6-3 所示。

记 账 凭 证

2013 年 6 月 10 日　　　　记字第　　号

摘要	总账科目	明细科目	借方金额										贷方金额										记账
			千	百	十	万	千	百	十	元	角	分	千	百	十	万	千	百	十	元	角	分	
采购商品	在途物资	深圳美妙电视制造公司			4	2	6	0	0	0	0	0											
	应交税费	应交增值税(进项税额)				7	2	4	2	0	0	0											
	应付票据														4	9	8	4	2	0	0	0	
合　计				¥	4	9	8	4	2	0	0	0		¥	4	9	8	4	2	0	0	0	

附单据 2 张

会计主管　　记账　　稽核　　出纳　　制单　周丽丽

图 6-3　记账凭证

(2)6 月 15 日，上述电视机已运到，验收入库，并填写收货单，见表 6-3。

表 6-3　收货单

2013 年 6 月 15 日

品名	规格	单位	应收数量	实收数量	单位成本/元	总成本/元
电视机	32in[⊖]	台	50	50	1 000	50 000
电视机	42in	台	40	40	2 500	100 000
电视机	48in	台	30	30	4 200	126 000
电视机	50in	台	30	30	5 000	150 000
合计			150	150		426 000

复核人:　　　　收货人：李　湘

根据审核无误的原始凭证，编制记账凭证如图 6-4 所示。

记 账 凭 证

2013 年 6 月 15 日　　　　记字第　　号

摘要	总账科目	明细科目	借方金额										贷方金额										记账
			千	百	十	万	千	百	十	元	角	分	千	百	十	万	千	百	十	元	角	分	
商品验收入库	库存商品	配送中心（电视机）			4	2	6	0	0	0	0	0											
	在途物资	深圳美妙电视制造公司													4	2	6	0	0	0	0	0	
合　计				¥	4	2	6	0	0	0	0	0		¥	4	2	6	0	0	0	0	0	

附单据 1 张

会计主管　　记账　　稽核　　出纳　　制单　周丽丽

图 6-4　记账凭证

⊖1in = 0.0254m。

二、配送中心送货的日常核算

配送中心是连锁商店的物流机构，负责商品验收、储存、加工和向各门店送货。配送中心送货时，应填制送货单，门店收到商品时，应及时验收，并在送货单上签字，以确认收货。

其日常会计核算有以下几个要点：

1. 门店核算员或营业员

门店收到商品并验收后，核算员应及时根据送货单登记商品保管账。

2. 总部会计人员

配送中心将商品送到门店，并由门店在送货单上签收后，将送货单交予总部财务部门，会计人员审核送货单后，结合配送中心和门店的核算方法，编制记账凭证并登记有关明细分类账。

【例 6-2】2013 年 6 月 21 日，美妙电器连锁商店的配送中心向各门店送货，并填写送货单，见表 6-4～表 6-6。

表 6-4 美妙电器连锁商店送货单

收货单位：安心分店　　　　2013 年 6 月 21 日

商品名称	规格	单位	送货数量	进价		售价		进销差价/元
				单价/元	金额/元	单价/元	金额/元	
电视机	32in	台	12	1 000	12 000	1 400	16 800	4 800
电视机	42in	台	10	2 500	25 000	3 200	32 000	7 000
电视机	48in	台	10	4 200	42 000	5 000	50 000	8 000
电视机	50in	台	8	5 000	40 000	6 000	48 000	8 000
合计					119 000		146 800	27 800

表 6-5 美妙电器连锁商店送货单

收货单位：安宁分店　　　　2013 年 6 月 21 日

商品名称	规格	单位	送货数量	进价		售价		进销差价/元
				单价/元	金额/元	单价/元	金额/元	
电视机	32in	台	10	1 000	10 000	1 400	14 000	4 000
电视机	42in	台	8	2 500	20 000	3 200	25 600	5 600
电视机	48in	台	10	4 200	42 000	5 000	50 000	8 000
电视机	50in	台	9	5 000	45 000	6 000	54 000	9 000
合计					117 000		143 600	26 600

表 6-6　美妙电器连锁商店送货单

收货单位：安达分店　　　　　　　　2013 年 6 月 21 日

商品名称	规格	单位	送货数量	进价		售价		进销差价/元
				单价/元	金额/元	单价/元	金额/元	
电视机	32in	台	11	1 000	11 000	1 400	15 400	4 400
电视机	42in	台	10	2 500	25 000	3 200	32 000	7 000
电视机	48in	台	9	4 200	37 800	5 000	45 000	7 200
电视机	50in	台	8	5 000	40 000	6 000	48 000	8 000
合计					113 800		140 400	26 600

根据送货单，编制记账凭证如图 6-5 所示。

记 账 凭 证

2013 年 6 月 21 日　　　　　　　　记字第　　号

摘要	总账科目	明细科目	借方金额										贷方金额										记账
			千	百	十	万	千	百	十	元	角	分	千	百	十	万	千	百	十	元	角	分	
配送中心送货	库存商品	安心分店			1	4	6	8	0	0	0	0											
		安宁分店			1	4	3	6	0	0	0	0											
		安达分店			1	4	0	4	0	0	0	0											
	库存商品	配送中心(电视机)													3	4	9	8	0	0	0	0	
	商品进销差价															8	1	0	0	0	0	0	
合　计				¥	4	3	0	8	0	0	0	0		¥	4	3	0	8	0	0	0	0	

附单据 3 张

会计主管　　　记账　　　稽核　　　出纳　　　制单　周丽丽

图 6-5　记账凭证

三、商品销售的日常核算

门店销售商品属于零售性质，由于销售商品的特点不同，可以选择不同的核算方法，所以其日常会计处理需参照相应的核算方法的会计处理进行。

(1) 如果门店采用进价金额核算法，则应比照鲜活商品零售企业的日常会计处理。

(2) 如果门店采用售价金额核算法，则应比照综合性零售企业的日常会计处理。

(3) 如果门店采用数量进价金额核算法，则应比照批发企业的日常业务处理。

(4) 如果门店采用数量售价金额核算法，则应比照专业性零售企业的日常会计处理。

【例 6-3】 美妙电器连锁商店于 6 月 25 日收到各分店交来的销售收入日报表，据以编制商品销售收入日报汇总表，见表 6-7。各分店交来的现金，集中缴款取得现金缴款单，如图 6-6所示。

表 6-7　商品销售收入日报汇总表

2013 年 6 月 25 日　　　　（单位：元）

分店名称	销售金额	现金收入	银行卡签购单	转账支票	现金溢缺
安心分店	15 600	12 400	3 200		
安宁分店	18 000	12 000	6 000		
安达分店	18 900	18 900			
合　计	52 500	43 300	9 200		

中国工商银行　现金缴款单

缴款日期：2013 年 6 月 25 日

缴款单位	全　称	美妙电器连锁商店	账　号	21203263									
	开户银行	中国工商银行人民路支行											
款项来源	销货款				百	十	万	千	百	十	元	角	分
人民币（大写）肆万叁仟叁佰元整						¥	4	3	3	0	0	0	0
现金收讫		复核员　出纳收款员 复核员　记 账 员											

中国工商银行
人民路支行
2013 年 6 月 25 日
收讫

图 6-6　中国工商银行现金缴款单

根据上述审核无误的原始凭证，编制记账凭证如图 6-7 所示。

记 账 凭 证

2013 年 6 月 25 日　　　　记字第　　号

摘要	总账科目	明细科目	借方金额										贷方金额										记账
			千	百	十	万	千	百	十	元	角	分	千	百	十	万	千	百	十	元	角	分	
销售商品	银行存款					5	2	5	0	0	0	0											
	主营业务收入	安心分店														1	5	6	0	0	0	0	
		安宁分店														1	8	0	0	0	0	0	
		安达分店														1	8	9	0	0	0	0	
合　计					¥	5	2	5	0	0	0	0			¥	5	2	5	0	0	0	0	

附单据 2 张

会计主管　　记账　　稽核　　出纳　　制单　周丽丽

图 6-7　记账凭证

同时结转主营业务成本，根据表 6-7，编制记账凭证如图 6-8 所示。

记 账 凭 证

2013 年 6 月 25 日　　　　记字第　　号

摘要	总账科目	明细科目	借方金额（千百十万千百十元角分）	贷方金额（千百十万千百十元角分）	记账
结转销售成本	主营业务成本	安心分店	1560000		
		安宁分店	1800000		附单据　张
		安达分店	1890000		
	库存商品	安心分店		1560000	
		安宁分店		1800000	
		安达分店		1890000	
合　　计			¥5250000	¥5250000	

会计主管　　记账　　稽核　　出纳　　制单　周丽丽

图 6-8　记账凭证

【例 6-4】 美妙电器连锁商店下属安心分店的 32in 电视机缺货，6 月 28 日从安达分店调入一台，并填制商品调拨单，见表 6-8。

表 6-8　商品调拨单

调入分店：安心分店　　2013 年 6 月 28 日　　调出分店：安达分店

品　名	规格	单位	数量	进价 单价/元	进价 金额/元	售价 单价/元	售价 金额/元	进销差价/元
电视机	32in	台	1	1 000	1 000	1 400	1 400	400

根据审核无误的原始凭证，编制记账凭证如图 6-9 所示。

记 账 凭 证

2013 年 6 月 28 日　　　　记字第　　号

摘要	总账科目	明细科目	借方金额（千百十万千百十元角分）	贷方金额（千百十万千百十元角分）	记账
商品调拨	库存商品	安心分店	140000		
	库存商品	安达分店		140000	附单据 1 张
合　　计			¥140000	¥140000	

会计主管　　记账　　稽核　　出纳　　制单　周丽丽

图 6-9　记账凭证

同时调整商品进销差价，编制记账凭证如图 6-10 所示。

记账凭证

2013 年 6 月 28 日　　　　记字第　　号

摘要	总账科目	明细科目	借方金额										贷方金额										记账
			千	百	十	万	千	百	十	元	角	分	千	百	十	万	千	百	十	元	角	分	
结转商品调拨差价	商品进销差价	安达分店						4	0	0	0	0											
	商品进销差价	安心分店																4	0	0	0	0	
合　计							¥	4	0	0	0	0					¥	4	0	0	0	0	

附单据　张

会计主管　　记账　　稽核　　出纳　　制单　周丽丽

图 6-10　记账凭证

四、连锁商店的期末会计处理

期末，财会部门要对主营业务收入和主营业务成本进行调整，调整方法如下：

(1) 如果门店采用进价金额核算法，则比照鲜活商品零售企业的日常会计处理进行。

(2) 如果门店采用售价金额核算法，则比照综合性零售企业的日常会计处理进行。

(3) 如果门店采用数量进价金额核算法，则比照批发企业的日常业务处理进行。

(4) 如果门店采用数量售价金额核算法，则比照专业性零售企业的日常会计处理进行。

任务实训

【实训目的】

学会商品日常业务的会计处理方法。

【实训资料】

诚信连锁商店由总部、配送中心和下属古城、凌河、泰和三个分店组成，主要经营粮油商品。总部财会部门的核算方法是：配送中心采用数量进价金额核算法，各分店采用售价金额核算法。8 月 12 日诚信连锁商店发生下列部分业务：

(1) 向富安粮油批发公司购进粮油一批，取得原始凭证，如图 6-11、图 6-12 和表 6-9 所示。

辽宁增值税专用发票

开票日期：2013 年 8 月 12 日

购货单位	名　　称：诚信连锁商店 纳税人识别号：210701036963205 地 址 、电 话：富安市南京路 20 号　3899064 开户行及账号：中国建设银行南京路支行　784584756				密码区	略	
货物或应税劳务名称	规格型号	单位	数量	单价	金额	税率	税额
粮油(见清单 略)					282 000	13%	36 660
合　计					282 000	13%	36 660
价税合计(大写)叁拾壹万捌仟陆佰陆拾元整						(小写) ¥318 660	
销货单位	名　　称：富安粮油批发公司 纳税人识别号：210245325696532 地 址 、电 话：富安市和平区和平路 9 号　2352012 开户行及账号：中国工商银行凌河支行　364574125				备注		

富安粮油批发公司 发票专用章 210245325696532

第三联：发票联　购货方记账凭证

图 6-11　辽宁增值税专用发票

中国工商银行 转账支票存根 XIV00557459
附加信息
出票日期 2013 年 8 月 12 日
收款人：富安粮油批发公司
金　额：¥318 660.00
用　途：货款
单位主管　　　　　会计

图 6-12　中国工商银行转账支票存根

表 6-9　收货单

2013 年 8 月 12 日

品名	规格	单位	应收数量	实收数量	单位成本/元	总成本/元
五常大米	25kg	袋	1 000	1 000	100	100 000
利是大米	10kg	袋	2 000	2 000	50	100 000
富强面粉	25kg	袋	600	600	90	54 000
房山面粉	10kg	袋	700	700	40	28 000
合　计						282 000

复核人：　　　　　　　　　　　　　　收货人：王丽娜

（2）8 月 12 日，配送中心向各门店送货，并填写送货单，见表 6-10 ~ 表 6-12。

表 6-10　诚信连锁商店送货单

收货单位：古城分店　　　　　　　2013 年 8 月 12 日

商品名称	单位	送货数量	进价		售价		进销差价/元
			单价/元	金额/元	单价/元	金额/元	
五常大米	袋	300	100	30 000	130		
利是大米	袋	500	50	25 000	50		
富强面粉	袋	200	90	18 000	120		
房山面粉	袋	200	40	8 000	50		
合　计							

表 6-11 诚信连锁商店送货单

收货单位：凌河分店　　　　　　2013 年 8 月 12 日

商品名称	单位	送货数量	进价		售价		进销差价/元
			单价/元	金额/元	单价/元	金额/元	
五常大米	袋	250	100	25 000	130		
利是大米	袋	600	50	30 000	50		
富强面粉	袋	200	90	18 000	120		
房山面粉	袋	200	40	8 000	50		
合　计							

表 6-12 诚信连锁商店送货单

收货单位：泰和分店　　　　　　2013 年 8 月 12 日

商品名称	单位	送货数量	进价		售价		进销差价/元
			单价/元	金额/元	单价/元	金额/元	
五常大米	袋	200	100	20 000	130		
利是大米	袋	700	50	35 000	50		
富强面粉	袋	200	90	18 000	120		
房山面粉	袋	250	40	10 000	50		
合　计							

（3）8 月 12 日，分店交来销售收入日报表，据以编制商品销售收入日报汇总表，见表 6-13。各分店交来的现金，集中缴款取得现金缴款单，如图 6-13 所示。

表 6-13 商品销售收入日报汇总表

2013 年 8 月 12 日　　　　　　（单位：元）

分店名称	销售金额	现金收入	银行卡签购单	转账支票	现金溢缺
古城分店	18 650	18 650			
凌河分店	14 580	14 580			
泰和分店	21 460	21 460			
合　计	54 690	54 690			

中国建设银行　现金缴款单

缴款日期：2013 年 8 月 12 日

缴款单位	全　　称	诚信连锁商店		账　　号			784584756					
	开户银行	中国建设银行南京路支行										
款项来源	销货款			百	十	万	千	百	十	元	角	分
人民币(大写)伍万肆仟陆佰玖拾元整					¥	5	4	6	9	0	0	0
现金收讫		复核员　出纳收款员 复核员　记　账　员										

中国建设银行
南京路支行
2013 年 8 月 12 日
收讫

图 6-13　中国建设银行现金缴款单

【实训要求】

1. 填写上述部分自制原始凭证。

2. 根据上述业务，编制记账凭证如图 6-14 ~ 图 6-16 所示。

记 账 凭 证

年 月 日 记字第 号

摘 要	总账科目	明细科目	借方金额										贷方金额										记账
			千	百	十	万	千	百	十	元	角	分	千	百	十	万	千	百	十	元	角	分	
	合 计																						

附单据 张

会计主管 记账 稽核 出纳 制单

图 6-14 记账凭证

记 账 凭 证

年 月 日 记字第 号

摘 要	总账科目	明细科目	借方金额										贷方金额										记账
			千	百	十	万	千	百	十	元	角	分	千	百	十	万	千	百	十	元	角	分	
	合 计																						

附单据 张

会计主管 记账 稽核 出纳 制单

图 6-15 记账凭证

记 账 凭 证

年 月 日 记字第 号

摘 要	总账科目	明细科目	借方金额										贷方金额										记账
			千	百	十	万	千	百	十	元	角	分	千	百	十	万	千	百	十	元	角	分	
	合 计																						

附单据 张

会计主管 记账 稽核 出纳 制单

图 6-16 记账凭证

【实训评价】

根据实际情况，填写实训体验评价表，见表6-14。

表6-14 实训体验评价表

年 月 日

姓名		班级	
实训内容			
评价项目	评价标准	比重(%)	评价成绩/分
实训态度	完成实训，态度认真，遵守纪律	10	
职业规范	编写的记账凭证内容完整，书写规范，科目选择正确，金额填写正确	30	
运用学会的知识	熟练准确运用学会的知识	30	
分析问题、解决问题的能力	对变化的业务能分析出会计处理的方法	20	
按时完成实训	在规定的时间内完成实训任务	10	
合计		100	

参考文献

[1] 赵同剪．商品流通企业会计实践[M]．北京:中国人民大学出版社,2011.

[2] 史玉光．商品流通企业会计实物[M]．3 版．北京:电子工业出版社,2012.

[3] 李海波,薄莫．商品流通企业会计[M]．上海:立信会计出版社,2010.

[4] 戴重光,陈玲霞．商品流通企业会计[M]．6 版．北京:中国财政经济出版社,2010.

[5] 管理红．商品流通企业会计[M]．北京:机械工业出版社,2011.